피그마 Figma for
디자인 시스템

디자인 시스템 실무 가이드

사와다 슌스케 | Shunsuke Sawada

SE
SHOEISHA

AK IT

"

이 책에 담긴 노하우는 많은 사용자를 보유하고 있는 radiko 애플리케이션을 대대적으로 리뉴얼하는 데 꼭 필요했습니다. 릴리스 이후의 유지보수 및 개선, 일관성과 유연함을 모두 갖춘 디자인 시스템의 도움을 받았습니다. 디자이너는 물론 제품 개발에 관련된 모든 멤버들이 함께 읽어야 할 내용입니다!

"

호카리 코타(帆苅 晃太),
주식회사 radiko 제품 관리자

"

대규모 위탁 개발에서 성공하려면 많은 멤버들과의 협업이 반드시 필요합니다. 슌스케 씨의 디자인 시스템은 디자이너는 물론 엔지니어, 경영층까지 참여시키는 중요한 도구로써 기능을 제공합니다. 제품 개발을 성공시키고 그 가치를 지속시키기 위한 기법이 이 책에 담겨 있습니다.

"

미우라 나오야(三浦 直也),
주식회사 GNUS 임원

"

Figma를 중심으로 하는 디자인 시스템 구축에 필요한 지식과 실천법을 담고 있습니다. Figma 사용 방법은 물론 디자인 시스템에 필요한 구현과의 연동까지 망라한 훌륭한 책입니다.

"

히로키 타니(Hikori Tani),
Designer Advocate

리뷰 협력

이 책의 내용 및 동작 검증에 함께 해 주신 분들께 진심으로 감사드립니다.

Katherine Tachibana, mgme, sou(사사다 소다이, 佐々田 壮大), 오노다 준야(小野田 純也), 카메자와 아리미(亀澤 有実), 키와이 타구야(川合 卓也), 타카하시 에리(髙橋 英里), 데토 카츠히사(出戸 克尚), 나카지마 쥬리(中嶋珠李), 하루카@Wbe/UI 디자이너(はるか@Web/UIデザイナー), 모치(もち), 모치즈키 나오요(望月 尚代)

● 이 책의 내용에 관한 문의

이 책을 구입해 주셔서 감사합니다. 문의 방법에 대해 다음 사항을 참고해 주시기 바랍니다.

출판사 홈페이지 문의

㈜AK커뮤니케이션즈 홈페이지의 [고객센터]에서 1:1 문의를 이용해 주세요. 질문 내용에 따라서는 답변을 드리기까지 며칠 이상 기간이 요구되는 경우가 있습니다.

🔗 http://www.amusementkorea.co.kr/

예제 파일 다운로드

예제 파일은 역자 깃허브와 원서 소스에서 다운로드할 수 있습니다.

🔗 https://github.com/moseskim/figma-design-system
🔗 https://www.figma.com/community/file/1452169657370831590
🔗 https://www.figma.com/community/file/1452170252538242793

● 들어가며

디자인 시스템은 특정 도구에 의존하지는 않습니다. 그러나 많은 제품의 시스템 디자인 구축에 피그마Figma를 사용하고 있습니다. 피그마의 컴포넌트와 스타일 구조는 매우 강력합니다. 변수variable를 도입하면서 UI 디자인과 프로토타이핑의 가능성이 한층 높아졌습니다. 전세계 디자이너와 엔지니어가 참가하는 피그마 커뮤니티는 늘 활기로 가득합니다. 완성도 높은 디자인 파일과 디자인 시스템 구축을 지원하는 플러그인들도 공개되어 있습니다. 또한 매년 'Schema'라 불리는 국제 컨퍼런스가 개최되고 있으며, 디자인 시스템의 중요성을 적극적으로 확대해 왔습니다.

피그마는 클라우드 기반 플랫폼으로 누구나 간단히 조작할 수 있습니다. 하지만 보다 유연하고 복잡한 디자인 시스템을 구축하려면 고급 기능들을 활용해야 합니다. 컴포넌트와 스타일의 모듈성, 디자인 토큰, 변형variant, 변수 등 기존 디자인 도구에는 존재하지 않았던 개념들을 포함하고 있습니다. 이는 프로그래밍에서의 사고 방식과 모범 사례best practice의 색깔을 진하게 반영하고 있습니다. 디자이너는 이 기능들을 이해하고 적절하게 사용함으로써 컴포넌트의 API, 코드 연동 방법을 설계할 수 있습니다. 피그마는 디자이너가 레이아웃layout이나 상호작용interaction 등의 시각적 영역을 뛰어 넘어 엔지니어와의 협업을 강화하도록 지원해 줍니다.

이 책은 '디자인 시스템에는 흥미를 갖고 있지만 무엇부터 시작해야 할지 모르는 분'이 참고할 수 있도록 구체적인 작례를 사용해 단계적으로 그 사용법을 설명합니다. 디자이너, 소프트웨어 엔지니어, 제품 관리자product manager로서의 경력을 활용해 제품 품질을 향상시키는 디자인 시스템 구축 방법 및 디자인 시스템 구축과 연동하는 피그마의 기능을 모았습니다. 피그마의 기본적인 조작 방법을 숙지한 분들에게 가장 적합합니다. '아직 디자인 시스템까지는 필요하지 않다'고 생각하는 분들은 이 책을 통해 그 개념을 이해하고, 이 책에서 설명하는 기능을 잘 활용함으로써 기존 디자인 프로세스를 개선할 수 있을 것입니다.

디자인 시스템 구축에 집중하다 보면 그 결과물이 주인공이 되기 쉽습니다. 디자인 시스템은 서비스를 만드는 사람(제품 팀product team), 그리고 최종적으로 서비스를 사용하는 사람(최종 사용자end user)을 위한 것입니다. 개발 사이클의 속도를 높이고, 일관성과 유지보수성을 유지하기 위한 프로세스를 추구하는데 빠져들어 비즈니스 성장이 멈춰 버린다면 이는 주객이 전도된 것입니다. 이 책은 이런 사고 방식을 전제로 하면서 피그마의 '사용 방법'에 집중합니다. 이 책을 통해 여러분이 고도화된 피그마를 깊이 이해함으로써 제품 개발에 조금이나마 도움이 되기를 기대합니다.

2024년 4월
사와다 슌스케

⬤ 차례

Chapter 3
디자인 시스템 시작하기

Chapter 6
디자인 시스템 확충

Chapter 7
패턴 라이브러리

Chapter 8
구현 코드와의 연동

◉ 이 책을 읽기 전에

이 책의 구성

1장은 디자인 시스템에 관한 기본 지식, 2장은 디자인 시스템을 구축할 때 필요한 피그마의 응용 기능에 관해 설명합니다. 3장부터는 디자인 시스템 구축에 관해 단계적으로 설명하고, 8장에서는 구현 코드와의 연동 방법과 워크플로를 소개합니다.

조작 방법은 가능한 이해하기 쉽게 그림과 함께 설명했습니다. 하지만 피그마의 기본적인 사용 방법이나 반복 작업 등에 관해서는 설명하지 않습니다. '피그마를 전혀 사용한 경험이 없는' 분이라면 필자의 다른 책인 <Figma for UI 디자인>부터 읽어볼 것을 권합니다.

필요한 플랜

이 책에서는 피그마의 '프로페셔널 팀 플랜Professional Team Plan'을 사용하는 것을 전제로 설명합니다. 책에서 설명하는 일부 기능은 무료 플랜에서는 사용할 수 없음을 주의해주십시오.

지원 사이트

이 책에서 소개하는 웹사이트와 플러그인은 다음 사이트에서 접근할 수 있습니다. 그리고 설명의 각 단계에 대응하는 샘플 파일도 제공하므로 활용해 주십시오. 복제 후의 샘플 파일은 자유롭게 변경할 수 있으므로 구조나 설정 세부 사항 등을 확인할 수 있습니다.

🔗 https://github.com/moseskim/figma-design-system

사용 이미지에 관해

이 책에서 사용하는 이미지는 Unsplash(https://unsplash.com/)에서 다운로드 했습니다. Unsplash는 상용으로 사용할 수 있는 이미지를 무료로 제공하는 웹 서비스입니다. 사용 전 사용 규약(https://unsplash.com/license)을 확인해 주십시오.

업데이트 정보

이 책에 기재되어 있는 조작 방법 등은 변경될 가능성이 있으므로 양해해 주십시오. 다음 URL에서 피그마 업데이트 정보를 확인할 수 있습니다.

🔗 https://releases.figma.com/

동작 환경

2024년 11월 30일 기점(Figma UI는 최신 버전을 적용)

웹 브라우저 버전 최소 시스템 사양

- Chrome 84
- Firefiox 79
- Safari 15.5
- Microsoft Edge Edge 84

데스크톱 버전 최소 시스템 사양

- Windows 8.1(64비트)
- macOS 11(macOS Big Sur)
- 웹 브라우저 버전이 동작하는 Linux IS
- 웹 브라우저 버전이 동작하는 Chrome OS

표기 규칙

이 책에서는 다음 표기를 사용합니다.

[ ]	도구, 메뉴, 페이지, 레이어, 속성
' '	강조, 플러그인, 클라우드 서비스
" "	파일명

키 표기

엔터 키 또는 리턴 키는 enter 로 표기합니다. mac 사용자는 return 으로 바꿔 읽어 주십시오.

애플리케이션 개발에서의 응용

이 책은 데스크톱, 태블릿, 스마트폰의 웹 디자인을 사례로 디자인 시스템 구축 방법을 설명합니다. 그러나 애플리케이션 개발에서도 응용할 수 있습니다.

Chapter 1

디자인 시스템

피그마에서 구체적인 조작을 하기 전에 디자인 시스템에 관해 간단하게 살펴봅니다. 디자인 시스템이 무엇인지, 디자인 시스템의 장점은 무엇인지, 디자인 시스템을 어떻게 시작하는지 등에 관해 학습합니다.

1

01 디자인 시스템이란

⬤ 디자인 시스템의 목적

디자인 시스템의 목적은 서비스의 다양한 접점touch point에 관해 최종 사용자end user에게 일관성 있는 경험을 효율적으로 제공하는 것입니다. 그리고 디자이너, 엔지니어, 마케터, 관리자 등에게 '신뢰할 수 있는 유일한 정보 소스'가 되어 제품 개발을 지원합니다. 모든 요소들을 처음부터 망라할 수는 없습니다. 제품 수, 팀 규모, 사업 단계 등에 따라 변화하므로 디자인 시스템에 완성이란 없습니다. 시행착오를 반복하면서 목적을 달성하기 위해 개선을 반복하는 도전이 디자인 시스템의 본질이라 할 수 있습니다.

⬤ 디자인 시스템 구성 요소

조직마다 디자인 시스템의 범위는 다릅니다. 이 책에서는 다음과 같은 구성을 디자인 시스템이라 가정합니다.

디자인 원칙

사용자와의 접점에서 중시해야 할 대상이 무엇인지 판단할 수 있도록 사고 방식이나 사상을 간결하게 기술한 것입니다. 디자인 뿐만 아니라 마케팅, 콘텐츠 등의 다양한 제작물에 영향을 줍니다.

스타일 가이드

색상color, 타이포그래피typography, 이펙트effect, 아이콘icon 등 UI를 구성하는 요소를 모은 자료입니다. 스타일 가이드에서 정의한 스타일이나 속성을 사용해 화면이나 컴포넌트를 만듭니다. 스타일 가이드의 내용이 그대로 구현 코드와 연동되는 상태가 이상적입니다.

작문 가이드

단어, 문장에 관한 가이드라인으로 스타일 가이드에 포함되기도 합니다. 보이스, 톤, 표기 규칙, 용어 등을 포함해 제품에 개성과 제한을 부여하는 목적의 정책입니다.

패턴 라이브러리

컴포넌트component, 레이아웃layout, 템플릿template, 디자인 패턴design pattern 등 재사용할 수 있는 요소를 모은 컬렉션입니다. 패턴 라이브러리에서 필요한 부품을 불러, 레고 블록처럼 UI를 구축합니다. 엔지니어는 패턴 라이브러리에서 구현에 필요한 정보를 추출할 수 있습니다.

구현 코드

컴포넌트를 제품에 내장할 수 있도록 기술한 코드입니다. 최종 사용자가 실제로 눈으로 보는 것은 구현 코드에 의해 표시되는 화면이며, 디자이너가 피그마로 만든 UI가 아닙니다. 그렇기 때문에 디자이너는 UI가 의도한 대로 구현되어 있는지 확인해야 합니다.

그 밖에도 브랜드 가이드라인brand guidline, 일러스트레이션illustration, 애니메이션animation, 인터랙션interaction 등이 필요할 때도 있습니다. 디자인 시스템의 범위는 무한히 넓어질 수 있습니다.

잘 알려진 디자인 시스템들

Material Design (Google)
🔗 https://m3.material.io/

Human Interface Guidelines (Apple)
🔗 https://developer.apple.com/design/human-interface-guidelines/

Atlassian Design System
🔗 https://atlassian.design/

Primer (GitHub)
🔗 https://primer.style/

● 디자인 시스템의 장점

변경 용이성과 유지보수성

제품은 하나라도 그 안에는 여러 화면이 존재하기 때문에 관리할 UI 요소와 속성의 수는 대단히 많습니다. 어떤 요소를 변경했을 때, 제품의 여러 부분에 흩어져 있는 동일한 요소들을 확실하게 변경할 수 있을까요? 스타일 가이드나 패턴 라이브러리를 사용해 다양한 요소를 일괄적으로 관리하면 이런 문제를 해결할 수 있습니다. 예를 들면 버튼의 배경 색상을 변경하고 싶을 때는 스타일 가이드에 정의한 색상값만 변경해 해당 변경 내용을 모든 화면과 컴포넌트에 전파할 수 있습니다.

협업 강화

디자인 시스템 구축은 디자이너 혼자라도 시작할 수 있습니다. 하지만 시스템이 제대로 기능하게 하려면 여러 사람의 협력이 필요합니다. 엔지니어나 마케터를 디자인 프로세스에 참여시킴으로써 견고한 협업의 계기를 만들 수 있습니다. 제품 개발의 인식이 팀 안에서 일치하면 망설이지 않고 앞으로 나갈 수 있습니다.

디자인 확장성과 일관성

UI 디자인을 작은 부품으로 분해해서 관리했기 때문에 상황에 맞춰 유연하게 사용자화 할 수 있을 뿐만 아니라 디자인 일관성도 향상됩니다. 여러 제품에서 사용하는 공통 라이브러리로 공유하면 그 장점은 한층 커질 것입니다.

매끄러운 온보딩

기존 스타일이나 컴포넌트는 새로운 멤버의 개발 프로세스 참가 준비 기간을 줄여줍니다. 디자인 원칙은 제품의 배경이나 조직 문화를 이해하는 데 도움이 됩니다. 외부 조직에 협력을 요청할 때도 동일합니다. 디자인 시스템은 디자인의 방향성과 규칙을 이해하기 위한 최적의 레퍼런스가 됩니다.

변형에 대한 대응

다른 모드(예: 다크 모드dark mode, 라이트 모드light mode) 또는 다른 플랫폼(예: 웹, iOS, Android)을 위한 디자인이 필요할 때가 있습니다. 이때 디자이너의 리소스가 충분하지 않으면 일이 진행되지 않습니다. 모든 요구사항에 대해 수작업으로 대응하는 것이 아니라 미리 규칙을 결정해 적절하게 설계해 두면, 이런 변형들을 작성하는 과정을 자동화할 수 있습니다.

◉ 디자인 시스템을 언제 시작하는가?

제품과 관계자가 늘어나면서 누가 무엇을 하고 있는지 파악할 수 없게 되었다면 틀림없이 디자인 시스템이 필요한 시점입니다. 디자인 시스템을 만듦으로써 일관성 있는 브랜딩, 제품 품질 향상, 릴리스 사이클의 속도 향상을 기대할 수 있습니다.

그렇다면 소규모 조직, 소규모 제품에는 디자인 시스템이 필요 없을까요? 그렇지는 않습니다. 혼자서 만드는 제품이라 하더라도 디자인 변경 용이성, 유지보수성, 일관성은 중요합니다. 오히려 리소스가 충분하지 않기 때문에 '작업'이 아니라 '생각할 시간'을 확보하고 싶을 것이며 '지금 작업해 두면 미래의 내가 도움을 받을 것이다'라는 생각이 들었다면, 그 시점이 바로 디자인 시스템 구축을 검토할 때입니다.

대부분의 제품 개발에서는 디자이너 수보다 보다 엔지니어 수가 많기 때문에 조기에 디자인 시스템을 구축해 두면 팀 전체의 생산성이 향상됩니다.

◉ 디자인 시스템을 시작하려면

작게 시작한다

단순한 기능이라 하더라도 디자인, 구현, 코드 리뷰, 릴리스를 거쳐 최종 사용자의 손에 제품이 전달됩니다. 이런 일련의 프로세스에 디자인 시스템을 한 번에 적용하려 시도하면 터무니 없이 많은 작업량과 복잡성을 마주하게 됩니다. 설령 적용 가능했다 하더라도 최종 사용자에 대한 가치 제공은 단기적이고 한정적이며, 오히려 변경 작업으로 인한 버그 발생 가능성이 높아집니다. 디자인 시스템 구축과 적용을 작은 범위에서 시작하면 리스크를 최소한으로 억제할 수 있을 뿐만 아니라 그 효과를 쉽게 실감할 수 있습니다. 단계적인 접근 방식으로 조금씩 기반을 다지고, 조직 전체에 디자인 시스템을 천천히 침투시킵시다.

디자인을 파악한다

헤더header, 푸터footer, 리스트list, 버튼button 등 기존 제품에서 UI 요소를 파악하고 스크린샷을 모아 그루핑합니다. 화면 크기별로 디자인이 있을 때는 하위 그룹으로 세분화하고 마케팅용 배너 디자인이나 전송 메일 등도 대상으로 합니다. 특별한 경우에만 사용되는 UI 요소, 조직 외부에서 제작한 것 등 디자이너가 파악할 수 없는 것들도 있으므로 마케터, 엔지니어, 관리자 등 관계자를 참여시켜 디자인을 파악하는 것이 좋습니다. 다른 관점에서의 통찰을 얻을 수 있을 뿐만 아니라 디자인 시스템의 사고 방식을 팀에서 공유하는 계기로 만들 수 있습니다.

현재 상태를 파악한다

기존 디자인을 정리하면 고려가 부족한 패턴이나 개선해야 할 UX가 명확해질 것입니다. 제품 역사가 길수록 디자인에 일관성이 없다는 사실에 놀랄 것입니다. 현재 위치를 확인함으로써 다음 단계를 쉽게 밟을 수 있습니다.

조직의 협력을 얻는다

디자인 시스템 구축은 제품 팀product team이 주도합니다. 하지만 이를 운용하기 위해서는 조직 전체의 협력이 반드시 필요합니다. 기존 디자인과 현재 상태를 파악하는 것은 디자인 시스템의 중요성을 설명하는 자료로서 도움이 됩니다. 디자인 시스템이 조직에 주는 가치와 장점을 전달함으로써 이해관계자stakeholder 및 경영층에 구체적인 이미지를 갖게 할 수 있습니다.

시작 지점을 찾는다

사용자 상호작용이 발생하는 '버튼'은 기본적인 UI 요소이며, 공통 컴포넌트로서 디자인 시스템에 포함해야 합니다. 하지만 반드시 버튼에서 시작하는 것이 최적이라고 할 수는 없습니다. 버튼은 종류와 사용 위치가 다양하고 그 수가 많기 때문에 컴포넌트 설계와 구현에 시간과 노력이 듭니다. 조직과 제품 규모에 따라 상황이 다르므로, 릴리스까지의 프로세스를 무리하지 않고 완료할 수 있는 균형 잡힌 시작 지점을 찾는 것이 좋습니다.

유명한 기업의 디자인 시스템은 수많은 컴포넌트와 문서를 갖고 있습니다. 멋진 사례들이 셀 수 없이 많지만 처음부터 큰 성과물을 의식할 필요는 없습니다. 제품 팀에서 무엇부터 시작할지 논의하는 것이 중요합니다. 예를 들면 다음과 같은 관점에서 기존 디자인을 검토할 수 있습니다.

- 여러가지 비슷한 색상이 사용되지 않았는가?
- 반복해서 사용하지만 공통화되지 않은 요소는 없는가?
- 접근성accessibility 기준을 만족하는가?
- 컴포넌트의 속성이 구현과 가까운가?

그래도 무엇부터 시작해야 할지 판단할 수 없을 때는 기능 개발을 기반으로 접근할 수도 있습니다. 예를 들면 '정렬 기능' 개발이 가장 가까운 태스크라면 정렬을 변경하는 버튼, 정렬 선택, 현재 정렬 방법을 나타내는 아이콘 등이 필요할 것입니다. 각각의 UI 요소에는 색상이나 타이포그래피를 설정해야 하며, 기존 요소들을 유용할 수도 있습니다. 작은 기능이라도 많은 요소가 조합되어 있다면 디자인 시스템의 시작 시점으로 삼을 수 있습니다.

02

피그마와 디자인 시스템

● 피그마의 특징

클라우드 기반

피그마는 클라우드 기반 디자인 도구로 여러 명의 디자이너, 엔지니어, 관리자가 동시에 디자인을 확인하고 편집할 수 있습니다. 웹 브라우저 및 데스크톱 애플리케이션도 동일하게 조작할 수 있어 환경에 의존하지 않고 작업할 수 있습니다.

공유와 피드백

멤버나 이해관계자에게 간단하게 공유할 수 있고, 직접 코멘트를 작성할 수 있는 등 매끄러운 협업을 위한 기능을 충실하게 제공합니다.

라이브러리

컴포넌트 등을 라이브러리로 공개하고, 다른 파일에서 재사용할 수 있습니다. 라이브러리가 업데이트 되면 각 파일에 알림이 전송되며, 알림을 승인하면 변경이 반영됩니다.

프로토타이핑

사용자 상호작용을 검증할 수 있습니다. 컴포넌트나 화면 이동 동장을 프로토타입 prototype으로 검증하면 디자인 문제점을 조기에 도출할 수 있습니다.

구현과 연동

컴포넌트 속성이나 변수 등 프로그래밍의 영향을 많이 받는 기능이 탑재되어 있습니다. 설계에 따라 구현에 사용할 수 있는 코드도 생성할 수 있습니다.

생태계와 플러그인

커뮤니티에서 개발되고 있는 수많은 플러그인plugin을 사용할 수 있으며, 디자인 시스템 구축에 도움이 되는 기능도 추가할 수 있습니다. 또한 유명한 기업의 디자인 시스템 파일이 공개되어 있어 구축 시 참고할 수 있습니다.

> **Memo**
>
> 라이브러리를 사용하려면 피그마 프로페셔널 팀 플랜 이상의 요금제를 사용해야 합니다. 이 책에서는 프로페셔널 팀 플랜(https://www.figma.com/ko-kr/pricing/) 사용을 전제로 설명합니다.

◉ 피그마를 사용하는 이유

디자인에는 창조적 측면과 기능적 측면이 있습니다. 웹사이트나 모바일 애플리케이션도 예외는 아닙니다. 구현 방법에 관계없이 '무엇을 만들까?'에 초점을 두고 탐구적으로 오리지널리티originality를 추구하는 창조적인 프로세스가 있는 반면, '어떻게 만들까?'에 초점을 두고 규약이나 제한의 범위 안에서 UI가 기능하도록 생각하는 것도 중요합니다. 창조적 프로세스만 고집하면 일관성이나 유지보수성을 잃어버리게 됩니다. 하지만 규약이나 제한에만 집착해도 그 디자인에는 매력이 없습니다. 피그마는 창조성과 기능성에 모두 대응한 소프트웨어로, 디자이너의 창의성creativity을 훼손하지 않으면서 제품 품질을 유지할 수 있게 해줍니다. 컴포넌트, 스타일, 변수 같은 기능은 품질 향상을 위한 규칙 설정이라 할 수 있습니다. 물론 그 규칙을 벗어나는 방법도 항상 제공합니다. 디자이너는 피그마를 사용해 규약과 자유 모두를 존중하면서 디자인을 중심으로 한 제품 개발 구조를 구축할 수 있습니다.

피그마는 전세계 전문가들에게 사랑받고 있습니다. 디자이너가 아닌 누구라도 간단하게 다룰 수 있다는 것이 장점입니다. 웹 브라우저만 있으면 사용을 시작할 수 있고, 제품 팀 전체가 디자인 파일에 접근해 디자인을 확인하고 편집할 수 있습니다. 필자가 쓴 <피그마 for UI 디자인>에서는 그 기본적인 사용 방법과 프로토타이핑, 엔지니어에게 전달하는 과정까지 설명했습니다. 이 책에서는 보다 응용 분야에 해당하는 기능을 디자인 시스템이라는 컨텍스트에서 깊게 살펴봅니다. 컴포넌트와 자동 레이아웃을 사용하지 않고도 UI 디자인을 만들 수 있습니다. 하지만 디자인 시스템은 구축할 수 없습니다. 재사용 가능한 요소를 누구나 사용할 수 있도록 라이브러리로 공개하고, 사용할 때의 규칙을 명확하게 하기 위해서는 피그마 같은 도구가 필요합니다.

새로운 도구를 습득하는 데에는 시간이 걸립니다. 그러나 피그마는 직관적이고도 논리적이기 때문에, 습득에 들인 시간을 훨씬 뛰어넘는 생산성을 얻을 수 있을 것입니다.

◉ 이 책의 대상 범위

이 책은 피그마를 사용해 디자인 시스템 구축 방법을 설명하는 튜토리얼입니다. 따라서 중심이 되는 주제는 '스타일 가이드', '패턴 라이브러리'입니다. '디자인 원칙'이나 '라이팅 가이드writing guide'에 관해서는 설명하지 않습니다. 구현 코드와 연동하기 위한 정책에 관해서는 설명하지만 프로그래밍에 관해서는 설명하지 않습니다. 보다 구체적인 피그마 사용 방법에 초점을 두고 있어 조직론이나 팀 체제에 관한 설명은 최소한으로 합니다.

디자인 시스템 전체

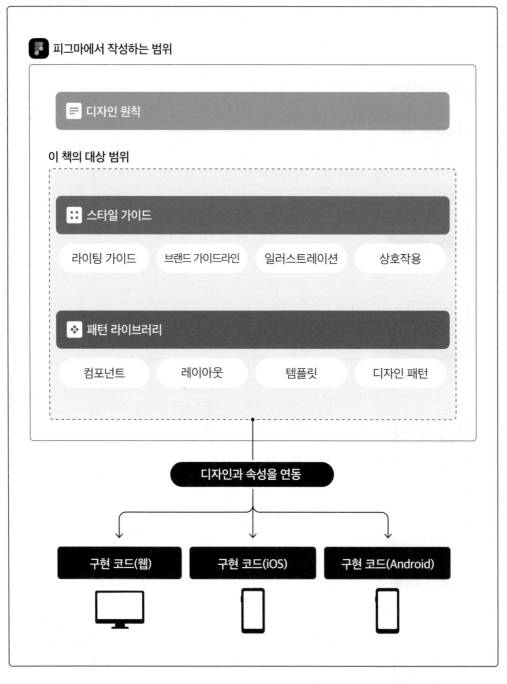

피그마에서 작성하는 범위

디자인 원칙

이 책의 대상 범위

스타일 가이드

| 라이팅 가이드 | 브랜드 가이드라인 | 일러스트레이션 | 상호작용 |

패턴 라이브러리

| 컴포넌트 | 레이아웃 | 템플릿 | 디자인 패턴 |

디자인과 속성을 연동

| 구현 코드(웹) | 구현 코드(iOS) | 구현 코드(Android) |

Chapter 2

피그마의 전문 기능

동일하게 보이는 디자인도 만드는 방법에 따라 이후의 생산성이 크게 달라집니다. 먼저 디자인 시스템에 필요한 피그마의 응용 기법을 확실히 익힙시다.

01

학습 준비

◉ 작례 파일

작례 파일을 시작점으로 해서 기능을 설명합니다. 피그마에 로그인한 뒤 다음 URL
에 접속합시다.

Design System Starting Point

🔗 https://www.figma.com/community/file/1452169657370831590

[Open in Figma] 버튼을 클릭하고 작례 파일을 복제합니다. 복제된 파일은 여러분
의 환경에 저장되므로 자유롭게 편집할 수 있습니다. 파일명을 "Design System"으
로 변경합니다.

Memo

지원 사이트에 모든 URL에 대한
링크를 제공합니다.

https://github.com/moseskim/
figma-design-system

Memo

이름을 변경할 때는 파일명 옆
의 풀다운 메뉴를 클릭한 뒤
[Rename]을 선택합니다

복제된 파일은 'Draft' 상태로 저장됩니다. Draft 상태에서는 라이브러리 기능을 사
용할 수 없습니다. 미리 프로젝트로 이동해 둡니다. 🔳 > [Back to files]를 클릭하고,
파일 목록을 표시합니다(❶). [Draft] 상태의 작례 파일을 드래그해서 임의의 프로젝
트로 이동합니다(❷).

Memo

[Back to files]는 웹사이트 버전
에서만 표시됩니다. 애플리케이션
버전을 사용한다면 화면 왼쪽 위
의 홈 아이콘을 누릅니다.

이 파일에는 여러 페이지가 존재합니다. 화면 왼쪽 위에서 [Principles] 페이지를 선
택하면(❸), 디자인 원칙 페이지를 확인할 수 있습니다.

◯ CSS 이해

먼저 자동 레이아웃auto layout에 관해 이해합니다. 자동 레이아웃을 사용하지 않고도 UI 디자인을 만들 수는 있습니다. 하지만 이 책에서는 완전히 반대의 사고 방식을 사용합니다. 즉, 자동 레이아웃은 반드시 사용해야 하며, 일부 예외를 제외하고 배치되는 모든 프레임에 자동 레이아웃을 적용해야 한다고 전제합니다. 다소 극단적으로 들릴 수 있지만 구현을 고려한 UI를 제작하는데 있어 가장 적합한 방법입니다.

그리고 자동 레이아웃을 마스터하려면 '박스 모델box model'과 '플렉스 박스flex box'에 관해 이해해야 합니다. 이들은 CSS에서 사용하는 개념이지만 iOS나 Android 애플리케이션에서도 비슷한 사고 방식을 사용해 레이아웃 할 수 있습니다. 이 개념들을 이해하고 디자인에 사용하면 디자인 변경 용이성은 물론 구현 친화성도 자연스럽게 높일 수 있습니다. 코드를 작성할 필요는 없지만 기본적인 개념은 이해해 둡시다.

박스 모델

박스 모델box model은 화면에 배치된 모든 요소를 직사각형의 박스로 취급하고, 이들을 쌓아 올려서 전체를 구성하는 사고 방식입니다. 박스는 안쪽부터 콘텐츠content, 패딩padding, 보더border, 마진margin과 같이 구성됩니다. 피그마에서는 자동 레이아웃을 사용함으로써 박스 모델을 재현할 수 있지만 마진은 취급하지 않습니다.

자동 레이아웃의 초기 설정에서는 보더 폭을 무시해 왼쪽과 같이 됩니다. 자동 레이아웃의 상세 설정에서 '선'을 '레이아웃에 포함한다'로 변경하면 CSS 박스 모델을 정확하게 재현할 수 있습니다(오른쪽). 디자인에 보더를 사용할 때는 주의합니다.

Memo

CSS는 HTML의 각 요소를 장식하기 위한 구조입니다. 디자이너라 하더라도 대략적으로 이해해두는 것이 좋습니다.

Memo

CSS에서는 박스 크기를 계산하는 방법을 선택할 수 있습니다. 이 책에서는 CSS 구현에서 일반적으로 사용되는 'box-sizing: border-box'를 전제로 설명합니다.

Shortcut

자동 레이아웃 추가

Mac	shift	A
Windows	shift	A

피그마에서 CSS의 박스 모델을 재현해봅시다. 작례 파일의 [Examples] 페이지를 엽니다(①). 페이지가 표시되지 않을 때는 페이지 열기/닫기 메뉴를 클릭합니다(②). [CSS 1]에는 자동 레이아웃이 적용된 프레임이 배치되어 있습니다(③).

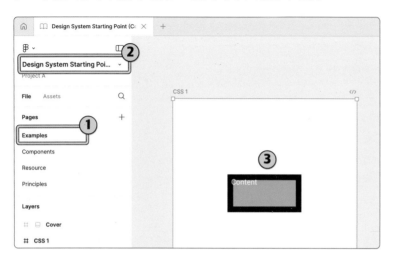

프레임을 선택한 상태에서 자동 레이아웃 섹션의 0° 를 클릭합니다(④). 다음으로 ↕↔ 를 클릭한 뒤(⑤), [Strokes] 항목에서 [included]를 선택합니다(⑥). 보더의 폭을 고려해 박스 모델을 재현한 상태로 변경됩니다(⑦).

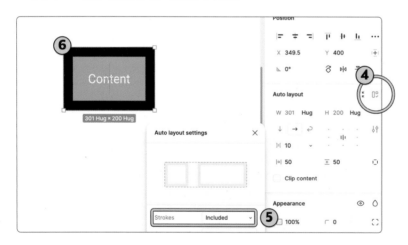

객체 검색

[CSS 1]을 찾지 못했다면 Mac에서는 ⌘ F , Windows에서는 ctrl F 를 눌러 검색을 할 수 있습니다. 검색 결과를 클릭하면 대상 객체로 즉시 이동합니다. esc 를 눌러 검색 모드를 해제할 수 있습니다.

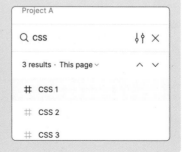

01

학습 준비

블록과 인라인

CSS 박스에는 '블록 요소block element'와 '인라인 요소inline element'의 두 종류가 있습니다. 블록 요소는 배치된 영역의 가로 폭을 가득 채우며, 세로 방향으로 배열됩니다. 한편 인라인 요소는 왼쪽에서 오른쪽으로 채우면서 표시됩니다. 블록 요소의 폭은 명시적으로 지정할 수 있습니다. 인라인 요소의 폭은 콘텐츠, 패딩, 보더를 모두 합친 값이 됩니다.

블록 요소

콘텐츠
콘텐츠

인라인 요소

콘텐츠	콘텐츠

다음 URL에서 CSS의 동작을 확인할 수 있습니다.

🔗 https://codepen.io/Moses-Kim/pen/JjQqdwq/

CSS에서 블록 요소와 인라인 요소는 서로 바꿀 수 있습니다. 제목을 표시하는 <h1>, <h2>, <h3> 및 문단을 표시하는 <p>, 영역을 분할하는 <div>나 <section> 등은 초기 상태에서 블록 요소로 되어 있습니다. 링크 텍스트를 표시하는 <a>, 텍스트를 강조하는 <strong>, 인터랙티브한 <button>, <input>, <select> 등은 인라인 요소입니다. 피그마에서는 뒤에서 설명할 '크기 조정'을 사용해 블록 요소와 인라인 요소의 동작을 재현합니다.

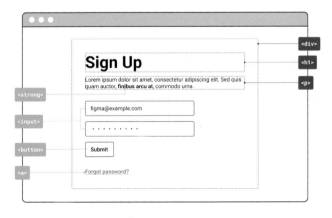

플렉스 박스

블록 요소는 기본적으로 세로 방향으로 쌓입니다. 하지만 레이아웃에 따라서는 가로 방향으로 배열해야 할 때가 있습니다. 이럴 때 CSS에서는 '플렉스 박스flex box'를 사용합니다. 여러 블록 요소를 감싸는 '부모 요소'를 설정하면, 부모 요소 안에 포함된 '자식 요소'들은 왼쪽에서 오른쪽으로 배열됩니다. 플렉스 박스를 사용하면 자식 요소의 크기, 배열 순서, 정렬 방법, 줄 바꿈 등을 유연하게 설정할 수 있습니다. 플렉스 박스를 사용한 아래 그림 같은 레이아웃은 자동 레이아웃으로도 재현할 수 있습니다.

가로 배열

Memo

앞 페이지에서 제시한 URL에서 플렉스 박스의 동작을 확인할 수 있습니다.

가로 배열(오른쪽 정렬)

간격을 비우고 배치

공간을 채우도록 배치

콘텐츠	콘텐츠	콘텐츠

줄 바꿈

피그마의 자동 레이아웃은 단일 요소로서의 박스 모델, 부모 요소가 자식 요소의 배치를 제어하는 플렉스 박스를 디자인 도구에서 재현할 수 있습니다. 자동 레이아웃으로 CSS를 완전하게 재현할 수는 없지만, CSS의 사고 방식을 이해해 두면 자동 레이아웃을 빠르게 마스터 할 수 있습니다.

● 피그마로 CSS를 재현

피그마의 자동 레이아웃은 요소의 배치 방법을 수치로 제어할 수 있는 기능이지만, '크기 조정' 설정과 조합하면 그 가치가 빛을 발합니다.

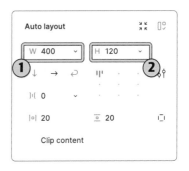

크기 조정은 Design 패널의 Auto layout [X]와 [Y] 안에 포함되어 있습니다. 수평 방향(①)과 수직 방향(②) 설정이 있습니다. 크기 조정은 '자동 레이아웃이 적용된 프레임' 혹은 '자동 레이아웃의 자식 요소'에 대해서만 설정할 수 있고 각각 설정할 수 있는 값의 종류가 다릅니다.

자동 레이아웃이 적용된 프레임

부모 요소를 선택한 상태에서는 [Fixed width] 혹은 [Hug contents]를 설정할 수 있습니다.

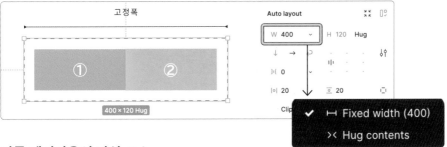

자동 레이아웃의 자식 요소

자식 요소를 선택한 상태에서는 [Fixed width] 혹은 [Fill container]를 설정할 수 있습니다.

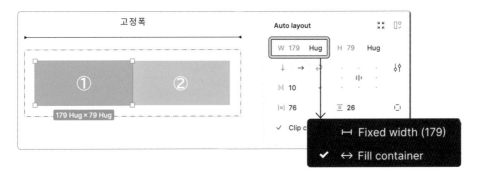

● 부모 요소의 크기 조정

자동 레이아웃의 부모 요소는 자동 레이아웃이 적용된 프레임 자체입니다. 부모 요소는 그 내부에 자식 요소를 가지므로 자식 요소들을 포함하도록 크기를 자동으로 조정하거나, 자식 요소에 관계없이 크기를 조정할 수 있습니다. '제약constraint'에 따르지 않을 경우에도 [Fixed width]를 지정합니다.

고정 폭

다음 그림은 부모 요소와 자식 요소의 [H]를 [Fixed width]으로 설정하고 자식 요소(❶)의 폭을 확대한 예입니다. 부모 요소는 특정한 크기로 [고정]되어 있으므로, 자식 요소(❷)는 프레임을 벗어나게 됩니다.

콘텐츠를 포함

부모 요소의 [수평 방향 크기 조정]을 [Hug contents]로 설정하면 부모 요소의 크기는 자식 요소의 크기에 의존합니다. 따라서 자식 요소(❶)을 확대하면 부모 요소의 폭은 넓어집니다. 자식 요소(❷)의 폭은 변하지 않습니다. 콘텐츠, 패딩, 보더에 의해 부모 요소의 폭이 결정되므로 CSS의 인라인 요소를 재현한 것이라 말할 수 있습니다.

작례 파일의 [CSS 2]에 자동 레이아웃을 적용한 2개의 객체를 배치했습니다. 각각의 자식 요소를 좌우로 드래그해 [Fixed width]와 [Hug contents]의 동작의 차이를 확인해 보십시오.

01

학습 준비

● 자식 요소의 크기 조정

자동 레이아웃의 자식 요소에서는 부모 요소의 공간을 채우는가(컨테이너에 맞춰 확대),
채우지 않는가(고정 폭)을 크기 조정에서 전환할 수 있습니다. 부모 요소의 크기 변경
에 따라 자식 요소의 크기를 변경하고 싶을 때는 [Fill container]를 선택합니다.

고정 폭

자식 요소 크기 조정에 [Fixed width]를 지정하면 부모 요소의 크기를 변경하더라도
자식 요소(❶과 ❷)의 크기는 영향을 받지 않습니다.

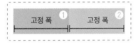 

컨테이너에 맞춰 확대

자식 요소의 크기 조정에 [Fill container]를 지정하면 부모 요소의 크기를 확대/축소
할 때, 그에 맞춰 자식 요소(❶과 ❷)의 크기도 확대/축소됩니다. 부모 요소의 공간
을 채우도록 자식 요소의 크기가 변경되므로 CSS 블록 요소를 재현한다고 할 수 있
습니다.

조합

자식 요소의 [Fixed width]와 [Fill container]는 조합할 수 있습니다. 예를 들면 자
식 요소(❶)에 [Fill container], 자식 요소(❷)에 [Fixed width]를 지정한 상태에서
부모 요소를 확대해 봅시다. 이때 자식 요소(❷)의 크기는 고정되어 있으므로 자식
요소(❶)의 크기만 확대됩니다. 오른쪽 끝에 고정하고 싶은 요소가 있을 때 편리하게
사용할 수 이는 기법입니다.

작례 파일의 [CSS 3]에 위 3가지 패턴을 배치했습니다. 부모 요소의 폭을 확대/축소
해면서 자식 요소의 폭이 어떻게 변화하는지 확인해 봅시다.

02

자동 레이아웃

단일 요소로서의 박스 모델과 부모 요소가 자식 요소의 배치를 제어하는 플렉스 박스에 관해 이해했으므로, 이제 자동 레이아웃을 사용해 UI를 개선해 봅시다.

작례 파일의 [Examples] 페이지를 열고 [AutoLayout 1] 프레임을 확인해 봅시다. [Card] 레이어가 2개 배치되어 있습니다. 자주 사용하는 카드 느낌의 UI입니다. 왼쪽이 자동 레이아웃 작용 전, 오른쪽이 자동 레이아웃 적용 후입니다.

자동 레이아웃 적용 전 · 자동 레이아웃 적용 후

아일랜드 호텔 윈드   ★ 4.84
목적지까지의 거리 1.5km
₩ 314,420/박

각각의 [Card] 오른쪽 끝을 드래그해 형태 변화를 확인해봅니다. 자동 레이아웃 적용 전 디자인에서는 다음과 같은 문제가 발생하는 것을 알 수 있을 것입니다.

폭을 260px까지 축소했을 때:

- 사진이 프레임 안에 모두 들어가지 않는다.
- 사진 오른쪽 둥근 모서리가 사라진다.
- 오른쪽 위 하트 아이콘이 표시되지 않는다.
- 리뷰 점수의 숫자가 표시되지 않는다.

폭을 400px까지 확대했을 때:

- 프레임을 확대해도 콘텐츠 크기가 변경되지 않으므로 오른쪽에 여백이 많이 생긴다.

Memo

변경을 취소하려면 'Undo'(되돌리기)의 단축키를 실행합니다. 취소한 내용을 원복하려면 'Redo'(재실행)을 실행합니다.

Shortcut

Undo(되돌리기)

Mac	⌘	Z
Windows	ctrl	Z

Shortcut

Redo(재실행)

Mac	shift	⌘	Z
Windows	shift	ctrl	Z

크기 변경에 대응할 수 있도록 카드 UI에 자동 레이아웃을 적용해 봅시다. 작례 파일의 [AutoLayout 2] 프레임을 확인해 봅시다. 자동 레이아웃 적용 전의 [Card]를 편집하면서 설명을 진행합니다. 설명대로 잘 진행된다면 이후의 내용 진행에서도 계속해서 [AutoLayout 2]를 사용하십시오.

확인용으로 각 단계를 완료한 시점의 [Card]도 함께 제공합니다. 설명대로 진행되지 않는다면 이 [Card]를 사용해 해당 위치는 건너 뛰고 계속 진행하십시오.

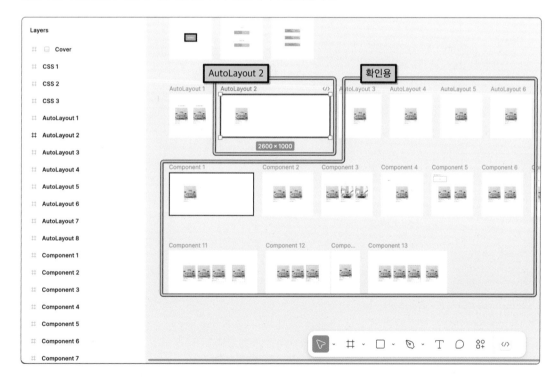

⬤ 자동 레이아웃 적용

[Card] 레이어의 자식 요소에는 [Body], [Thumbnail]이 있으며 각각 4px 안쪽에 배치되어 있습니다. 먼저 [Card] 프레임 전체를 선택하고(❶), 자동 레이아웃을 적용해 봅시다(❷).

자동 레이아웃을 적용했을 뿐이지만 필요한 설정이 자동으로 완료됩니다. 자식 요소인 [Body], [Thumbnail]을 세로 방향으로 배열하도록 설정되어 있습니다(❸). 또한 수평 방향 패딩에 4(❹), 수직 방향 패딩에 [4]가 입력되어 있습니다(❺).

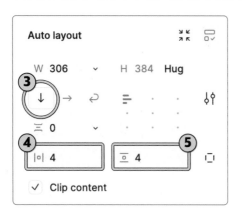

Shortcut		
Auto layout		
Mac	shift	A
Windows	shift	A

[Body], [Thumbnail]이 블록 요소라면 부모 요소의 폭에 맞춰 폭이 넓어지는 특성을 당연히 가질 것입니다. Layers 패널에서 [Body], [Thumbnail]을 동시에 선택하고(**❻**), 오른쪽 패널에서 [W]를 [Fill container]로 변경합니다(**❼**).

부모 요소인 [Card]를 선택하고 수평 방향으로 폭을 늘리면 크기 변경에 따라 [Body], [Thumbnail]도 늘어납니다. 자식 요소가 세로 방향으로 배열되며, 폭을 가득 채우는 블록 요소의 움직임을 재현했습니다. [Body]의 내용은 고정된 상태입니다. 이 문제는 뒤에서 해결합니다.

Memo

shift 를 누른 상태에서 레이어를 선택하면, 여러 레이어를 동시에 선택할 수 있습니다.

⬤ 가로 방향 레이아웃

[Body]의 자식 요소를 Layers 패널에서 확인하면 현재 모든 레이어가 병렬로 되어 있으며 계층 구조를 갖고 있지 않습니다(①). 이 자식 요소들을 그림과 같이 그루핑 해 HTML처럼 구조화 합시다.

[Price], [Distance], [Name]을 동시에 선택하고(②) shift A 를 누르면 새로운 프레임이 만들어지고 자동 레이아웃이 적용됩니다. 레이어 이름을 더블 클릭하고 [Left]로 이름을 변경합니다.

Memo

자동 레이아웃은 Design 패널에 서도 적용할 수 있지만, 자주 사용 하므로 단축키를 기억해 둡시다.

마찬가지로 [Score]와 [Icon/Star]를 선택하고 자동 레이아웃을 적용합니다(③). 작성된 프레임 이름은 [ReviewScore]로 합니다.

Shortcut

Auto layout

Mac	shift A
Windows	shift A

이제 [Body]는 2개의 자식 요소 [Left]와 [ReviewScore]를 갖습니다(④). 이들을 가로 방향으로 배열해 CSS 플렉스 박스를 재현합니다. [Body]에 자동 레이아웃을 적용하십시오.

가로 방향으로 배열하는 자동 레이아웃을 적용했습니다. 하지만 이 상태에서 [Card] 전체를 확대하면 다음 그림과 같이 됩니다. [Body] 크기 조정은 [콘텐츠에 맞춰서 확대]로 되어 있어 폭을 가득 채우도록 넓어지지만, 그 자식 요소인 [Lef], [Review-Score]는 변하지 않습니다.

이를 해결하려면 [Card] 크기 변경에 따라 [Left] 프레임 폭을 가득 채우게 넓어지도록 설정해야 합니다. [Left]를 선택하고 [W]를 [Fill container]로 변경합니다(⑤).

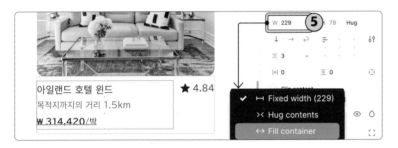

다시 [Card] 전체를 수평 방향으로 확대해 봅시다. 확대에 맞춰 [ReviewScore]가 오른쪽으로 이동할 것입니다. 확인했다면 [Card] 폭을 원래 폭인 306px로 되돌려 주십시오.

자동 레이아웃이 중첩되어 있는 복잡한 구조이지만, 다음 순서를 따라가면 쉽게 이해할 수 있을 것입니다.

- [Card]의 폭을 늘린다.
- [Card]에 맞춰 [Body]의 폭이 늘어난다.
- [Body]에 맞춰 [Left]의 폭이 늘어나며, 그에 따라 밀려나는 형태로 [ReviewScore]가 오른쪽으로 이동한다.

Memo

[Left]의 크기는 [Body] 크기에 의존하며, [Body]의 위치는 [Card] 크기에 의존한다고 할 수 있습니다. 이렇게 부모 요소의 크기에 의존하는 설정이 [Fill container]입니다.

Sample Frame

이 단계를 완료한 뒤의 [Card]는 다음 프레임에서 확인할 수 있습니다(작업에 문제가 없다면 참조할 필요는 없습니다).

⊞ AutoLayout 3

● 세로 방향 레이아웃

[Left]를 작성한 시점에 세줄의 텍스트가 같은 간격으로 배치되어 버립니다. 가격은 특징이 다른 정보이므로 디자인의 '근접 원칙'에 따라 위치를 조정합시다.

[Name]과 [Distance]를 선택하고 shift A 를 눌러 자동 레이아웃 프레임을 만듭니다(①). 레이어 이름은 [Information]으로 변경하고, 자동 레이아웃 간격은 [2]로 설정합니다(②).

부모 요소인 [Left]의 자동 레이아웃의 간격을 [4]로 변경합니다(③). 약간이지만 정보와 가격 사이에 여백이 생기므로 관련성에 따라 요소를 그룹핑할 수 있습니다.

수정한 [Body]는 레이어가 구조화되어 있고 구현할 때 참고할 수 있습니다. 모든 레이어가 같은 계층에 있어 크기 변경에 대한 대응 방법을 판단할 수 없다면 엔지니어에게 무책임하게 UI 구조를 던지는 꼴이 됩니다. 피그마의 레이어 구조와 자동 레이아웃 설정은 그 자체가 문서의 역할을 하며, 엔지니어와 원만한 커뮤니케이션을 할 수 있게 해줍니다.

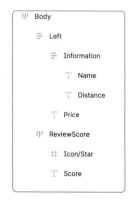

Sample Frame

AutoLayout 4

텍스트 분할

현재 [Distance]와 [Price]는 각각 단일 텍스트 객체입니다. 형태만 보면 문제가 없지만 세분화하면 한층 더 UI 구조를 개선할 수 있습니다. 예를 들면 [Distance]는 '목적지까지의 거리'가 고정 문자열인 것에 비해 '1.5km'는 동적으로 변화합니다. [Price]는 '314,420'이 동적으로 변하는 것은 물론 다른 국가의 화폐를 지원할 때는 '₩'을 변경해야 합니다. 이렇게 목적이나 특성에 따라 텍스트 객체를 분할하고 각 레이어에 고유한 이름을 붙여 용도를 명확하게 합니다.

텍스트 객체를 분할하기 전에 자동 레이아웃을 적용해 둡니다. [Distance]를 선택하고 shift A 를 누릅니다. 새롭게 만들어진 프레임의 이름은 [DistanceToLocation]으로 합니다(❶). 자동 레이아웃의 방향은 '→', 간격은 [4]로 지정합니다(❷).

Memo

레이어 이름을 붙이는 방법은 p.54에서 설명합니다.

[Distance]를 복제하고 앞쪽에 있는 텍스트 레이어 이름을 [Label]로 변경합니다(❸). 각 텍스트 객체에서 중복되어 있는 문자를 삭제하고 '목적지까지의 거리'와 '1.5km'로 나누었습니다(❹).

Shortcut

Duplication(복제하기)

Mac	⌘	D
Windows	ctrl	D

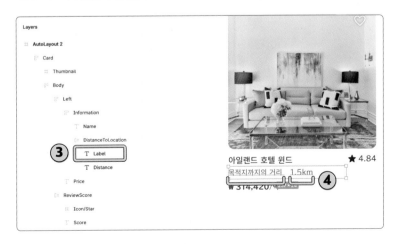

[Price]도 [DistanceToLocation]과 같은 순서를 반복해 세분화합니다. 가장 먼저 '₩314,420'과 '/박'을 나누고, 그 뒤에 '₩314,420'을 '₩'과 '314,420'으로 나눕니다. 레이어는 2단으로 중첩되어 있으며, [PricePerDay]와 [Price]의 자동 레이아웃 설정의 방향은 [→], 간격은 [2]로 지정합니다.

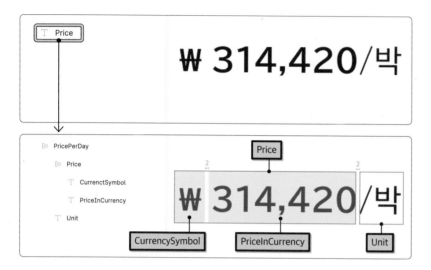

[DistanceToLocation]과 [PricePerDay]는 [W]를 [Fill container]로 변경해 둡니다. 부모 요소의 폭을 가득 채우는 형태로 늘어나는 블록 요소를 재현할 수 있습니다.

Sample Frame

AutoLayout 5

Google Sheets Sync

분할한 텍스트를 활용해 디자인 작업의 효율화를 고려할 수 있습니다. 예를 들면 'Google Sheets Sync'라는 플러그인을 사용해 스프레드시트에서 관리하는 텍스트 데이터를 디자인에 삽입할 수 있습니다. 이때 스프레드시트의 셀에 피그마의 레이어가 대응하므로, 텍스트 역할별로 레이어가 독립되어 있으면 좋습니다.

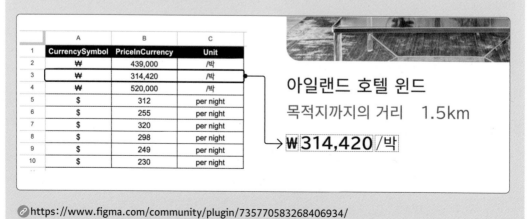

🔗 https://www.figma.com/community/plugin/735770583268406934/

● 텍스트 생략

현재 상태에서는 텍스트 길이가 길거나 [Card] 폭이 좁아지면 텍스트가 다른 요소와
겹쳐집니다. 텍스트를 생략해 이 문제를 해결합시다.

먼저 [Information]의 [W]를 [Fill container]로 변경합니다(①). 다음으로 자식 요
소인 [Name]도 [Fill container]로 변경합니다(②). 형태는 변하지 않지만 부모 요소
를 확대/축소하면 이 움직임을 따르게 됩니다.

다음으로 [Name]을 선택하고 [Typography]에서 ◊◊를 클릭합니다. [Truncate
text]를 A...으로 바꿉니다(③). 이제 길이가 긴 텍스트를 입력하면 자동으로 뒤쪽이
생략되어 '…'가 표시될 것입니다(④).

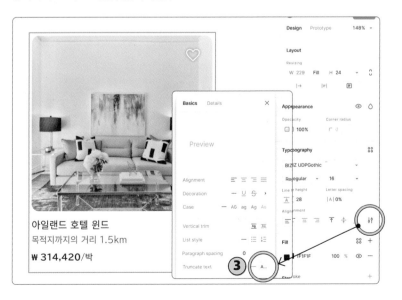

Sample Frame

⊞ AutoLayout 6

◉ 최소/최대폭

최소폭과 최대폭을 사용하면 프레임의 폭을 제한할 수 있습니다. 자동 레이아웃만을 위한 기능은 아니지만, 자동 레이아웃과 매우 호환성이 뛰어납니다.

지금까지 작업한 [Card]는 크기 변경에 유연하게 대응할 수 있는 디자인입니다. 하지만 UI로서 사용할 수 있는 크기에는 제한이 있습니다. 예를 들면 오른쪽 그림과 같은 상태는 적절하지 않습니다. [Name]은 거의 숨겨져 있고, 목적지까지의 거리도 잘려 있습니다. 사전에 제한을 설정해 적절한 디자인을 유지합시다.

[Card]를 선택하고 폭의 드롭다운 메뉴에서 [Add min width…]를 클릭하면 설정이 표시됩니다(❶). [244]를 입력하고 ⌨enter 를 누릅니다(❷).

폭 아이콘이 |w|로 변경되고, 마우스 커서를 올리면 캔버스 위에 최소폭이 표시됩니다(❸). 이제 [Card] 의 폭은 244px 보다 작아지지 않게 됩니다. 최소폭을 변경하려면 |w|를 클릭하거나, 드롭다운 메뉴에서 [Add min width…]을 선택합니다(❹).

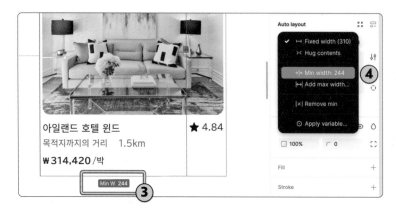

Sample Frame

⊞ AutoLayout 7

● 가로 세로 비율 유지

[Thumbnail]은 블록 요소를 재현한 것으로 [Card]의 폭에 맞춰 늘려져 있습니다. 그렇기 때문에 [Card]의 폭이 변경되면 [Thumbnail]의 폭은 물론 화면의 가로 세로 비율도 변경됩니다. 이것이 의도한 바라면 괜찮지만 디자인에 따라서는 썸네일 이미지의 가로 세로 비율을 변경하고 싶지 않을 때가 있습니다. 현재 피그마에서는 이미지의 가로 세로 비율을 유지하는 기능을 제공하지 않으므로, 자동 레이아웃을 응용해 구현하는 기법을 소개합니다.

[AutoLayout 8] 프레임에 [AspectRatioSpacer]라는 특수한 객체를 배치해 두었습니다. 이 객체를 수평 방향으로 확대하면 가로 세로 비율을 유지할 수 있도록 높이도 확대됩니다(수직 방향 확대에는 대응하지 않습니다). 이 객체를 사용해 [Thumbnail]의 가로 세로 비율을 유지해 봅시다. 먼저 이 객체를 복사합니다.

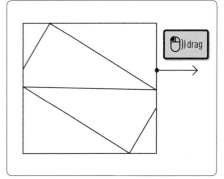

[Thumbnail]을 선택하고 자식 요소로 가장 아래 부분에 [AspectRatioSpacer]를 붙여넣습니다(❶). [AspectRatioSpacer]의 크기는 [Thumbnail]과 일치하며 정확하게 들어맞을 것입니다. 실수로 [AspectRatioSpacer]를 드래그 하지 않도록 레이어를 고정합니다(❷).

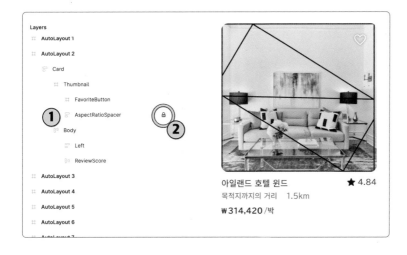

Memo

이전 작업에서 [Card]의 폭이 변경되었다면 [Card]를 선택하고 [W: 306]으로 되돌린 뒤 작업하십시오.

Memo

이 기법은 자동 레이아웃을 사용한 일종의 '핵(hack)'입니다. 왜 가로 세로 비율을 유지할 수 있는지 신경쓸 필요는 없습니다.

[Thumbnail]을 선택하고 자동 레이아웃을 적용합니다(③). 이때 [W]는 [Fill container], [H]는 [Hug contents]로 되어 있을 것입니다. 그렇지 않다면 앞의 설정으로 변경하십시오(④).

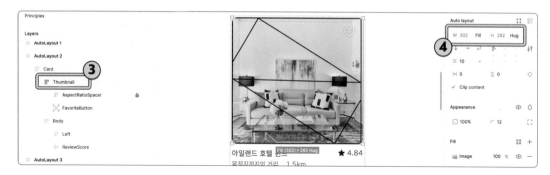

자식 요소인 [AspectRatioSpacer]를 선택하고 [W]를 [Fill container]로 변경합니다(⑤).

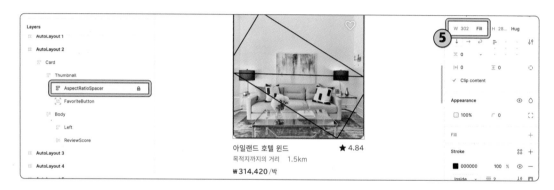

[Card]를 선택하고 수평 방향으로 확대/축소해 봅니다(⑥). 사진의 가로 세로 비율이 유지되면서 전체 크기가 변경될 것입니다. [AspectRatioSpacer]는 가로 세로 비율을 유지하면서 객체를 포함하도록 [Thumbnail]의 높이가 조정됩니다. 결과적으로 [Thumbnail]도 가로 세로 비율을 유지하게 됩니다.

Memo

수직 방향의 크기 변경에는 대응하지 않습니다. 그리고 자동으로 높이가 결정되므로 [H] 값이 소수가 될 수도 있습니다

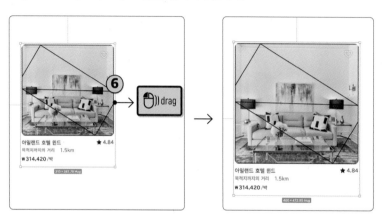

마지막으로 [AspectRatioSpacer] 레이어의 [Appearance] 항목의 값을 [0%]로 지정해 디자인에서 보이지 않게 합니다(⑦). Layers 패널 혹은 [Appearance] 항목에서 👁를 클릭해 숨기면 [AspectRatioSpacer]의 효과가 사라져 가로 세로 비율이 유지되지 않으므로 주의합니다.

Memo

가로 세로 비율을 유지하는 것이 자동 레이아웃의 본래 목적은 아닙니다. 이 방법은 피그마 업데이트에 따라 동작하지 않을 가능성도 있습니다.

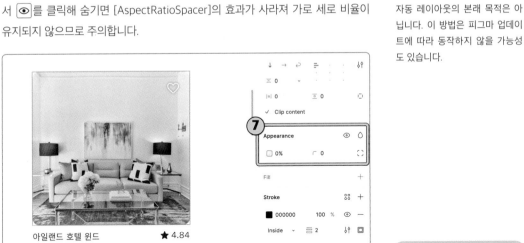

Sample Frame

⊞ AutoLayout 8

Ratios

[AspectRatioSpacer]는 'Ratio'라는 플러그인을 사용해서 작성했습니다. 플러그인 실행 후 프레임을 선택하고 ⬚를 클릭하면 가로 세로 비율을 산출할 수 있습니다. [Create ratio]를 클릭하면 가로 세로 비율을 유지하는 객체가 캔버스에 삽입됩니다(실제로 검은색 선은 표시되지 않습니다.)

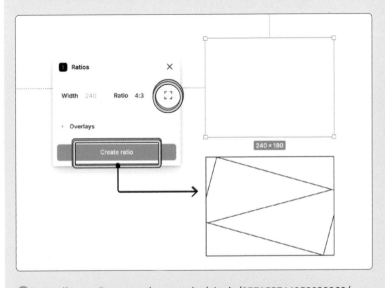

🔗https://www.figma.com/community/plugin/977155744958829960/

⬤ 절대 위치

[Thumbnail]에 자동 레이아웃을 적용했을 때 가로 세로 비율 이외에 다른 사항이
변경됩니다. Layers 패널을 확인해 보면 [FavoriteButton] 아이콘이 ⊞로 변경되어
있을 것입니다(①). 이것은 '절대 위치'로 배치되어 있음을 의미합니다 절대 위치는
Design 패널의 [Position] 항목에서 ⊡을 클릭해 전환할 수 있습니다(②).

절대 위치는 자동 레이아웃 규칙에서 제외하기 위한 설정입니다. 일반적으로 자동
레이아웃이 적용되어 있는 프레임의 자식 요소는 설정된 방향에 따라 자동으로 배열
됩니다. 절대 위치를 활성화하면 자동 레이아웃에서 제외된 것으로 취급하므로 XY
좌표를 지정해 임의의 위치에 배치할 수 있습니다. 추가로 제약도 설정할 수 있습니다.

일반적인 자동 레이아웃	회색 자식 요소에 절대 위치를 설정
자식 요소의 위치는 자동으로 결정되므로 XY 좌표를 지정할 수 없습니다.	자식 요소에 임의의 XY 좌표를 지정할 수 있습니다.

피그마는 캔버스 상황에 맞춰 자동으로 설정을 수행하기도 합니다. [Thumbnail]에
자동 레이아웃을 적용했을 때 [FavoriteButton]은 자동 레이아웃 규칙에서 제외되
는 것으로 추측해, 절대 위치가 활성화되는 형태입니다.

컴포넌트

'컴포넌트component'는 UI 요소를 템플릿template화 한 것입니다. 이 책에서는 컴포넌트의 기본적인 조작 방법에 관한 설명은 최소화하고 디자인 시스템에 적합한 컴포넌트가 무엇인지에 초점을 두어 설명합니다.

[Examples] 페이지의 [Component 1]에 배치되어 있는 [Card]에서 설명을 계속합니다. 각 단계를 완료한 후의 [Card]는 [Component 2] 이후에 배치했으므로 확인을 위해 사용하십시오.

◉ 기본 조작

먼저 [Card] 를 컴포넌트로 변환합니다. [Card]를 선택하고 Mac에서는 [option] [⌘] [K], Windows에서는 [ctrl] [alt] [K] 를 누릅니다. Design 패널의 [Frame] 섹션에 있는 ✣을 클릭해도 같은 효과를 낼 수 있습니다(①). 컴포넌트로 변환되면 프레임 바깥쪽이 파란색에서 보라색으로 바뀝니다.

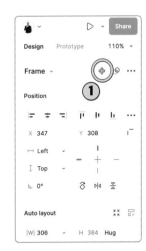

컴포넌트는 디자인에 직접 사용하지 않습니다. 컴포넌트에서 '인스턴스instance'를 만들어 레이아웃에 배치해서 사용합니다. 다음 세 가지 방법으로 컴포넌트로부터 인스턴스를 만들 수 있습니다.

	Mac	Windows
복사 & 붙여넣기	[⌘] [C] & [⌘] [V]	[ctrl] [C] & [ctrl] [V]
복제 명령	[⌘] [D]	[ctrl] [D]
드래그해 복사	[option]을 누른 상태로 드래그	[alt]를 누른 상태로 드래그

컴포넌트 옆에 인스턴스를 작성합시다(②). 컴포넌트의 모든 변경은 인스턴스에 반영되므로 다량의 인스턴스를 배치해도 한 곳에서 변경을 완결할 수 있다는 장점이 있습니다.

단, 피그마는 덮어쓰기한 인스턴스의 정보를 가능한 유지합니다. [Card] 인스턴스의 [Name]을 '마이 드림 하우스'로 변경해 봅시다(③). 그리고 컴포넌트의 [Name]을 '서퍼즈 하우스'로 변경합니다(④). 이 경우 먼저 작업한 변경 정보를 우선하며, 컴포넌트의 변경 사항이 인스턴스에 반영되지 않습니다.

형태가 같아도 새로운 객체가 추가되었을 때는 덮어쓰기가 무효가 됩니다. 컴포넌트 쪽의 [Name]을 '아일랜드 호텔 윈드'로 되돌린 뒤 복사합니다. 그대로 [Name]을 선택한 상태로 Mac에서는 `shift` `⌘` `R`, Windows에서는 `shift` `ctrl` `R` 을 눌러 [Paste to replace]을 실행하십시오(⑤).

객체를 변경한 추가 정보는 인스턴스에 존재하지 않으므로, 컴포넌트의 내용이 그대로 인스턴스에 반영됩니다(⑥). 그 결과 텍스트의 내용이 '아일랜드 호텔 윈드'로 변경됩니다.

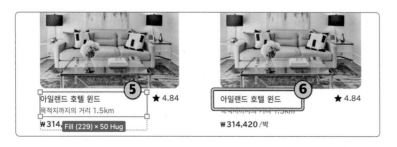

Memo

[Paste to replace]는 선택한 객체를 클립보드의 내용으로 치환하는 명령입니다.

Shortcut

Paste to replace

| Mac | `shift` `⌘` `R` |
| Windows | `shift` `ctrl` `R` |

Sample Frame

이 단계를 완료한 후의 [Card]는 다음 프레임에서 확인할 수 있습니다(작업에 문제가 없다면 참조할 필요는 없습니다).

⌗ Component 2

● 덮어쓰기 초기화

개별 인스턴스에 덮어쓰기한 정보를 삭제할 때는 '초기화reset' 메뉴를 사용합니다.
[Component 3] 프레임의 [Card] 컴포넌트(①), 덮어쓰기한 인스턴스(②)를 확인합니다.

Memo

[Component 3]은 초기화 기능 설명을 위해서만 사용하며 이후에는 사용하지 않습니다. 컴포넌트에 관한 작업은 계속해서 [Component 1]을 사용하십시오.

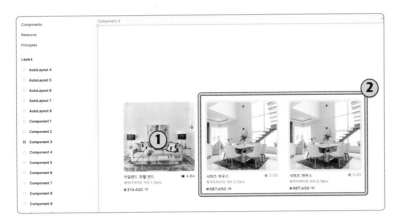

가운데 [Card] 인스턴스를 선택하고 오른쪽 패널의 컴포넌트 섹션에서 ···을 클릭하고 [Reset all changes]를 선택합니다(③). 인스턴스에 덮어쓰기한 정보가 삭제되고 컴포넌트와 같은 상태로 되돌아갑니다.

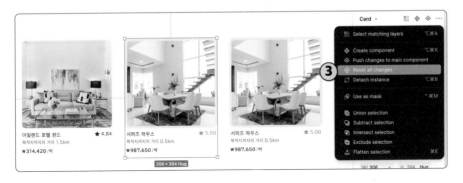

덮어쓰기한 정보는 개별적으로 삭제할 수도 있습니다. 오른쪽 인스턴스의 [Thumb-nail]만 선택한 뒤, 오른쪽 패널에서 [Reset] → [Reset stroke]를 선택합니다(④). 하늘색 선만 사라지고 덮어쓰기한 다른 정보는 유지됩니다.

● 인스턴스 중첩

인스턴스의 텍스트나 속성은 덮어쓸 수 있지만 **UI 구조는 변경할 수 없습니다.** 예를 들면 형태를 아무리 덮어쓰기 하더라도 [ReviewScore]는 [ReviewScore] 그대로 입니다. [ReviewScore]를 다른 객체로 치환하고 싶을 때는 컴포넌트 안에 **다른 컴포넌트의 인스턴스를 삽입해야 합니다.**

[Card] 컴포넌트의 [ReviewScore]를 복사하고(❶) 컴포넌트 바깥에서 마우스 우클릭 한 뒤 [Paste here]를 실행합니다(❷).

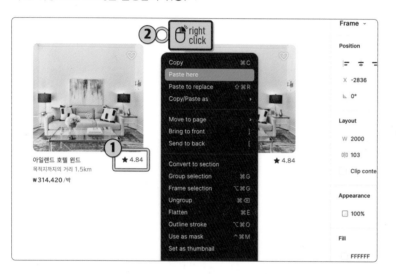

붙여넣은 [ReviewScore]를 컴포넌트화 합니다(❸). 단축키를 사용하거나 마우스 우클릭 → [Create component]를 선택합니다. 컴포넌트를 작성한 뒤 복사합니다.

Memo

인스턴스를 삽입하는 것을 '중첩 한다(nest)'고 표현합니다.

Memo

Mac에서는 ⌘, Windows에서는 ctrl 을 누른 상태에서 마우스 우 클릭 하면 깊이 중첩되어 있는 객 체를 직접 선택할 수 있습니다.

Shortcut

컴포넌트 작성

Mac	option	⌘	K
Windows	alt	ctrl	K

Shortcut

Paste to replace

Mac	shift	⌘	R
Windows	shift	ctrl	R

[Card] 컴포넌트의 [ReviewScore]를 선택하고(④) 마우스 우클릭 한 뒤 [Paste to replace]을 실행하십시오(⑤).

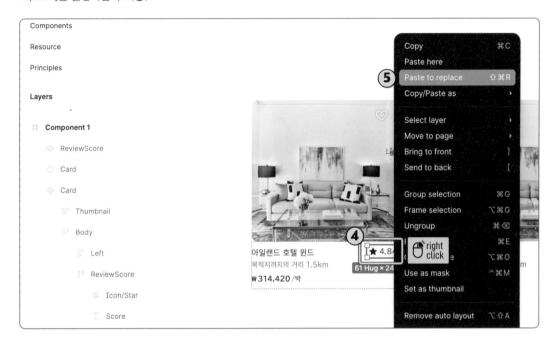

[ReviewScore] 레이어가 인스턴스 아이콘으로 바뀌면 성공입니다(⑥). 형태는 변하지 않지만 [Card] 컴포넌트 안에 [ReviewScore] 컴포넌트의 인스턴스가 중첩된 상태입니다. [ReviewScore]를 대체할 준비를 마쳤습니다.

이미 컴포넌트 안에 있는 자식 요소는 컴포넌트화 할 수 없습니다. 바꿔 말하자면 **컴포넌트는 컴포넌트를 중첩할 수 없습니다. 컴포넌트에서 작성한 인스턴스를 중첩할 수 있습니다.** 따라서 원하는 자식 요소를 컴포넌트 밖에 배치하고 컴포넌트화 한 뒤, [Paste to replace]를 사용해 원래 요소를 인스턴스에 치환해야 합니다. 이 기법은 복잡한 컴포넌트를 작성할 때 많이 사용합니다.

Sample Frame

⌗ Component 4

⬤ 인스턴스 치환

[Card]는 숙박 시설을 표시하기 위한 UI입니다. 새로운 숙박 시설에는 리뷰가 없을 것이므로 [ReviewScore]를 표시할 수 없습니다. 대신 다른 요소를 표시한다는 가정 하에 [ReviewScore] 인스턴스를 치환해 봅시다.

[Card] 초기 상태에서는 [ReviewScore]가 표시되는 것을 가정하고 있으므로 [Card] 컴포넌트가 아닌 인스턴스에서 작업합니다. [Card] 인스턴스 안의 [Review-Score]를 선택하고(❶) 오른쪽 패널에서 컴포넌트 이름을 클릭합니다(❷).

Swap instance(인스턴스 치환) 패널이 표시되고 선택한 인스턴스가 강조됩니다(❸). [Component 1] → [Component 5] → [Badge] 순서로 클릭합니다(❹).

Memo

컴포넌트가 배치되어 있는 프레임을 기준으로 내비게이션(navigation)이 만들어집니다. 이 예시에서는 [Component 5]에 [Badge]를 배치했습니다.

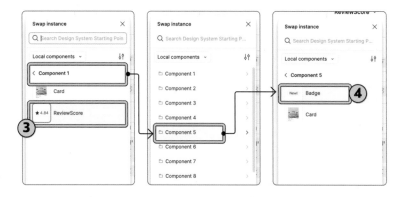

[ReviewScore]가 [Badge] 인스턴스로 치환되고 'New!'라고 표시될 것입니다(❺).

Sample Frame

⌗ Component 5

● 컴포넌트 속성

'컴포넌트 속성component property'은 컴포넌트에 고유한 속성을 추가할 수 있는 기능입니다. 추가된 속성은 Design 패널에 표시되며, 캔버스에서 조작할 필요 없이 인스턴스를 덮어쓸 수 있습니다.

이 작업은 컴포넌트를 대상으로 수행합니다. [Card] 컴포넌트의 [Name]을 선택하고(❶) Text 섹션의 ◎를 클릭합니다(❷). 다음으로 ＋를 클릭한 뒤, 표시되는 다이얼로그에서 Name에 'name'을 입력하고 [Create property]를 실행하십시오(❸).

속성이 덮어쓰였는지 인스턴스에서 확인합니다. [Card] 인스턴스를 선택하면 Design 패널의 Card 섹션에 [name] 속성이 표시됩니다(❹). 값을 변경해 인스턴스에 반영되는지 확인합니다(❺).

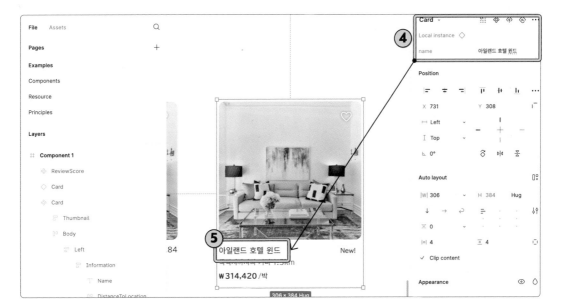

Memo

컴포넌트 속성의 ◎ 아이콘은 Text 섹션 뿐만 아니라 Appearance 섹션에도 표시됩니다 착각하지 않도록 주의합니다.

◉ 속성 이름 규칙

적절한 이름은 커뮤니케이션을 매끄럽게 해줍니다. 피그마의 레이어 이름이나 속성 이름은 한국어로 작성할 수도 있지만 구현과의 연동을 고려해 영어로 표기합시다. 이름을 붙일 때 사용하는 규칙을 '이름 규칙naming convention'이라 부르며 다음과 같은 내용을 포함합니다.

표기법

예를 들면 자바스크립트JavaScript 라이브러리인 리액트React를 사용해 구현한다고 가정합시다. 리액트에서 UI를 구현할 때 속성 이름은 캐멀 케이스camel case로 정의하는 것이 모범 사례로 알려져 있습니다. **캐멀 케이스는 단어의 첫 글자를 대문자로 써서 연결하고, 맨 처음의 한 문자를 소문자로 작성하는 표기법입니다.** 이 책에서도 이 규칙을 따르고 있으며 컴포넌트 속성의 이름으로 [name]을 사용했습니다(1개 단어이므로 소문자로 표기하게 됩니다).

한편 텍스트 객체의 레이어 이름은 [Name]을 사용했습니다. 리액트의 컴포넌트는 일반적으로 파셀 케이스parcel case로 정의하며, 피그마의 컴포넌트 이름이나 레이어 이름도 여기에 맞췄습니다. **파셀 케이스는 단어의 첫 글자를 대문자로 작성하는 표기법입니다.**

이런 규칙을 사전에 결정해 두고 디자인과 구현에서의 이름을 공통화하면 매끄럽게 연동할 수 있게 됩니다. 컴포넌트나 속성 이름은 엔지니어와 논의해 결정하는 것이 좋습니다. 이 기능들은 프로그래밍에서의 고려 사항들을 디자인에 반영한 것으로, 구현 측의 규칙을 존중하는 것이 자연스럽기 때문입니다. 단, 프로그래밍 언어에 따라 표기가 다르므로 디자인 시스템이 여러 플랫폼을 지원하는 경우에는 특정한 한 가지로 통일하도록 주의해야 합니다.

영단어

영단어를 선택할 때도 주의해야 합니다. 예를 들면 한국어의 '숙박 시설'을 표현하고 싶은 경우 'Hotel', 'Accommodation', 'Propery' 등을 생각할 수 있으나 각 단어는 다음과 같은 개념을 갖고 있습니다.

- Hotel: 업태가 한정됩니다. 민박은 호텔에 포함될까요?
- Accommodation: 길이가 길어 오타가 발생할 가능성이 높습니다.
- Property: 프로그래밍 용어와 혼동할 수 있습니다.

그렇기 때문에 'Lodging'이라는 다른 단어나 'Accommoation'을 줄인 'Accom'을 사용하는 정책을 검토합니다. 이처럼 이름을 붙이기는 의외로 어려운 작업입니다. 적절한 이름을 만들기 어렵다면 'ChatGPT' 등의 AI 도구를 사용해 후보를 고르는 방법도 있을 것입니다.

---

camelCase
소문자   대문자

PascalCase
대문자   대문자

Memo

다음은 'Airbnb'에서 정한 자바스크립트 이름 규칙입니다.

https://airbnb.io/javascript/react/#naming/

⬤ 의도를 전달하는 속성

컴포넌트 속성을 사용하면 인스턴스를 Design 패널에서 덮어쓸 수 있습니다. 하지만 이로 인한 장점은 작업이 약간 편해지는 정도입니다. 컴포넌트 속성을 통해 얻을 수 있는 진정한 장점은 설계 의도의 전달입니다.

[Card] 컴포넌트에는 [Name]외에도 동적으로 변화하는 텍스트가 있을 것입니다. 어떤 텍스트가 동적인지는 사양서를 확인하면 알 수 있지만, 컴포넌트 속성을 사용하면 이 사양들을 디자인 파일에도 담을 수 있습니다. 예를 들면 '거리', '통화 기호', '가격'도 동적으로 변화한다고 가정하고 이 텍스트들에도 컴포넌트 속성을 연결해 봅시다.

순서는 [name] 속성과 같습니다. 이미 컴포넌트 속성이 정의되어 있을 때는 Text 섹션의 ⟨⊕⟩를 클릭해 메뉴를 표시합니다. [Apply variable/property] → [New variable/property]를 선택합니다.

Memo

속성은 인스턴스가 아닌 컴포넌트에서 추가합니다.

다음은 이름 규칙에 따라 Text 섹션에서 속성을 만든 결과입니다. 각각 [distance], [currencySymbol], [priceInCurrency]로 만들었습니다.

Memo

Layers 섹션의 ⟨⊕⟩를 클릭하면 텍스트를 덮어쓰기한 속성을 만들 수 없습니다. 속성은 반드시 Text 섹션에서 추가하도록 주의합니다.

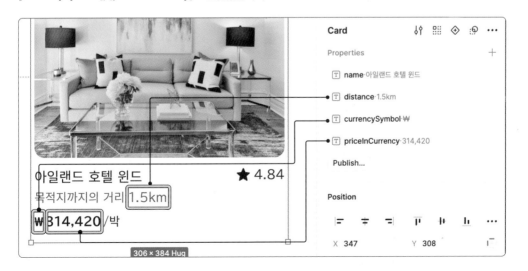

컴포넌트 속성에 마우스 커서를 올리면 세 가지 아이콘이 표시됩니다. 왼쪽의 ☰ (❶)를 드래그하면 순서를 바꿀 수 있습니다. 편집할 때는 오른쪽의 ⋭(❷), 삭제할 때는 ⊟(❸)를 클릭합니다.

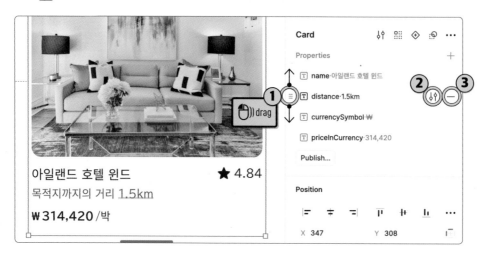

인스턴스를 선택하고 오른쪽 패널에서 각 속성을 덮어써 봅시다. 속성으로 만들면 동적으로 변화하는 텍스트가 무엇인지 명확해지므로, 다른 디자이너나 엔지니어가 이 컴포넌트의 의도를 파악하기 쉬워집니다.

Memo

어떤 텍스트에 컴포넌트 속성을 연결할 것인지는 요구사항에 따라 다릅니다. 예를 들면 한국어로만 표시하는 제품이라면 통화기호는 변하지 않으므로 [currencySymbol]은 필요하지 않을 것입니다.

이런 작업을 하기 위해서는 반드시 요구사항이나 사양을 이해해야 합니다. 제품의 데이터 모델을 파악한 상태에서 디자인을 만들고 공유하는 것이 이상적일 것입니다.

Sample Frame

⌗ Component 6

중첩된 인스턴스의 속성

[ReviewScore]에는 리뷰 점수가 표시되어 있습니다. 이 점수도 동적으로 변화할 것입니다. 단, [ReviewScore]는 **중첩된 인스턴스이기 때문에, [Card] 컴포넌트의 속성으로서 정의할 수 없습니다.** 이럴 때는 중첩된 인스턴스의 속성을 부모 요소에서 표시할 수 있도록 설정해야 합니다.

먼저 [ReviewScore] 컴포넌트에 새로운 속성을 추가합시다. [Score] 레이어를 선택하고(①) Text 섹션의 [⊕]를 클릭합니다(②).

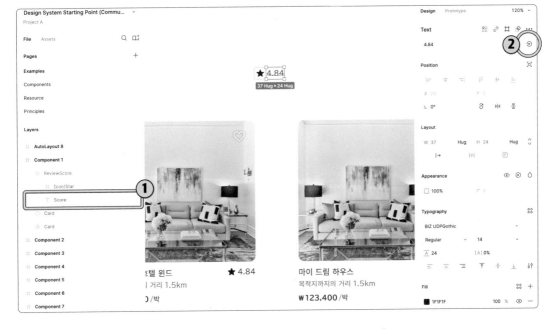

표시되는 다이얼로그에서 Name에 [ReviewScore]를 입력하고 [Create property]를 클릭합니다(③).

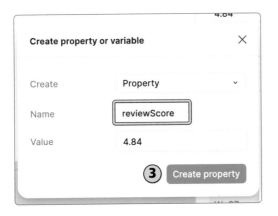

부모 요소에서 [ReviewScore] 속성을 표시하도록 설정합니다. [Card] 컴포넌트를 선택한 상태에서 Properties 섹션의 ⊞를 클릭하고 [Nested instances]를 클릭합니다(④).

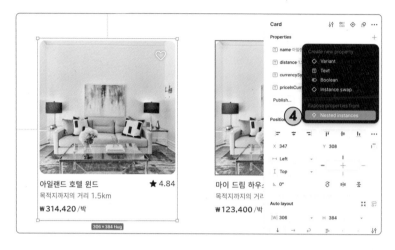

속성의 공개 소스 패널에서 [ReviewScore]에 체크하면(⑤) [Nested instances]가 추가됩니다(⑥).

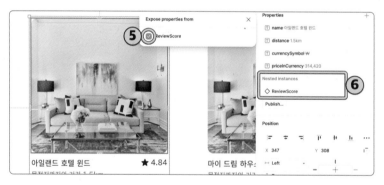

Memo

[ReviewScore]가 [Badge]로 치환되어 있는 상태에서는 [ReviewScore] 속성이 표시되지 않습니다.

[Card] 인스턴스를 선택하고 컴포넌트 섹션의 ⋯를 클릭하고 [Reset] → [Reset all changes]를 실행합니다(⑦). [ReviewScore] 속성이 [Card]에 표시되어 덮어써진 것을 확인합니다(⑧).

Sample Frame

Component 7

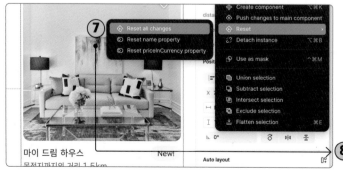

인스턴스의 대체 속성

동적으로 변화하는 텍스트가 무엇인지는 명확하게 되었습니다. 하지만 UI 요소는 어떨까요? 앞서 중첩되어 있는 [ReviewScore] 인스턴스를 [Badge]로 대체하는 방법에 관해 설명했습니다. 하지만 [ReviewScore]를 대체하는 사양이 있다는 것을 아무도 모를 것입니다. [Card] 속성을 변경해 동적으로 변화하는 UI 요소가 무엇이지 명확하게 합시다.

[Card] 컴포넌트에 중첩되어 있는 [ReviewScore]를 선택하고(①) 컴포넌트 섹션의 ⊡를 클릭한 뒤(②), '인스턴스 대체 속성'을 만들 수 있습니다.

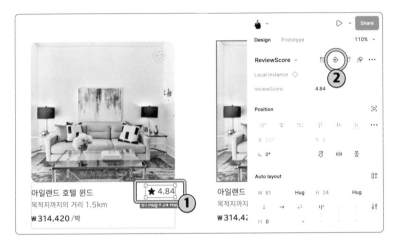

속성 Name에 [rightColumn]을 입력합니다(③). 그리고 'Preferred Values'(우선할 값) 항목 오른쪽의 +를 클릭하고(④), [Component 5]의 [Badge]를 찾아서 체크합니다(⑤). Preferred values에 [Badge]가 표시되면 [Create property]를 실행합니다(⑥).

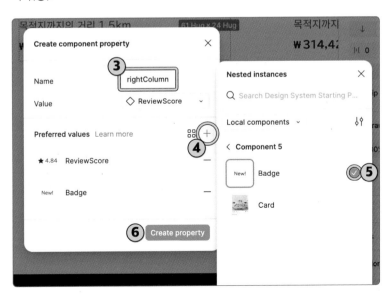

[Card] 인스턴스를 선택하고 [rightColumn] 속성이 표시되는지 확인합니다(**7**). 드
롭다운 메뉴를 열면 앞에서 지정한 '우선할 값'이 표시됩니다. [Badge]를 선택하고
인스턴스를 대체해 봅시다(**8**).

[Badge]를 선택하면 [ReviewScore] 속성이 표시되지 않게 됩니다. [Review-
Score]가 표시되지 않은 상태에서 그 인스턴스의 값을 덮어써도 큰 의미가 없기 때
문입니다.

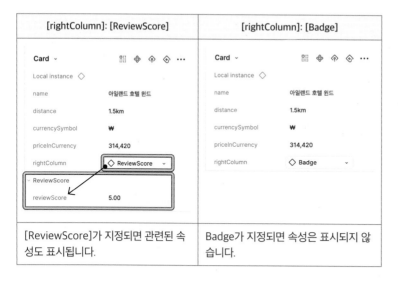

[rightColumn]: [ReviewScore]	[rightColumn]: [Badge]
[ReviewScore]가 지정되면 관련된 속성도 표시됩니다.	Badge가 지정되면 속성은 표시되지 않습니다.

Memo

Preferred Values는 인스턴스의 선택지를 제한하는 것이 아닙니다. [Preferred]를 [Local components]로 변경하면 우선할 값에 지정된 항목 이외의 항목도 선택할 수 있습니다.

이렇게 하면 동적으로 변화하는 UI 요소의 존재가 전달됩니다. [Preferred]로 [Re-
viewScore]와 [Badge]가 지정되어 있으므로 교체할 대상도 명확합니다.

Sample Frame

⊞ Component 8

● 표시/숨기기 전환 속성

공개 후 시간이 어느 정도 지난 뒤에도 리뷰가 모이지 않는다면 [ReviewScore]와 [Badge]를 모두 표시하지 않는 사양이 있다고 가정해 봅시다. 이런 사양을 표현하려면 레이어 표시/숨기기를 전환하는 속성을 추가합니다.

Memo

이 책에서는 속성 이름 규칙을 캐멀 케이스로 통일하고 있습니다. 단, [True]와 [False]는 피그마에 사전 정의된 값에 맞추었습니다.

[Card] 컴포넌트의 [ReviewScore]를 선택하고(❶) Appearance 섹션에서 ⤴ → ＋를 클릭합니다(❷). [hasRightColumn]이라는 이름으로 속성을 작성합니다(❸). 값은 [True]를 유지합니다.

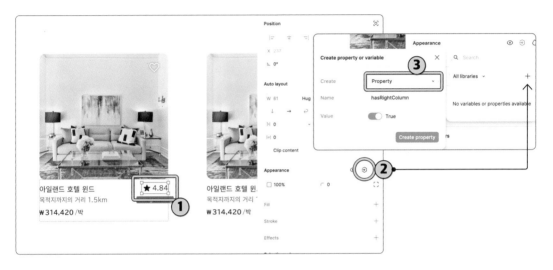

[Card] 인스턴스를 선택하고 [hasRightColumn] 속성의 토글 스위치를 OFF로 설정하면 [ReviewScore]가 숨겨집니다(❹).

[ReviewScore]가 숨겨지면 인스턴스를 대체할 대상이 사라지므로 [rightColumn] 속성이 표시되지 않습니다. 마찬가지로 [ReviewScore] 속성도 숨겨집니다.

컴포넌트를 쉽게 사용할 수 있도록 속성을 정리합니다. 먼저 [rightColumn] 설정 여부는 [hasRightColumn] 값에 의존하므로 [hasRightColumn]이 위에 표시되는 것이 자연스럽습니다. [Card] 컴포넌트의 [hasRightColumn] 속성을 드래그해서 순서를 바꿔 주십시오(⑤).

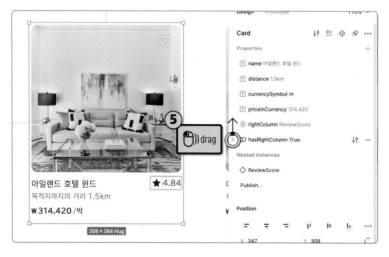

의존 관계를 속성 이름으로도 표현합니다. [rightColumn]의 [⟨⟩]을 클릭하고(⑥) 이름을 [↪rightColumn]으로 변경했습니다(⑦).

Memo

'↪' 기호를 사용하는 것은 다소 번거로울 수 있습니다. 각자 사용하기 쉬운 문자 기호를 사용해도 좋습니다.

'↪'는 속성의 설계를 이해하기 쉽게 전달하기 위한 방법입니다. 앞서 'hasRightColumn'이라는 속성 이름을 사용해 의존 관계를 표현했으므로 필수 설정은 아닙니다.

Sample Frame

⊞ Component 9

⬤ 인스턴스 속성 간략화

지금까지의 작업에서는 속성을 사용해 동적으로 변화하는 내용을 속성으로 나열했습니다. 다시 말해 **속성으로 나열하지 않는 내용은 덮어써서는 안 됩니다.** 오른쪽 패널에 표시된 항목을 생략해 변경할 수 있는 항목을 보다 명확하게 합니다.

[Card] 컴포넌트를 선택하고 〔᯾〕를 클릭합니다(①). [Simplify all instances]에 체크합니다(②).

설정 후 [Card] 인스턴스를 선택하면 Design 패널에 표시되었던 다양한 항목들이 나타나지 않습니다. 덮어쓰기 자체를 금지한 것은 아니며 [Show more properties]를 클릭하면 모든 속성 항목을 표시할 수 있습니다(③). 과도하게 커스터마이즈된 인스턴스는 재사용이 어려워 컴포넌트의 장점을 활용할 수 없습니다. 설정 항목을 숨김으로써 예상하지 않은 덮어쓰기를 억제할 수 있습니다.

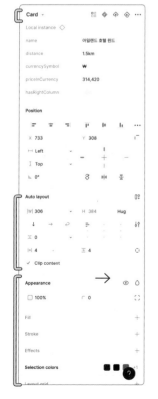

Sample Frame

Component 10

⬤ 변형

'변형~variant~'는 임의의 디자인에 대응하는 속성을 만드는 기능입니다. 컴포넌트 속성을 활용한 덮어쓰기 방식으로 실현할 수 없을 때, 예를 들면 다음과 같은 유스케이스에서 사용할 수 있습니다.

- UI 상호작용을 표현한다.
- 다른 배색으로 디자인 변형을 만든다.
- 크기가 다른 디자인을 만든다.

Memo

변형에 대응하는 속성도 컴포넌트 속성의 한 종류이지만 '변형 속성(variant property)'이라 구분해서 부르기도 합니다.

변형을 사용해 [Card] 컴포넌트의 상호작용을 표현해 봅시다. 보통 때, 마우스 커서를 올렸을 때, 초점을 맞췄을 때의 디자인을 만들고 속성을 통해 이들을 전환하도록 설정합니다.

[Card] 컴포넌트를 선택하고 Design 패널에서 ◈을 클릭합니다(❶). 컴포넌트가 '컴포넌트 셋~component set~'이라는 특수한 프레임으로 둘러싸입니다(보라색 점선). 이 상태에서 컴포넌트 셋 아래의 ⊞를 클릭합니다(❷). 컴포넌트 셋이 프레임에 잘리지만 괜찮습니다.

[Card] 컴포넌트 안의 3개의 레이어가 변형입니다(❸). 이 레이어들은 컴포넌트 셋의 내용에 대응합니다.

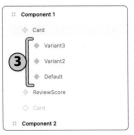

컴포넌트 셋에 지동 레이아웃을 적용합니다. 방향은 →, 간격과 패딩 값은 각각
[40]으로 합니다(④). 프레임 안의 객체가 겹치지 않도록 위치를 조정하십시오.

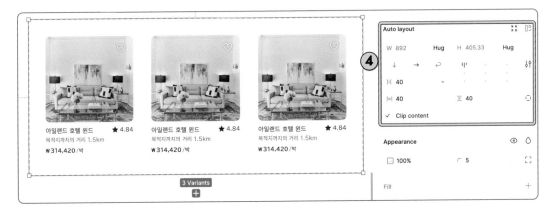

컴포넌트 셋을 선택하고 Properties 섹션에 [Property 1]이 추가되었는지 확인합니
다. ⟨↓↑⟩을 클릭해 편집 패널을 열고(⑤) 레이어와 같은 이름이 속성값으로 등록되어
있는지 확인합니다(⑥).

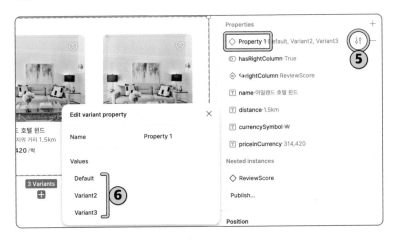

Memo

속성 이름이나 값을 클릭하면 편
집할 수 있습니다. 별도 확인 버튼
등은 없으며 입력한 값은 즉시 저
장됩니다.

속성 이름을 [state]로 변경하고(⑦) 값을 [enabled], [hovered], [focused]로 변경
합니다(⑧). 값 변경에 따라 레이어의 이름도 변경됩니다.

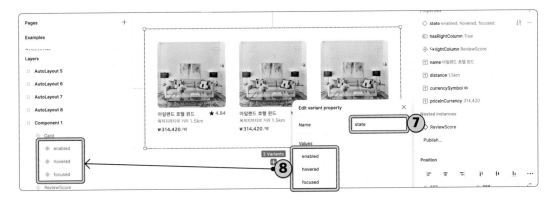

이름 규칙

컴포넌트 속성과 마찬가지로 변경 속성도 이름 규칙이 중요합니다. [Card]의 '상태'
를 나타내는 속성 이름을 [state]로 했습니다. 이후 다른 컴포넌트에서 상호작용을
표현할 때도 [state]로 통일해야 하며, 값도 마찬가지입니다. 그 밖에 상호작용을 포
함해 아래 표와 같이 규칙화해 둡시다.

[state]	[enabled]	[hovered]	[pressed]	[focused]	[disabled]
상태	보통 때 (유효한 상태)	마우스 커서를 올렸을 때	클릭했을 때	초점이 맞았을 때	비활성화 했을 때

각 변형의 디자인

변형을 만들었지만 현재는 모든 변형이 모두 같은 형태입니다. [hovered]에 대응하
는 변형에 드롭 섀도drop shadow 객체를 추가해 마우스 커서를 올렸을 때의 상태를 표현
합시다.

중앙에 있는 변형의 [Thumbnail]을 선택하고 이펙트 섹션의 ⊞를 클릭합니다(❶).
□에서 패널을 열고 드롭 섀도 설정에서 [Blur: 20], [Position Y: 8](❷), 불투명도
[15%]로 변경합니다(❸).

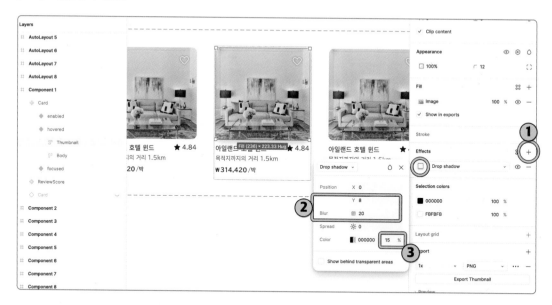

드롭 섀도가 도중에 끊어질 때는
(❹) [hovered] 변형 전체를 선택
한 뒤 Design 패널의 Auto layout
섹션에서 [Clip contents] 항목의
체크를 해제합니다(❺).

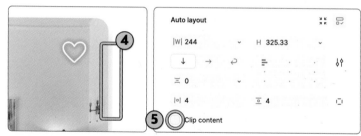

[focused]에 대응하는 변형의 형태도 변경합니다. 변형의 프레임에 선을 추가하고
선의 폭을 [2], 색을 [#474747]로 변경합니다(**❻**).

[Card] 인스턴스를 선택하고 [state] 속성을 변경해 디자인이 전환되는 것을 확인합
니다(**❼**).

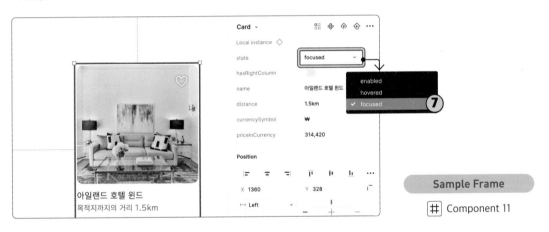

Sample Frame

\# Component 11

선 설정

박스 모델을 재현한 자동 레이아웃의 선 설정은 [레이아
웃에 포함된다]고 설명했습니다(p.26 참조). 이 설정에서
는 선의 폭만큼 [Thumbnail]이 축소되어 버립니다. 상호
작용 발생 시 레이아웃이 변경되지 않도록 자동 레이아웃
설정에서 Strokes는 [Excluded]를 선택해 주십시오(CSS
에서도 이 동작을 재현할 수 있습니다).

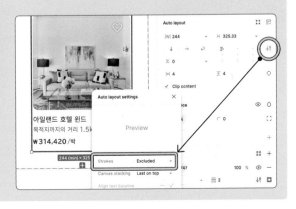

● 인터랙티브 컴포넌트

변형을 연결해 '움직이는' UI를 만들 수 있습니다. 사용자의 액션에 대응하는 컴포넌트를 '인터랙티브 컴포넌트interactive component'라 부르며, 동작하는 이미지를 공유하기에 적합합니다.

[enabled]에 대응하는 변형을 선택하고 [Prototype] 패널을 엽니다(①). 변형의 오른쪽 끝에 표시되는 ⊕을 드래그해 [hovered] 변형으로 연결합니다(②).

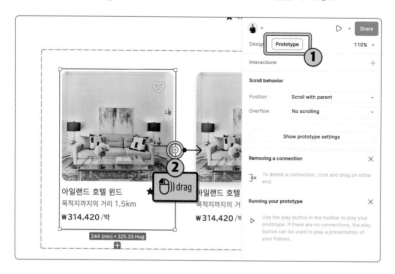

변형을 연결한 화살표 아래 패널이 표시됩니다. [On click]라고 표시되어 있는 메뉴는 상호작용의 계기가 되는 '트리거trigger'입니다(③). [While hovering]으로 변경합니다. [Instant]로 표시되어 있는 메뉴는 '애니메이션animation'입니다(④). 이 항목은 [Smart animate]로 변경합니다.

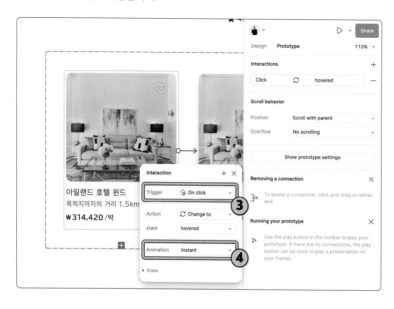

변경 후의 패널은 아래 그림과 같이 됩니다. [Smart animate]는 전후 변형을 비교해 자동으로 애니메이션 하는 설정입니다(⑤). [300ms]는 애니메이션 소요 시간이며 0.3초를 의미합니다(⑥).

[Preview]라는 이름으로 새롭게 프레임을 만들고 인스턴스를 배치합니다. 컴포넌트 셋에서 인스턴스를 만들려면 [enabled] 변형을 복사하고(⑦) 임의의 위치에서 마우스 우클릭 한 뒤 [Paste here]을 선택합니다(⑧).

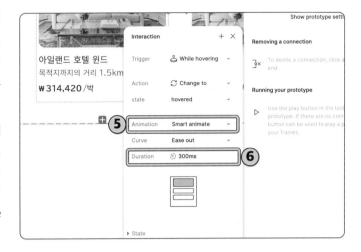

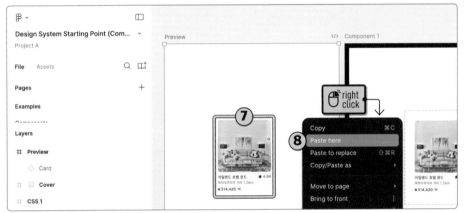

[Preview] 프레임을 선택한 상태에서 shift space 를 눌러 프로토타입의 미리보기를 엽니다. 마우스 커서를 올렸을 때 드롭 섀도가 표시되면 성공입니다(⑨).

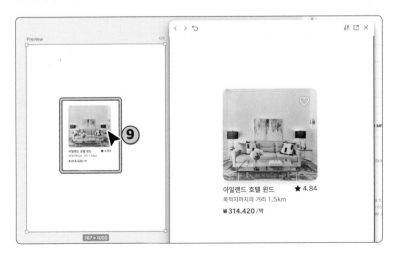

Memo

미리보기를 올바르게 표시하려면 최상위 수준 프레임을 선택해야 합니다. 인스턴스를 선택한 상태에서는 표시할 수 없습니다.

Sample Frame

Component 12

Component 12-2

069

⬤ 컴포넌트 설명

컴포넌트에는 목적과 사용 방법을 설명하기 위한 텍스트 정보를 부여할 수 있습니다. 컴포넌트 셋을 선택하고 컴포넌트 섹션에서 ⬓을 클릭합니다(①). 제목, 리스트, 링크, 코드 블록 등의 형식을 사용해 이 컴포넌트에 관한 설명을 작성해 봅시다(②). 다른 장소에서 문서를 관리한다면 해당 문서의 URL 등을 입력합니다(③).

Memo

설명 입력 시 마크다운 문법도 사용할 수 있습니다.

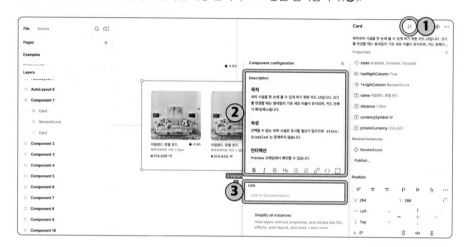

각 변형을 선택하고 ⬓을 클릭하면(④) 해당 변형에 대한 설명을 입력할 수 있습니다.

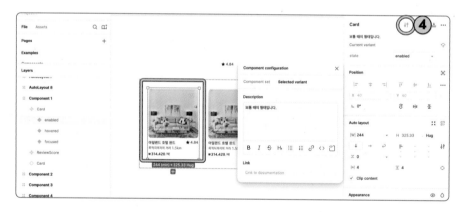

[Card] 인스턴스를 선택하면 컴포넌트 섹션에 설명이 추가됩니다. 설명에 마우스 커서를 올리고 클릭해 봅시다(⑤). 패널이 열리고 문장 전체가 표시됩니다. 컴포넌트 셋, 현재 사용하는 변형의 설명을 전환하며 확인할 수 있습니다.

Memo

개별 변형에 대한 설명이 없을 때는 컴포넌트 셋의 설명만 표시됩니다.

Sample Frame

⌗ Component 13

04 변수

변수variable의 등장으로 디자인 시스템을 보다 쉽게 구축할 수 있게 되었습니다. 이전의 피그마에서는 색상 관리를 위해 '스타일'을 사용해야 했지만, 이제는 '변수'를 사용할 수 있습니다. 변수는 프로그래밍 용어에서 유래한 것이며 컴포넌트나 속성과 마찬가지로 프로그램의 사고 방식에 영향을 받은 기능입니다. 엔지니어가 쉽게 다룰 수 있는 디자인 파일을 설계하는 열쇠가 됩니다.

> **Memo**
>
> 이름은 비슷하지만 '변형'과 '변수'는 전혀 다른 기능입니다.

● 스타일과의 비교

간단한 색상 관리라면 변수, 스타일 중 어떤 것을 사용해도 구현할 수 있으나 디자인 시스템에는 변수가 필요합니다. 색상 관리에 관한 두 가지 방법의 차이를 정리했습니다.

기능	변수	스타일
색상을 등록하고 일괄 관리한다	O	O
색상 조합을 등록한다	×	O
색상을 그룹으로 모은다	O	O
여러 컬렉션을 관리한다	O	×
모드를 전환한다	O	×

스타일은 '색상 조합을 등록하는 경우'에만 필요합니다. 다음 그림의 예시에서는 단색 위에 그라데이션을 겹쳤습니다. 이런 칠하기 설정을 재사용할 때는 스타일이 필요합니다. 그 이외의 기능은 변수로도 구현할 있거나, 변수로만 구현할 수 있습니다.

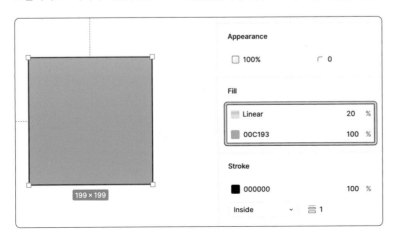

⬤ 변수 작성

변수 작성은 '어떤 값을 상자에 넣어서 이름을 붙인 것'이라 해석할 수 있습니다. 넣을 수 있는 값의 유형type에는 제한이 있습니다. 현재 시점에서는 색상, 수치, 문자열, 불리언boolean(True/False)에 대응합니다. 변수를 작성하려면 아무것도 선택하지 않은 상태에서 Local variables(로컬 변수) 섹션의 [⊹]을 클릭합니다(❶).

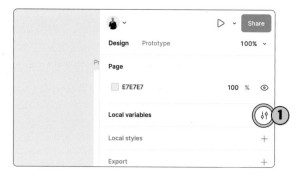

Memo

로컬 변수는 파일 단위로 관리되고, 같은 파일 안에서는 어떤 페이지에서 열어도 같은 변수를 사용할 수 있습니다.

[Create variable]에서 [Color]을 선택하면(❷) 변수가 추가됩니다.

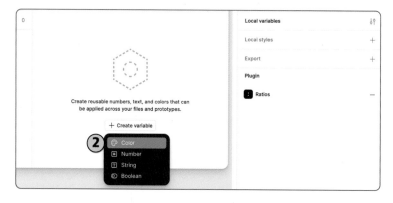

Memo

변수를 작성한 후에는 유형을 변경할 수 없으므로 주의합니다.

추가된 변수의 이름을 더블 클릭해서 [color/text/default]로 변경합니다(❸). 마찬가지로 값을 더블 클릭해서 [#1F1F1F]로 변경합니다(❹).

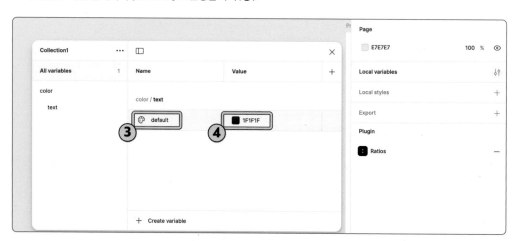

이름에 '/'(슬래시)를 사용해 그룹을 만들고 계층화할 수 있습니다. [color] 그룹 안에 [text] 그룹이 있고, 그 안에 [default]라는 변수가 등록됩니다. 각 그룹의 이름을 클릭해 변수를 필터링 할 수 있습니다.

Memo

사이드 패널이 표시되지 않을 때 는 을 클릭합니다.

컬러 변수 맨 앞에는 색상 샘플이 표시됩니다. 변수 유형이 문자열 등인 경우 색상으로 취급되지 않습니다.

색상 변수	String 변수

패널 아래쪽의 [Create variable]에서 [Color]을 선택하고 변수를 추가합니다(⑤).

Memo

변수를 선택한 상태에서 shift enter 를 누르면 변수를 복제할 수 있습니다.

이름을 [color/text/subtle], 값을 [#5C5C5C]로 입력합니다(⑥).

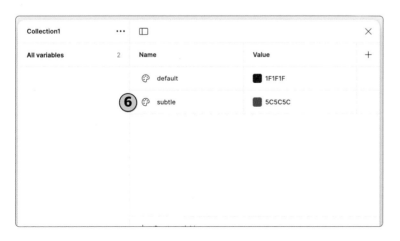

⬤ 변수 적용

만든 변수를 객체의 색상에 적용해 봅시다. [Card] 컴포넌트 셋을 선택하고 [Selection colors]에 [#1F1F1F]로 설정되어 있는 것을 확인합시다. 마우스 커서를 올리면 표시되는 ⠿를 클릭합니다(①). [#1F1F1F]가 보이지 않을 때는 [Selection colors] 왼쪽의 드롭 다운을 클릭해 메뉴를 전개합니다(②).

Memo

[#1F1F1F]는 텍스트에 사용된 검은색에 가까운 회색입니다.

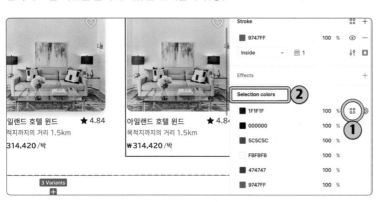

[Selection colors] 탭에 표시된 [color/text/default]를 선택하고 변수를 적용합니다(③). 이렇게 사용된 색상을 일괄적으로 치환할 때는 [Selection colors]를 사용하면 효율적입니다.

변수가 적용되었는지 확인해 봅시다. [Card]의 [Name]을 선택하면 Fill 섹션에 [color/text/default]가 표시됩니다(④).

같은 순서로 [#5C5C5C]를 [color/text/subtle]로 치환합니다. 컴포넌트를 선택하고 [Selection colors]에서 [#5C5C5C]의 ⠿를 클릭하고(⑤) [color/text/subtle]을 선택합니다(⑥).

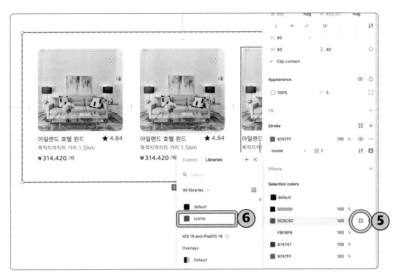

이제 [Card] 안의 모든 텍스트에 변수가 적용되었습니다. 작업 후의 [Selection colors]는 다음 그림과 같이 됩니다.

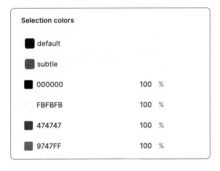

컴포넌트의 형태는 전혀 다르지 않지만 사용되는 색상을 변수로 관리할 수 있게 되었습니다. 디자인 시스템에서는 변수를 사용해 모든 색상을 일괄 관리합니다.

Memo

[color/text/subtle]의 회색은 '목적지까지의 거리 1.5km'에 사용됩니다. 'subtle'은 '미묘한', '미세한'이라는 의미입니다.

Sample Frame

변수와 관련된 작례는 없습니다. [Component 1]에서 작업을 계속합시다.

⬤ 컬렉션

처음 변수를 만들었을 때 컬렉션collection이라 불리는 상자를 작성했습니다. 컬렉션은
목적에 따라 변수를 정리하는 역할을 합니다. 현재의 컬렉션 이름은 [Collection]입
니다(①). ⋯를 클릭하고 [Rename]을 선택합니다(②).

[SemanticColor]를 입력하고 enter 를 누릅니다(③). [SemanticColor]는 이름으로
색상의 역할을 표현하는 디자인 시스템 용어입니다. 자세한 내용은 다음 장에서 설
명합니다.

컬렉션 이름은 변수를 선택할 때 섹션 이름으로 표시됩니다(④). 같은 이름의 변수가
존재할 때는 컬렉션 이름으로 변수를 구분할 수 있습니다.

Memo

컬렉션이 하나만 있을 때는 섹션
이름으로 표시되지 않습니다.

⬤ 앨리어스

앨리어스alias는 '별명'이라는 의미로 작성한 변수에 다른 이름을 할
당하는 기능입니다. 그 역할을 생각해 보면 '참조'라 할 수 있으며
변수 [A]가 변수 [B]를 참조하는 상태를 작성할 수 있습니다. 바꿔
말하면 변수 [A]가 변수 [B]에 의존하는 상태입니다. 이때 색상의
실체는 [B]에만 존재하며, [B]의 값을 변경하면 [A]의 값도 변경됩
니다.

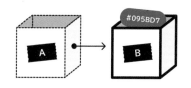

[SemanticColor] 변수를 앨리어스로 만들어 봅시다. 먼저 참조 대상 변수를 저장할
컬렉션을 작성합니다. Variables 패널의 ⋯을 클릭한 뒤 [Create collection]을 클
릭합니다.

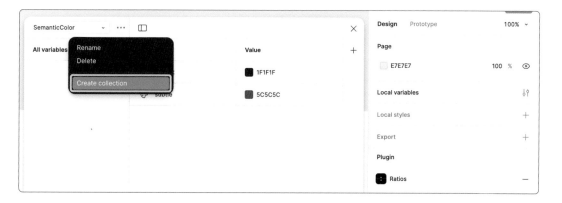

새로운 컬렉션 이름에 'PrimitiveColor'를 입력하고 enter 를 누릅니다.

[PrimitiveColor] 안에 새로운 컬러 변수를 만듭니다. [color/gray/30]과 [color/
gray/5]를 만들고 값을 각각 [#5C5C5C], [#1F1F1F]로 합니다.

컬렉션 이름을 클릭하고 [SemanticColor]로 전환합니다(①).

[SemanticColor] 변수를 앨리어스로 변경합니다. [color/text/default] 값을 마우스 우클릭 한 뒤 [Create alias]를 선택합니다(②).

표시된 리스트에서 [color/gray/5]를 선택하면(③) [color/gray/5]로 참조가 만들어지고 [color/text/default]값이 회색으로 감싸집니다.

[Card]의 형태는 전혀 바뀌지 않았지만 [Name] 등에 적용된 [color/text/default]가 [color/gray/5]에 의존하도록 변경되어 있습니다.

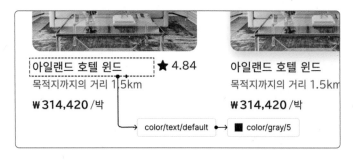

마찬가지로 [color/text/subtle]을 앨리어스로 변환합니다. 변수의 값을 마우스 우클릭 한 뒤 [Create alias]을 선택합니다(④).

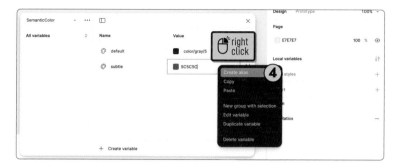

리스트에서 [PrimitiveColor]의 [color/gray/30]을 선택합니다(⑤)

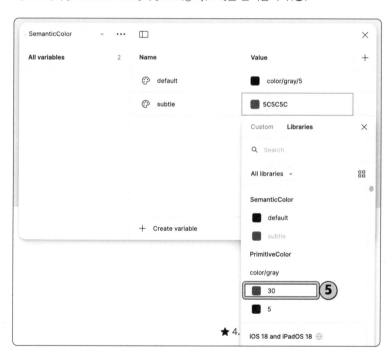

[SemanticColor]의 2개의 변수가 앨리어스가 되었습니다. 모두 색상의 값이 아니라 [PrimitiveColor]에 대한 참조입니다.

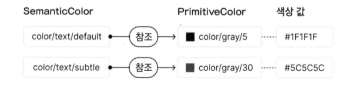

● 모드

변수의 '모드'를 사용하면 디자인 시스템의 색상 관리를 극적으로 효율화 할 수 있습니다. 여러 브랜드나 컬러 모드를 지원하는 디자인 시스템에서는 특히 중요한 기능입니다. 다크 모드를 지원한다고 가정하고 변수 모드를 작성해 봅시다.

[PrimitiveColor] 컬렉션으로 전환하고 다크 모드에 필요한 색을 추가합니다. [color/gray/5]를 선택한 상태에서 shift enter 를 눌러 변수를 복제합니다(❶). 같은 조작을 반복해 한 번 더 복제합니다(❷).

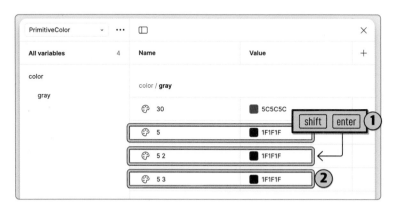

복제한 변수의 이름을 [color/gray/90]과 [color/gray/70]으로 하고 값을 [#FBFBFB]와 [#E0E0E0]으로 변경합니다. 변수를 드래그해서 [color/gray/90] → [color/gray/5] 순서로 정렬합니다(❸).

Memo

변수는 그룹 안에 복제되므로 이름에는 '90'과 '70'만 입력합니다.

모드는 [SemanticColor] 컬렉션에 대해 작성합니다. 패널 왼쪽 위 메뉴에서 [SemanticColor] 컬렉션을 선택합니다(❹).

모드 작성

패널 오른쪽 위의 [+]를 클릭하면 새로운 열이 추가됩니다(①). 지금까지 사용했던
모드가 [Mode 1](②), 새로운 모드가 [Mode 2]입니다(③). 모드 이름을 더블 클릭
하고 각각 [light]와 [dark]로 변경합니다.

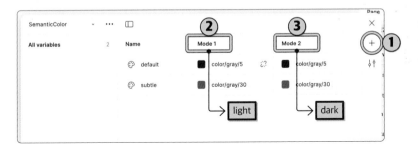

[dark] 모드의 [color/gray/5]를 클릭하고 리스트에서 [color/gray/90]을 선택합니
다(④).

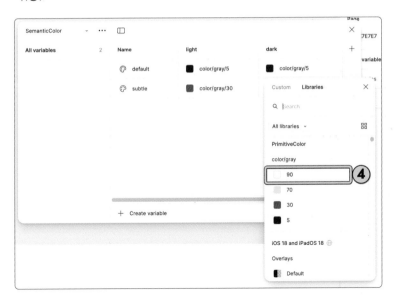

마찬가지로 [dark] 모드의 [color/gray/30]을 [color/gray/70]으로 치환합니다. 변
경 후의 패널의 형태는 아래 그림과 같습니다. [light]와 [dark]에서 색상이 반전되는
형태입니다.

모드를 전환한다

새로 만든 모드를 사용해 봅시다. p.67에서 만든 [Preview] 프레임의 색을
[#000000]으로 변경합니다. 이 상태에서는 문자가 배경에 묻혀 인식할 수 없습니다.

이 프레임에 [dark] 모드를 적용합니다. [Preview]를 선택하고 Appearance 섹션의
에서 [SemanticColor] → [dark]를 적용합니다.

Auto 모드

[Auto] 모드는 모드를 지정하지 않은 상태이며, Variables 패널의 가장 왼쪽 모드가 적용됩
니다.

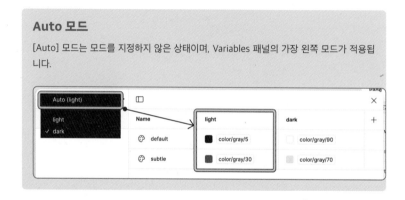

[SemanticColor] 변수가 [dark] 모드로 전환되었으므로 텍스트 색상이 반전됩니다
(**①**). 이렇게 부모 요소의 모드를 변경하면 자식 요소인 [Card]의 모드도 변경됩니다. Layers 패널(**②**), Appearance 섹션(**③**)에는 현재 모드가 표시됩니다.

모드가 [자동]인 경우 부모 요소의 모드는 가장 아래 계층까지 전달됩니다(왼쪽). 중간층의 모드를 명시적으로 지정하면 그보다 아래 계층에 있는 자식 요소의 모드에 영향을 줍니다(오른쪽).

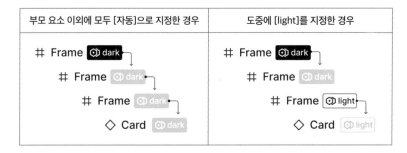

모드를 지정할 수 있는 최상위 계층은 '페이지page'입니다. 페이지의 모드를 변경하면 톱 수준 프레임을 포함한 모든 객체의 모드가 전환됩니다.

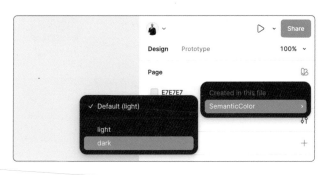

Memo

Page 섹션을 표시하려면 캔버스의 아무것도 없는 위치를 클릭하거나 esc 를 눌러 객체 선택을 해제하십시오.

모드를 적용하려면 다음 조건을 만족해야 합니다.

- 선택한 객체 또는 해당 객체의 자녀 요소가 변수를 사용한다.
- 사용 중인 변수의 컬렉션에 여러 모드가 존재한다.

위 조건을 만족하지 않으면 모드를 전환할 수 없습니다. 예를 들면 [Card] 인스턴스를 삭제하면 [Preview] Appearance 섹션에 모드가 표시되지 않게 됩니다(④).

Memo

컬렉션 하나 당 최대 4개의 모드를 사용할 수 있습니다. 그 이상의 모드를 사용하려면 엔터프라이즈 플랜을 사용해야 합니다.

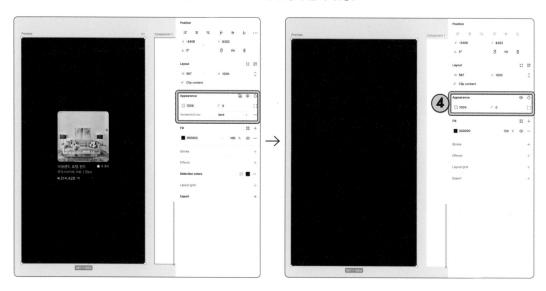

변수 적용 방법의 차이

색상 변수를 적용하려면 오른쪽 패널의 [아이콘]을 클릭합니다. 다음 페이지에서 설명할 Number 변수를 모서리의 반지름에 적용할 때는 [아이콘]을 클릭합니다. 대부분의 경우 직관적으로 조작할 수 있지만 변수 적용 방법이 감춰진 속성도 있습니다. 예를 들면 자동 레이아웃 적용 시 폭과 간격은 속성의 드롭다운 메뉴에서 선택합니다. 불투명도나 선 굵기는 속성에서 마우스 우클릭을 해야 합니다.

자동 레이아웃 폭	자동 레이아웃 간격	레이어 불투명도	선 굵기

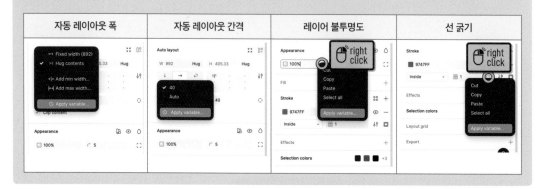

⬤ Number 변수

UI 요소에 적용되어 있는 다양한 수치는 변수로 관리할 수 있습니다. 여기에서는 [Thumbnail]의 모서리 반지름에 변수를 적용해 봅시다.

색상 컬렉션으로 [PrimitiveColor]와 [SemanticColor]가 있습니다. 모서리의 반지름 변수는 목적이 다르기 때문에 새로운 컬렉션으로 만듭니다. Local variables 섹션의 ⚙에서 [Create collection]을 선택합니다. 컬렉션 이름은 [Token]으로 합니다.

[Token] 컬렉션이 만들어지면 [Create variable]에서 [Number]를 선택합니다.

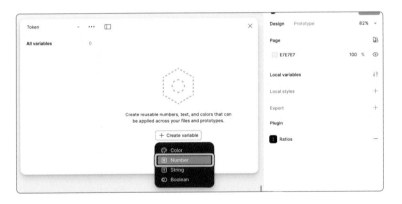

만들어진 변수의 이름을 [border-radius/lg], 값을 [12]로 변경합니다.

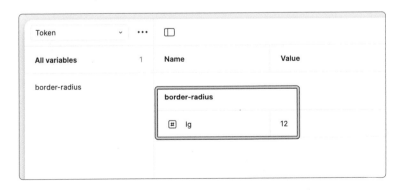

Memo

'lg'는 'Large'의 줄임말입니다.

컴포넌트 셋 왼쪽의 [Thumbnail]을 선택하고 Design 패널의 ⊞을 클릭합니다(①).
모든 변형에서 이름이 같은 레이어를 선택할 수 있습니다.

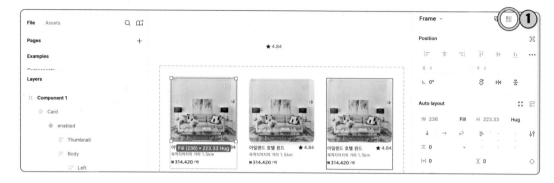

3개의 [Thumbnail]이 선택되면 Design 패널의 Appearance 패널에서 모서리 속성
의 ⬡ 을 클릭합니다(②). 패널에서 [border-radius/lg]를 선택합니다(③). 모서리
의 반지름 수치가 회색으로 감싸지고 변수가 적용됨을 확인할 수 있습니다(④).

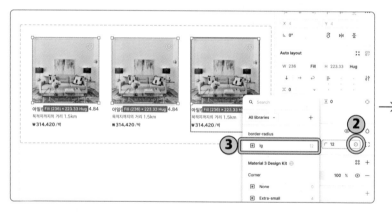

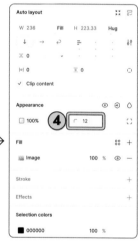

변수를 사용하면 [12]라는 수치를 [border-radius/lg]라는 이름으로 추상화할 수 있
고 그 설정을 일괄 관리할 수 있습니다. 디자인 시스템에서는 다양한 수치를 변수로
관리합니다. 설계 방법은 다음 장에서 설명합니다.

딥 셀렉트(deep select)

[Thumbnail]과 같은 자식 요소는 몇 가지 방법으로 선택할 수 있
습니다.

- Mac에서는 ⌘, Windows에서는 ctrl 을 누른 상태에서 클릭
  한다.
- Mac에서는 ⌘, Windows에서는 ctrl 을 누른 상태에서 마우
  스 우클릭 한 뒤 메뉴에서 선택한다(오른쪽 그림)
- 마우스 커서를 올리고 더블 클릭을 반복한다.
- Layers 패널에서 선택한다.

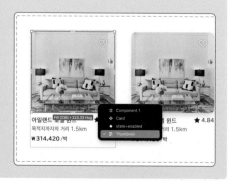

⊙ 변수 편집

변수를 삭제할 때는 마우스 우클릭 한 뒤 [Delete variable]를 선택합니다.

편집할 때는 [⟨⟩]을 클릭하고 편집 패널을 엽니다(①). 이름(②)과 값(③)을 편집할
수 있으며, 변수에 관한 설명도 입력할 수 있습니다(④).

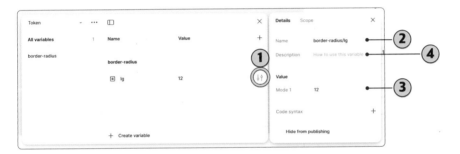

편집 패널에서는 변수 적용 범위를 선택할 수 있습니다. [border-radius/lg]는 모서
리 반지름을 위해 만든 변수이므로 그 이외의 용도로는 사용하지 않게 하고 싶습니
다. 목적 이외의 사용을 방지하기 위해 [Corner radius] 이외의 항목에는 체크를 해
제합니다(⑤). 예를 들면 선 굵기에 변수를 적용할 때는 [border-radius/lg]가 표시
되지 않습니다(⑥).

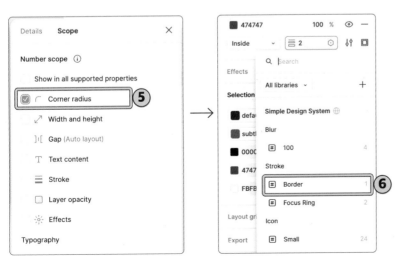

05 개발 모드

피그마를 '개발 모드development mode'로 전환하면 엔지니어의 필요에 초점을 맞춘 일련의 기능을 사용할 수 있습니다. 디자이너가 개발 모드를 직접 사용할 기회는 그리 많지 않지만, 작성한 디자인이 엔지니어에게 어떻게 보이는지 파악하고자 할 때 사용하면 좋습니다.

개발 모드를 열 때는 화면 아래쪽 툴바의 토글 스위치를 클릭합니다(❶). 개발 모드에서는 객체를 편집할 수 없으므로 엔지니어, 관리자 모두 안심하고 화면을 조작할 수 있습니다.

> **Memo**
>
> 개발 모드를 사용하려면 프로페셔널 팀 플랜 이상의 요금제를 사용해야 합니다. 개발 모드의 '모드'는 변수에서의 모드와 관계없습니다.

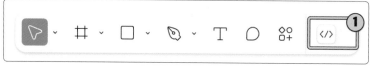

[Card] 인스턴스를 선택하고(❷) 오른쪽 패널을 확인해 봅시다. 직접 정의한 컴포넌트, 속성, 변형 속성 등이 표시됩니다(❸). [Show full documentation]을 클릭하면 컴포넌트 설명 전체를 확인할 수 있습니다(❹).

⬤ 측정과 주석

다음 그림은 [Card] 인스턴스의 [Body]를 선택한 예시입니다. 자동 레이아웃의 패딩이나 간격이 '레드 라인red line'이라 불리는 빗금 패턴으로 표시됩니다.

Memo

레드 라인이 보이지 않으면 캔버스 확대율을 늘리십시오.

Measure 도구를 사용하면(⑤) 캔버스 위에 크기 정보를 남겨둘 수 있습니다. Annotate 도구로 객체를 클릭하면(⑥) 속성도 배치할 수 있습니다.

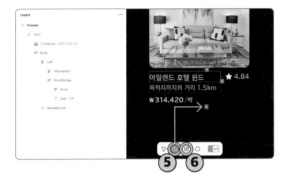

⬤ 플레이그라운드

인스턴스를 선택하고 [Open in playground]를 클릭하면(⑦) 속성과 모드를 자유롭게 변경할 수 있는 패널이 열립니다. 이 패널에서의 변경 내용은 디자인 파일에 영향을 주지 않으므로, 디자인을 망가뜨릴 걱정을 하지 않아도 됩니다. 속성을 원래대로 되돌리려면 ↺를 클릭합니다(⑧).

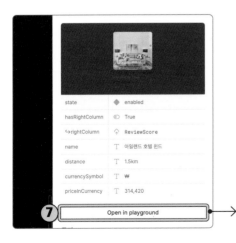

○ 개발 리소스

컴포넌트를 모두 구현해 코드가 있다면 개발 리소스 섹션의 ⊞를 클릭해 깃허브 GitHub의 URL 등을 입력할 수 있습니다.

○ 코드

오른쪽 패널 중간 부근에 코드 섹션이 표시되고 객체의 박스 모델을 확인할 수 있습니다(❶). 드롭다운 메뉴에서 표시할 코드의 언어(❷), ⨠에서 크기에 사용할 단위를 변경할 수 있습니다(❸). 아래쪽에는 실제 코드가 표시되며 [Thumbnail] 레이어를 선택한 아래 그림에서는 모서리 반지름으로 지정한 변수 [border-radius/lg]가 CSS로 변환되어 삽입되어 있음을 확인할 수 있습니다(❹).

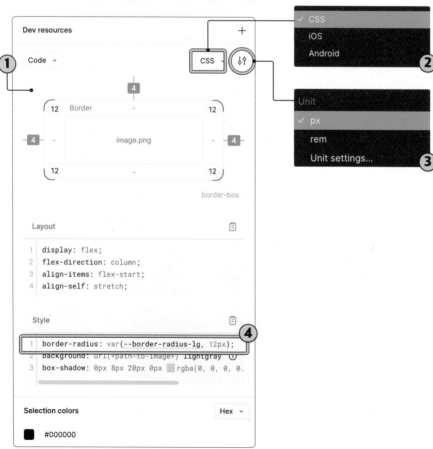

◉ 색상

색상 섹션에는 선택한 객체에 사용된 색상이 표시됩니다(①). 색상 변수나 색상 값을 클릭하면 텍스트로 복사할 수 있습니다.

단, 앨리어스 참조 대상은 표시되지 않습니다. 예를 들면 다크 모드의 [color/text/default]는 [color/gray/90]을 참조하고 있지만, 색상 값인 [#FBFBFB]가 표시됩니다(②). 구현을 시작할 때는 변수가 다른 변수를 참조하는 구조를 엔지니어에게 전달해 두어야 합니다(③).

◉ 에셋과 익스포트

Assets, Export 섹션에서는 이미지와 아이콘 등을 다운로드 할 수 있습니다. 파일 형식을 지정하거나 다른 해상도로 에셋을 다운로드 할 수 있습니다.

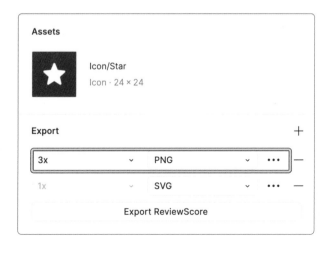

⬤ 변경 내용 비교

개발 모드에서는 디자인 변경 이력
및 변경 내용을 확인할 수 있습니다.
[Card] 컴포넌트를 저장한 [Compo-
nent 1]을 선택하고 [Compare chang-
es]를 클릭해 봅시다(①).

Memo

[Compare changes]는 톱 수준
프레임을 선택했을 때만 표시됩니
다. 프레임 안의 컴포넌트 등을 선
택했을 때는 표시되지 않습니다.
`shift` 를 누른 상태에서 다른 프
레임을 클릭해 임의의 두 프레임
을 선택하면 프레임 사이의 차이
를 비교할 수 있습니다.

왼쪽에 이전 버전, 오른쪽에 현재 버전이 표시됩니다. 어떤 시점의 버전과 비교할 것
인지는 [History]에서 선택할 수 있습니다(②). [Layers]에는 변경된 객체가 표시되
고(③) 클릭하면 해당 객체에 초점이 맞게 됩니다. 다음 그림은 [Thumbnail]의 모서
리 반지름이 변수로 변경됨에 따라 코드에 차이가 나타난 예시입니다(④).

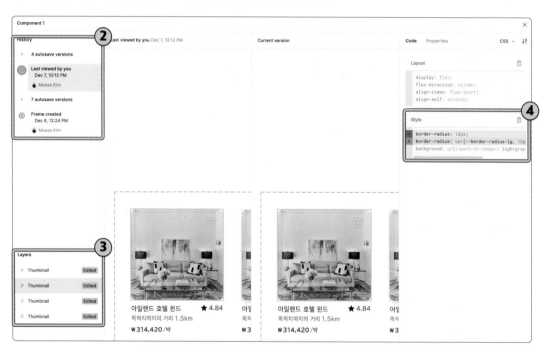

왼쪽 아래의 [Overlay]를 선택하면 변경 전과 변경 후의 디자인을 겹쳐서 표시해 줍
니다(⑤). 위치나 크기 변경을 비교할 때 사용하면 편리합니다.

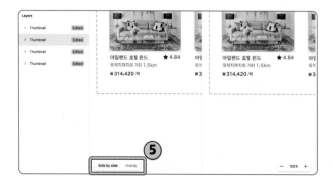

⬤ 플러그인

개발 모드의 [Plugins] 탭에서는(①) 개발에 특화된 플러그인을 사용할 수 있습니다. 실행한 플러그인은 [Recents and saved]에 표시되며 🔖를 클릭해 저장할 수 있습니다. 검색 필드에 'Anima'를 입력해 'Anima – Figma to Code'를 실행합니다(②).

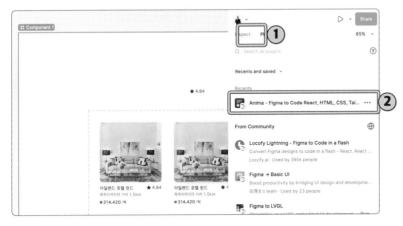

[Card]를 선택하면 자동으로 리액트 코드를 생성해 줍니다. 완벽하지는 않지만 정확도가 높고, 컴포넌트 중첩 구조도 잘 표현한 코드가 만들어집니다(오른쪽은 코드 에디터에 생성된 코드를 붙여넣은 결과입니다). 디자인 시점에 확실히 구조화를 했다면 이런 플러그인을 개발에 활용할 수 있습니다.

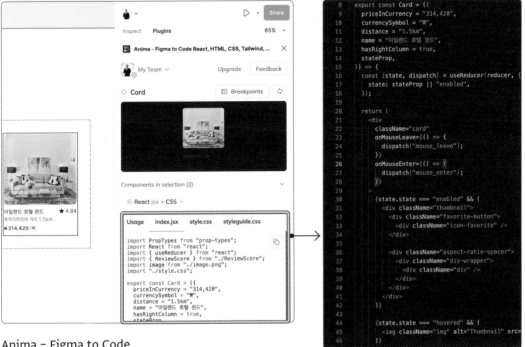

Anima – Figma to Code

🔗 https://www.figma.com/community/plugin/857346721138427857/

● Visual Studio Code(VS Code)

인기있는 코드 에디터인 'VS Code'에 확장 기능인 'Figma for VS Code'를 설치하면 코딩 용도로 커스터마이즈 된 피그마 개발 모드를 표시할 수 있습니다. 주석 확인, 이미지 다운로드도 가능하기 때문에 엔지니어가 디자인 파일과 코드 에디터를 오갈 필요가 없습니다. 다음 그림은 이번 장에서 사용한 파일을 VS Code에서 표시한 예시입니다.

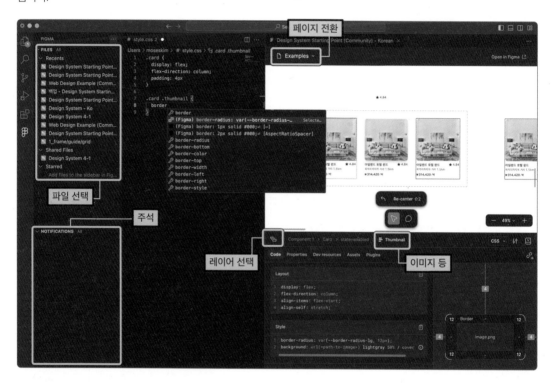

캔버스 위의 객체를 선택하면 해당 객체의 속성을 사용한 코드를 자동으로 완성해줍니다. 코드 완성code completion은 변수에도 대응하므로 피그마 변수와 구현을 동기화시켜 두면 효율적으로 일관성 있는 개발을 할 수 있습니다. 코드 완성 앞에는 '(Figma)'라고 표시됩니다.

Chapter 3

디자인 시스템 시작하기

이번 장부터 디자인 시스템을 구축합니다. 자동 레이아웃, 컴포넌트, 변형, 변수 등 필요한 지식들은 모두 앞장에서 설명했습니다.

01 파일 구성

디자인 시스템 파일 구성은 조직이나 제품 개발 단계에 따라 다양하지만 그 규모가 커질수록 다음과 같은 형태로 변화합니다.

모놀리식

화면 디자인, 컴포넌트, 변수, 스타일 등이 모두 같은 파일 안에 있는 구성입니다. 소규모 및 외부와의 공유를 고려하지 않아도 되는 경우 채용할 수 있습니다. 운용은 단순하지만 디자인 이식성portability나 확장성scalability이 없으므로 장기적으로는 구성을 변경하는 것을 전제로 합니다.

라이브러리화

컴포넌트, 변수, 스타일을 다른 파일에 저장하고 라이브러리로서 읽는 구성입니다. 여러 제품이 같은 라이브러리를 참조하기 때문에 UI를 일괄 관리할 수 있는 장점이 있습니다. 단, 읽는 내용은 지정할 수 없으며 항상 라이브러리 전체를 읽어야 합니다.

모듈화

컴포넌트별로 다른 라이브러리를 만들고 필요한 라이브러리만 읽는 구성입니다. 파일이 분할되기 때문에 큰 조직에서 디자인 작업 분담을 쉽게 할 수 있다는 장점이 있습니다. 파일 수가 많아지므로 전체를 총괄하는 담당자가 필요합니다.

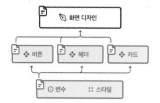

베이스 컴포넌트

기초가 되는 베이스 컴포넌트를 만들고, 베이스 컴포넌트를 기반으로 플랫폼별로 컴포넌트를 만드는 구성입니다. 라이브러리가 세세하게 분할되기 때문에 환경에 맞춰 유연하게 디자인을 조정할 수 있습니다. 디자이너의 책임 범위도 명확하게 되어 작업 분담도 쉽게 할 수 있지만 파일 수가 늘어남에 따라 관리 비용도 늘어납니다.

● 작례 파일

이 책에서는 컴포넌트, 변수, 스타일을 각각 다른 파일에 저장하고 라이브러리로 읽는 구성을 채용합니다. 화면 디자인용 파일을 준비하고 앞장에서 사용했던 파일인 "Design System"을 읽는 형태입니다.

공개한 웹사이트 화면 디자인은 다음 URL에서 접근할 수 있습니다.

Web Design Example

🔗 https://www.figma.com/community/file/1452170252538242793

[Open in Figma]를 클릭해 파일을 복제하고(①) 파일 이름을 "Web Design"으로 변경합니다.

Memo

파일 이름 변경 방법은 p.24를 참조합니다.

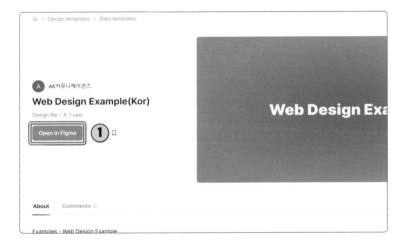

복제한 파일은 'Drafts'에 저장되며 이 상태에서는 라이브러리 기능을 사용할 수 없습니다. 파일 이름 옆에 있는 ☑을 누른 뒤 [Move…]를 선택합니다(②). 그 뒤 "Design System" 파일이 위치한 프로젝트로 이동시킵니다(③).

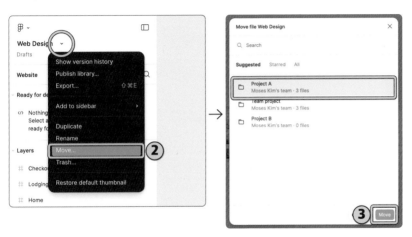

◉ 화면 디자인

"Web Design"의 내용을 확인해 봅시다. 이 파일에는 'Tomalu'라는 가상의 숙박 예약 사이트 화면 디자인이 포함되어 있습니다. 각 화면의 역할은 다음과 같습니다.

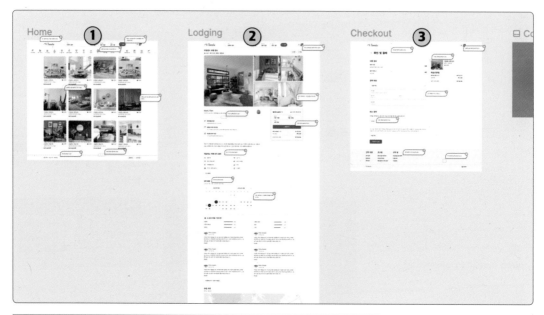

① Home	숙박 시설 목록이 표시됩니다. 키워드 검색과 카테고리를 사용한 필터링이 가능합니다. 각 숙박 시설의 카드를 클릭하면 [Lodging] 화면으로 이동합니다.
② Lodging	사진, 설비, 리뷰 등 상세 정보를 확인할 수 있습니다. 날짜와 인원 수를 지정해 요금을 확인하고 [Checkout] 화면으로 이동합니다.
③ Checkout	취소 정책이나 사용 규약을 확인하고 지불 정보를 입력한 뒤 예약을 확정합니다.

이 파일에는 디자인 시스템이 도입되어 있지 않으며 여러 문제점이 있습니다.
[Comments] 레이어의 👁 를 클릭해 주석을 표시합니다(④).

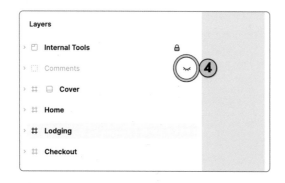

> **Memo**
>
> [Internal Tools]에는 주석 작성을 위한 컴포넌트가 저장되어 있으므로 편집하지 마십시오.

작례 파일의 문제점

다음 그림은 [Comments] 레이어를 표시한 상태입니다. 일관성 결여, 상호작용 고려 부족, 다른 화면 크기에 대한 고려 부족 등 문제가 있는 위치를 확인할 수 있습니다.

	[Home] 화면의 문제점
①	작은 화면에서는 헤더가 튀어 나온다.
②	마우스 커서를 올리거나 클릭했을 때의 디자인이 없다.
③	다른 아이콘보다 큰 아이콘이 있다.
④	즐겨찾기 등록 후의 디자인이 없다.
⑤	화면 크기가 작을 때의 레이아웃이 불명확하다.
⑥	보더 색상에 일관성이 없다.
⑦	폰트에 일관성이 없다.

이 책에서는 [Home] 화면에 초점을 맞춰 디자인 시스템을 도입하면서 이 문제들을 해결합니다. 다른 화면의 문제점도 확인해 보십시오.

디자인 시스템 시작하기

02 라이브러리

먼저 "Design System"을 라이브러리로 공개할 준비를 합니다. [Examples] 페이지를 열고 [Component 5]의 [Badge] 컴포넌트를 드래그해서 [Component 1] 안으로 이동시킵니다.

Memo

인스턴스를 만드는 것이 아니라 객체를 이동하는 것이므로 드래그 할 때는 option을 누르지 않습니다.

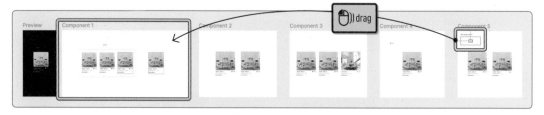

[Component 1]을 마우스 우클릭 한 뒤 [페이지 이동] > [Components]를 선택합니다. [Component 1]이 [Examples] 페이지에서 사라집니다.

[Components] 페이지를 열고 [Component 1]이 이동했는지 확인합니다. 이후 라이브러리로 공개할 컴포넌트는 모두 [Components] 페이지에 저장합니다.

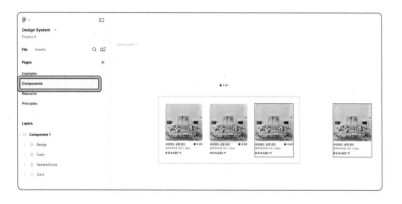

Memo

캔버스에서 객체를 찾을 수 없을 때는 Layers 패널에서 객체를 선택한 뒤 shift 2를 누릅니다. 선택한 객체로 점프할 수 있습니다.

⬤ 불필요한 컴포넌트 삭제

[Assets] 탭을 선택하고(❶) [Local assets]를 전개하면(❷) 파일 안에 존재하는 컴포넌트를 확인할 수 있습니다(리스트 표시와 그리드 표시를 전환할 때는 🎛를 클릭합니다.

페이지 → 프레임 → 컴포넌트 순으로 계층화 되어 있으며 [Examples] 페이지 아래에는 많은 [Card] 컴포넌트가 등록되어 있습니다(❸). 이들은 설명을 위한 확인용 컴포넌트들이며, 라이브러리로 공개할 필요는 없으므로 삭제합니다.

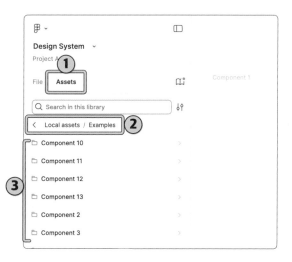

[레이어] 탭으로 돌아가 [Examples] 페이지를 마우스 우클릭 한 뒤(❹) [Delete page]를 실행합니다(❺). [Examples] 페이지의 내용이 모두 삭제되지만, 작례 파일은 언제든 복구할 수 있으므로 문제없습니다. 필요한 데이터가 있을 때는 미리 다른 파일로 저장해 둡시다.

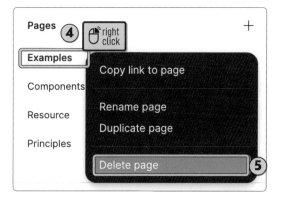

다시 [Assets] 탭을 열면 [Local assets]에는 [Badge], [Card], [ReviewScore] 3개만 표시될 것입니다(❻). 이제 라이브러리로 공개할 준비를 마쳤습니다.

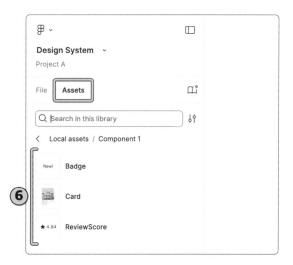

● 라이브러리 공개

이 파일을 라이브러리로 공개합니다. [Assets] 탭을 열고 ⊞를 클릭합니다(①).

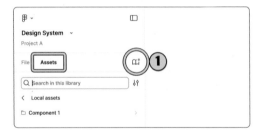

[Manage libraries] 패널을 열면 현재 파일 "Design System"이 위쪽에 표시됩니다. [Publish…]를 클릭해 다음 화면으로 진행합니다(②).

라이브러리로 공개되는 대상이 표시됩니다. [PrimitiveColor], [SemanticColor], [Token]은 변수 컬렉션(③), [Badge], [Card], [ReviewScore]는 컴포넌트입니다 (④). 모든 항목에 체크가 되어 있는 것을 확인하고 [Publish]를 클릭합니다(⑤).

공개가 완료되면 화면 아래쪽에 알림이 표시됩니다(⑥).

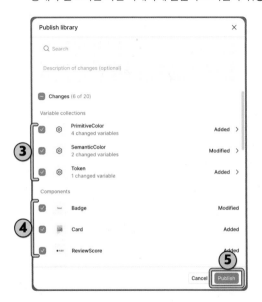

⬤ 라이브러리 읽기

공개한 라이브러리를 읽어 봅시다. "Web Design" 파일의 [Assets] 탭을 열고 📖를 클릭합니다(①).

앞서 공개한 "Design System"이 표시되고 [Add to file]를 클릭하면 컴포넌트를 읽습니다(②). [Assets] 탭에 표시되는 것을 확인합니다(③).

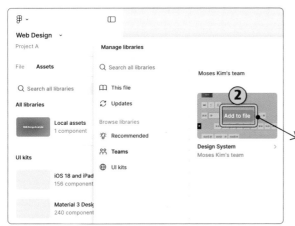

읽은 Card 컴포넌트를 클릭하면(④) 컴포넌트 설명과 속성을 확인할 수 있습니다. [Insert instance]을 클릭하고 Card 인스턴스를 캔버스에 추가합니다(⑤).

Memo

[Assets] 탭에서 컴포넌트를 드래그 & 드롭해 인스턴스를 삽입할 수도 있습니다.

◉ 라이브러리 업데이트

라이브러리의 컴포넌트를 변경했을 때, 해당 변경을 다른 파일에 반영하는 방법에
관해 설명합니다. 먼저 "Design System"에서 작업합니다.

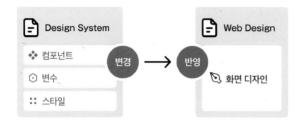

Memo

[AspectRatioiSpacer]에 적용되어
있는 색이 [#000000]입니다. 불
투명도가 [0%]이므로 캔버스에는
표시되지 않습니다(p.43 참조).

[Card] 컴포넌트 셋을 선택한 상태에서 [Selection colors]에서 [#000000]의 ◎
을 클릭합니다(①). [#000000]이 적용되어 있는 모든 객체가 선택됩니다.

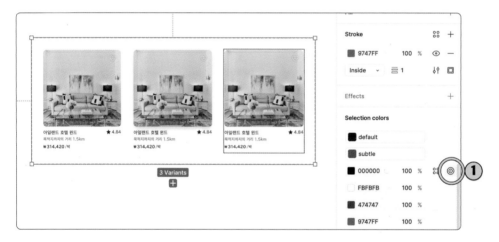

Stroke 섹션의 ⊟를 클릭합니다(②). 다시 [Card] 컴포넌트 셋을 선택하고 같은 작
업을 2번 더 반복합니다. [Selection colors]에 [#000000]이 표시되지 않으면 완
료입니다.

공개된 컴포넌트에 변경 사항이 있으면 🕮 아이콘에 파란 점이 표시됩니다
(❸). 🕮을 클릭해 Manage libraries 패널을 엽니다.

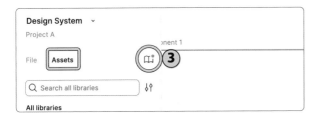

[Publish…]를 클릭해 다음 화면으로 이동합니다(❹). [Card]에 체크가 되어 있는 것
을 확인하고 [Update all]를 실행합니다(❺).

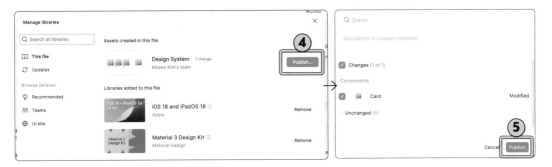

공개를 완료한 후 "Web Design" 파일을 열면 🕮이 표시된 것을 확인할 수 있습니
다. 아이콘을 클릭하고 Manage libraries 패널을 열어 [Update all]을 클릭해 변경
내용을 반영합니다(❻).

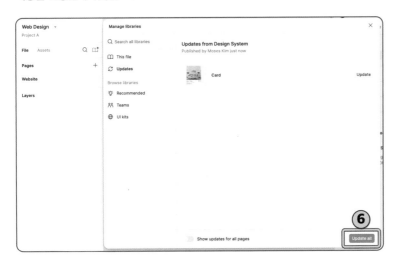

이렇게 라이브러리 변경을 반영하려면 공개 → 확인 → 업데이트의 순서로 진행합니
다. 디자인 시스템을 구축하는 과정에서 반복해서 수행할 작업입니다.

Memo

변경된 객체의 불투명도는 [0%]
이므로 캔버스에서는 형태가 변
하지 않습니다. 그리고 "Web
Design" 파일에 [Card] 인스턴스
가 배치되어 있지 않은 경우에는
알림이 표시되지 않습니다.

디자인 시스템 시작하기

03 컬러 팔레트

디자인 시스템에는 그 기초가 되는 '스타일 가이드'가 필요합니다. 스타일 가이드는 색상, 타이포그래피, 그리드, 간격 등 UI 디자인의 규칙을 모은 자료입니다. 디자이너나 엔지니어가 문서로 참조할 뿐만 아니라 라이브러리를 통해 다른 파일에 변수나 스타일을 제공합니다.

먼저 가장 기본적인 '색상'에 관해 정리합시다. 제품의 역사가 길어질수록 다양한 사정에 의해 색상의 일관성이 사라져 갑니다. 필자가 기획했던 프로젝트에서는 거의 같은 계조의 회색 8종류, 주황색 5종류가 구현 코드에 포함된 적이 있습니다. 엔지니어는 디자이너가 작성한 디자인을 충실하게 재현했지만, 이 색상 구분에는 의미가 없었습니다.

이런 일관성이 없는 배색은 제품의 신뢰성에 영향을 줄 뿐만 아니라, 디자인을 만들거나 코드를 구현할 때 혼란을 일으키기 쉽습니다. 얼핏 문제없어 보이는 제품이라 하더라도 iOS, Android, Web에서 색을 공통화하지 못하거나 같은 브랜드의 다른 제품에서만 독자적인 색상을 사용하는 등, 색상 관리는 간단하지 않습니다. UI 디자인의 가장 기본적인 구성 요소인 '색상' 관리를 생각하는 것이 디자인 시스템 구축의 시작 지점입니다.

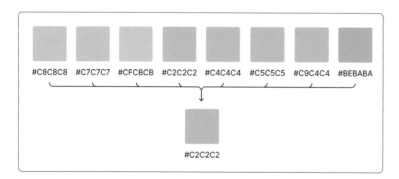

디자인 시스템에서 다루는 모든 색상은 '컬러 팔레트'에 모으고, 그 이외의 색상을 원칙적으로 사용하지 않도록 합니다. 컬러 팔레트를 사용하면 사용할 수 있는 색의 수가 제한되기 때문에 브랜드 이미지를 적절하게 표현할 수 있도록 균형을 잡아야 합니다. 그 외에도 충분한 대비contrast를 보장할 수 있는지, 다크 모드에 대응하는지 등도 고려해야 합니다.

⬤ 기본 색상

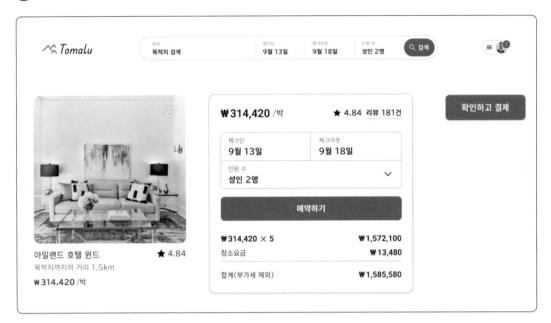

'기본 색상primary color'는 CTA 버튼 등에 사용하는 중요한 색상입니다(앞의 그림에서는 마젠타magenta가 이 색상에 해당합니다). 제품의 인상을 결정하기 때문에 브랜드 이미지 색상을 기본 색상으로 사용하는 경우가 많습니다. 하지만 전체적인 인상을 우선해 약간 조정하기도 합니다. 컬러 팔레트의 첫 요소로 기본 색상 계조를 만듭니다.

Memo

CTA는 'Call To Action'의 줄임말입니다. 우선도가 높은 조작에 대해 사용자의 행동을 환기시키는 UI 요소입니다.

계조

계조는 '색의 진하기 변화'를 의미합니다. 흰색과 검은색의 2단계 진하기인 경우에는 '2계조', 흰색과 검은색 사이에 중간색으로 회색이 추가되면 '3계조'입니다. 1계조 만으로는 UI 디자인을 할 수 없으며, 기본 색상에도 계조가 필요합니다. 예를 들면 버튼을 클릭했을 때 배경에 어두운 계조를 사용함으로써 상호작용을 표현할 수 있습니다. 일반적으로는 색상별로 약 10계조를 만듭니다. 계조가 너무 많으면 컬러 팔레트의 의미가 사라지므로 색의 선택지를 제한하면서도 표현에 지장이 없도록 균형을 잡는 것이 중요합니다.

107

계조 만들기

10계조의 색상을 일일이 설정하기는 상당히 어렵습니다. 또한 자연스러운 계조를 만드는 것도 의외로 어렵습니다. 피그마 커뮤니티에 공개되어 있는 플러그인을 활용하면 계조를 효율적으로 만들 수 있습니다.

"Design System"을 열고 ﹢를 클릭한 뒤 새 페이지를 만듭니다 (①). 페이지 이름은 [StyleGuide]로 합니다.

툴바의 ⚏를 클릭해 리소스 패널을 엽니다(②). [Plugins & widgets] 탭을 선택하고 'Color Shades'를 검색합니다. 검색 결과를 클릭하면 Color Shades'에 대한 설명을 표시합니다. [Run]을 클릭해 실행합니다(③).

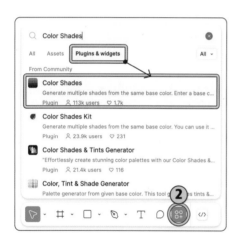

플러그인을 실행하면 오른쪽 그림과 같은 패널이 열립니다. 여기에서는 [Base Color]에 기본 색상 [#E30E71]을 입력합니다(④). 입력한 값을 중심으로 15단계의 색상 샘플이 표시됩니다. [Create]를 클릭하면 색상 샘플이 캔버스에 삽입됩니다(⑤).

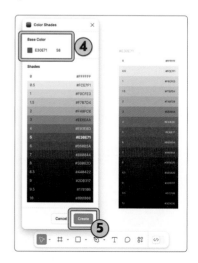

Color Shades

🔗 https://www.figma.com/community/plugin/929607085343688745/

다음 그림은 색상 샘플의 2번째~11번째를 추출해 각각의 색상을 약간 조정한 결과입니다. 90~5의 번호를 붙여 기본 색상의 계조로 합니다.

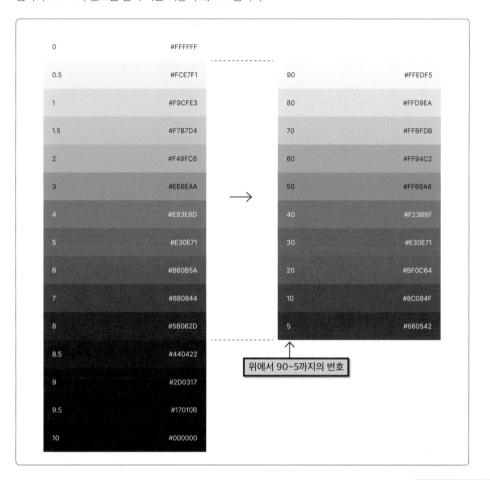

이 색상 샘플의 레이어 이름을 [Magenta]로 변경합니다(⑥). 자식 요소의 레이어 이름도 [Magenta90]~[Magenta5]로 변경합니다(⑦).

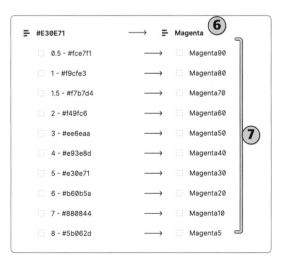

Memo

계조를 조정하는 방법은 다양합니다. 조정 방법의 한 가지 예를 p.114에서 설명합니다.

Memo

자동으로 만들어진 색상 샘플의 번호는 밝은 색이 '0', 어두운 색이 '10'으로 되어 있습니다. 이 책에서는 반대 규칙을 사용합니다. Hex 값의 [#000000], HSB 값의 [0, 0, 0]은 검은색이며 0에 가까울수록 어두워지는 느낌이 있기 때문입니다. 같은 규칙은 Google의 'Material Design'에서도 사용할 수 있습니다.

변수 만들기

기본 색상의 계조를 변수로 등록합시다. 객체 선택을 해제하고 Local variable 섹션의 ◐️을 클릭합니다(①). 앞장에서 만든 [PrimitiveColor] 컬렉션을 선택합니다(②).

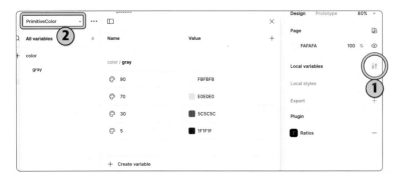

[Create variable]에서 [색상]을 선택하고(③) 변수를 추가합니다. 이름은 [color/magenta/90], 값은 [#FFEDF5]로 합니다(④).

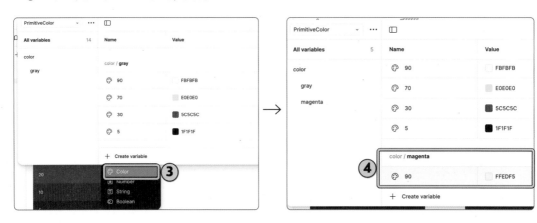

이 작업을 반복해 컬러 팔레트에 맞춰 변수를 만듭니다.

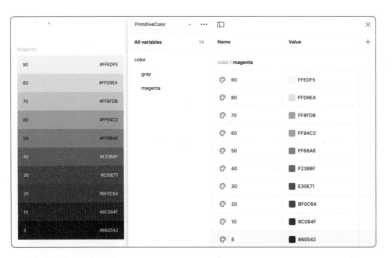

Memo

연속해서 변수를 만들 때는 변수를 선택한 상태에서 shift enter 를 누릅니다.

● 회색

기본 색상을 돋보이게 하려면 배경으로 무채색(회색)이 필요합니다. 이 책에서는 가장 어두운 무채색을 [#1F1F1F]로 해서 회색의 계조를 만듭니다.

객체 복제

먼저 회색을 위한 색상 샘플을 준비합니다. [Magenta]를 복제한 뒤 이름을 [Gray]로 변경합니다(①). 자식 요소 하나를 복제한 뒤 첫 번째 번호를 '100'으로 합니다(②).

Shortcut

복제

Mac	⌘	D
Windows	ctrl	D

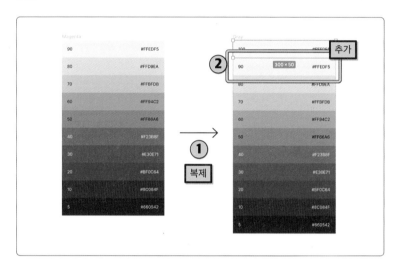

[Gray] 프레임을 선택한 상태에서 enter 를 누르고, 모든 자식 요소를 선택합니다(③). 레이어 이름을 일괄 변경하기 위해 Mac에서 ⌘ R , Windows에서는 ctrl R 을 누릅니다.

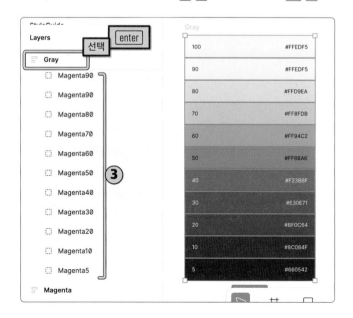

변경한 뒤 이름에 'Gray$N0', [Stop descending at]에 [0]을 입력합니다. '$N'
은 일련 번호를 넣는 특수한 표기 방법입니다. 'Gray' + '일련 번호' + '0'을 조합해
'Gray100'~'Gray00'이라는 레이어 이름을 만들 수 있습니다. [Rename]을 클릭한
뒤 패널을 닫습니다(④).

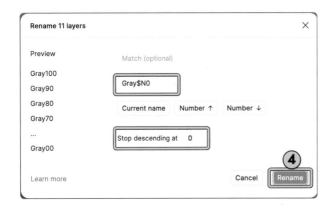

맨 아래쪽 레이어의 이름을 [Gray5]로 변경하고(⑤) Fill 항목을 [#1F1F1F]로 합니다
(⑥). 이 객체를 기준으로 화색의 계조를 만듭니다.

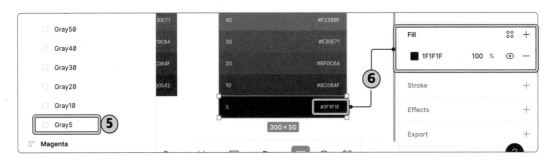

플러그인

'Color Designer'라는 플러그인을 사용합니다. 리소스 패널의
[Plugins & widgets] 탭에서 검색한 뒤 [Run]을 클릭합니다.

Color Designer

🔗 https://www.figma.com/community/
plugin/739475857305927370/

플러그인이 실행되었다면 [Gray5]를 선택하고(①) [Tints] 탭을 선택합니다. 이 상태에서 계조에 [10]을 입력합니다. 미리보기가 업데이트 되면 🗗를 클릭합니다 (②).

Memo

Color Designer는 선택한 개체의 색상을 기준으로 밝은 계조(Tints)와 어두운 계조(Shades)를 자동으로 생성합니다. 이 점을 조심하세요.

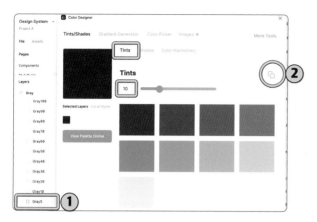

계조의 Hex 값이 텍스트로 표시됩니다. 텍스트를 모두 선택해서 복사하고(③) 메모장 애플리케이션 등에 저장합니다. 텍스트 객체로 피그마에 복사해도 좋습니다.

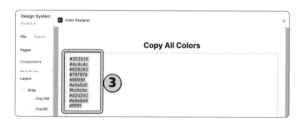

플러그인을 열고 [Gray]의 색상 샘플을 업데이트합니다. 얻은 Hex값과 색상 샘플은 그 순서가 반대입니다. 색상 샘플의 100에는 가장 밝은 색(#FFFFFF), 10에는 가장 어두운 색(#353535)를 지정해 11계조의 회색으로 만듭니다.

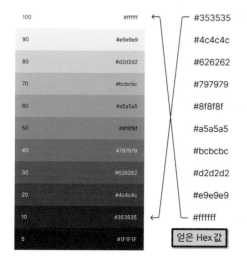

113

계조 조정

안타깝지만 자동으로 만들어진 계조는 완벽하지 않습니다. 이것은 플러그인의 정확도 때문이 아니라 만들고자 하는 디자인과 플러그인의 동작이 일치하지 않기 때문입니다. 자동으로 만들어진 계조는 어디까지나 '초안'으로 참고하고, 목적에 맞는 계조가 되도록 조정합시다.

이 책의 작례 디자인에서는 [Gray/90], [Gray/80], [Gray/70] 등을 배경 색상으로 많이 사용하며 보다 세세한 계조가 필요합니다. 그렇기 때문에 밝은 부분의 변화를 보다 세세하게 해서 다음과 같이 전체적으로 조정했습니다.

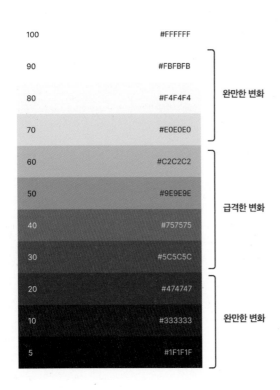

100	#FFFFFF
90	#FBFBFB
80	#F4F4F4
70	#E0E0E0
60	#C2C2C2
50	#9E9E9E
40	#757575
30	#5C5C5C
20	#474747
10	#333333
5	#1F1F1F

완만한 변화

급격한 변화

완만한 변화

실제 프로젝트에서는 여러 초안을 작성하고 목적에 맞춰 균형을 잡게 됩니다. 중심이 되는 색상부터 계조를 넓히는 Color Shades 방식, 가장 밝은 색상/어두운 색상을 기준으로 하는 Color Designer 방식을 알아두면 원하는 계조를 자유롭게 만들 수 있을 것입니다. 플러그인을 사용해 효율적으로 계조를 만들고 결정된 방향성에 맞춰 세세하게 조정합시다.

Memo

회색은 완전한 무채색일 필요는 없습니다. 색감이 있는 회색을 정의할 때도 있습니다.

변수 만들기

앞서 만든 회색의 계조를 변수로 등록합니다. 로컬 변수 섹션의 〔↕↕〕을 클릭하고(①)
[PrimitiveColor] 컬렉션을 엽니다. 이미 4개의 회색이 등록되어 있을 것입니다(②).

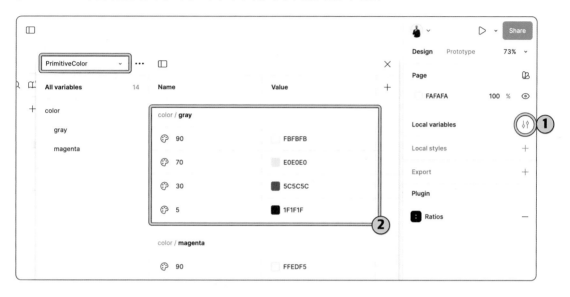

부족한 회색 변수를 추가해 다음과 같이 [color/gray/100]~[color/gray/5]를 만듭
니다.

⬤ 안전 색상

색상과 그 의미를 정한 'JIS 안전 색상' 규격에서는 빨간색, 주황색, 노란색, 녹색, 파란색, 자주색의 6가지 색을 다음과 같이 정의하고 있습니다. 이 정의는 사회에서 널리 사용되고 있기 때문에 UI 디자인 배색 시 고려해야 합니다.

Memo

대한민국에서는 공공디자인 색채 표준가이드를 제정하여 운영하고 있습니다(https://www.kats.go.kr/content.do?cmsid=85).

빨간색	주황색	노란색	녹색	파란색	자주색
금지, 위험, 긴급	위험, 경고	주의 경고	안전 상태, 진행	지시, 유도	방사능

JIS Z 9101	그림 기호-안전색 및 안전 표식-안전 표식 및 안전 마킹 디자인 통칙
JIS Z 9103	그림 기호-안전색 및 안전 표식-안전색 및 색도 좌표의 범위 및 규정 방법

빨간색

'사용자가 입력한 정보가 부족하다', '상품 재고가 없어 구입에 실패했다', '통신이 끊어졌다' 등의 에러를 표현하는 색으로는 빨간색이 적합합니다. 삭제나 예약 취소 등 되돌릴 수 없는 파괴적인 조작에도 같은 색을 사용합니다. '위험'을 의미하는 색으로서 컬러 팔레트에 포함시켜 둡시다.

[Magenta]를 복제해서 이름을 [Red]로 변경하고 자식 요소의 이름을 [Red90]~[Red5]로 합니다. 다음은 Color Shades 플러그인을 사용해 초안을 만들고 전체적으로 조정한 결과입니다.

Memo

색상에만 의존한 정보 제공을 하지 않는 것도 중요합니다. 형태나 아이콘 등을 우선하고 색상은 부수적인 수단으로 사용하는 것이 기본입니다. 자세한 내용은 '컬러 유니버설 디자인(color universal design)' 등을 검색해 보십시오.

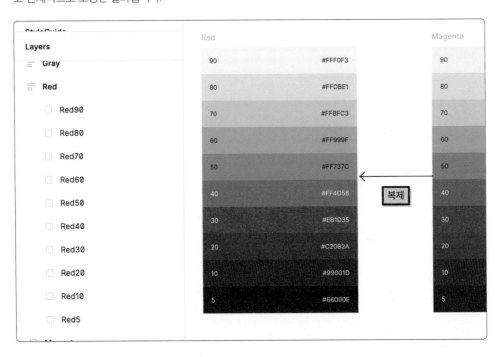

컬러
팔레트

03

116

회색과 마찬가지로 [PrimitiveColor] 컬렉션에 변수를 추가합니다. 위에서 순서대로
[color/red/90]~[color/red/5]로 배열합니다.

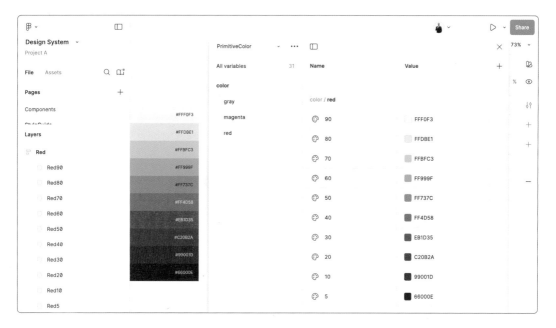

녹색

작례의 디자인에는 등장하지 않지만 대부분의 제품에는 '처리를 성공했다', '쉽다',
'우선도가 낮다' 등을 전달하는 색상으로 녹색이 필요합니다. 빨간색과 같은 방법으
로 다음 색상 샘플과 변수를 만듭니다.

⬤ 기타 색상

기본 색상, 회색, 안전 색상 외에 제품에 따라 다음과 같은 색상이 필요할 수 있습니다. 색상을 정의할 때는 컬러 팔레트에 색상 샘플을 추가하고 변수도 만들어 둡시다.

강조 색상

'강조 색상accent color'은 적은 수로 전체적인 인상을 이끌어냅니다. 25% 기본 색상, 5% 강조 색상을 기준으로 배색하면 균형 잡힌 화면을 만들 수 있습니다.

브랜드 색상

브랜드의 메인 색상과 기본 색상이 일치하지 않는다면 '브랜드 색상brand color'을 별도로 정의합니다. 브랜드를 상징하는 색상이며 UI 요소에는 사용하지 않기 때문에 계조를 만들 필요는 없습니다.

카테고리 색상

카테고리를 색으로 분류할 때는 다채로운 색상 패턴이 필요합니다. 'Adobe Color' 같은 도구를 사용하면 기본 색상과 조화로운 색상을 간단히 찾을 수 있습니다(왼쪽). 비슷한 도구로 피그마의 'Color wheel pallete generator' 플러그인이 있습니다(오른쪽).

Sample File

지금까지의 작업을 완료한 샘플 파일을 공개하고 있습니다. 설명대로 진행되지 않을 때 사용하십시오.

🖉 Design System 3-3

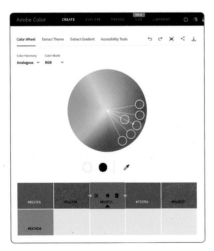

Adobe Color

🔗 https://color.adobe.com/

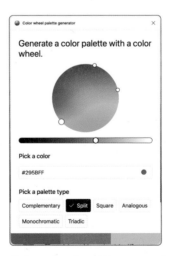

Color wheel palette generator

🔗 https://www.figma.com/community/plugin/1286792998372727741/

04 접근성

모든 사람이 서비스를 이용할 수 있는 상태를 목표로 하는 '접근성accessbility'의 중요성에 관해서는 굳이 설명할 필요가 없을 것입니다. 접근성 관점을 바탕으로 컬러 팔레트에 정의한 색상에 문제가 없는지 검증해 둡시다.

● 명암비

다양한 텍스트에는 배경색이 존재합니다. 명시적으로 지정하지 않아도 실제로 피그마나 웹 브라우저의 초기값이 적용되어 있으며, 텍스트와 배경 사이에는 '대비contrast'가 발생합니다. 이 대비가 충분하지 않으면 가독성에 문제가 생깁니다. 'Web Content Accessibility Guidelines(WCAG) 2.1'에서는 텍스트와 배경의 명암비contrast ratio를 다음과 같이 정의하고 있습니다.

레벨 AA	• 텍스트 및 문자 이미지의 시각적 제시에 적어도 4.5:1의 명암비가 있다. • 크기가 큰 텍스트 및 크기가 큰 문자 이미지에 적어도 3:1의 명암비가 있다.
레벨 AAA	• 텍스트 및 문자 이미지의 시각적 제시에 적어도 7:1의 명암비가 있다. • 크기가 큰 텍스트 및 크기가 큰 문자 이미지에 적어도 4.5:1의 명암비가 있다.

'레벨 AA'와 '레벨 AAA'는 '적합 레벨'이라 부르며 접근성 대응 달성 레벨을 나타냅니다. 일반적으로는 레벨 AA에 준거하는 것을 목표로 하고 가능하다면 부분적으로 레벨 AAA를 달성합니다. 달성 기준에서 언급되는 '크기가 큰 텍스트'는 한국어(일본어) 기준 '18pt 또는 14pt의 볼드체 문자'이며 pt와 CSS 픽셀의 비율은 '1pt = 1.333px' 이므로 '24px 또는 18px의 볼드체 문자'로 볼 수 있습니다.

WCAG 2.1(영어)

🔗 https://www.w3.org/TR/WCAG21/

🔗 https://www.w3.org/TR/WCAG21/#dfn-large-scale (커다란 텍스트)

WCAG 2.1(한국어)

🔗 http://www.kwacc.or.kr/WAI/wcag21/

🔗 http://www.kwacc.or.kr/WAI/wcag21/#dfn-large-scale (커다란 텍스트)

텍스트 색상은 [#000000]으로 했을 때 레벨 AA를 달성하는 회색은 다음과 같은
색상입니다. 이보다 배경 색상이 어두우면 부적합입니다.

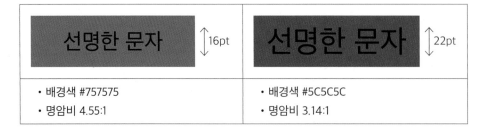

선명한 문자 ↕16pt	선명한 문자 ↕22pt
• 배경색 #757575 • 명암비 4.55:1	• 배경색 #5C5C5C • 명암비 3.14:1

텍스트의 색상을 반전시켜 [#FFFFFF]로 하면 다음과 같이 됩니다. 이보다 배경 색
상이 밝으면 레벨 AA에 부적합입니다.

선명한 문자 ↕16pt	선명한 문자 ↕22pt
• 배경색 #757575 • 명암비 4.6:1	• 배경색 #5C5C5C • 명암비 3.11:1

앞의 예시에서 어떤 느낌을 받았습니까? 필자의 경우 후자의 대비가 보다 높다고 느
껴, 조금 더 밝은 배경을 허용해도 좋다고 생각합니다. 색상을 보는 것은 사람에 따라
차이가 있으므로 감각에 의존하지 말고 명암비를 확인합시다.

● 명암 그리드

컬러 팔레트에 정의한 색상을 사용할 때 명암이 충분한 조합이 얼마나 있
을까요? 미리 검증해 두면 텍스트나 배경에 사용할 색상을 쉽게 선정할
수 있지만, 일일이 확인하려면 시간이 너무 많이 소요됩니다. 플러그인을
사용해 종합적으로 검증해 봅시다. 리소스 패널의 [Plugins & widgets]
탭에서 'Contrast Grid'를 검색한 뒤 [Run]을 클릭합니다.

텍스트 패널의 왼쪽이 배경 색상, 오른쪽이 텍스트 색상 필드입니다. Mac은 ⌘, Windows는 ctrl 을 누른 상태에서 [Gray100]의 직사각형을 클릭합니다(①). 자식 요소인 [Swatch] 레이어를 선택하고 💠를 클릭하고(②) 색상 값(#FFFFFF)을 추출합니다(③).

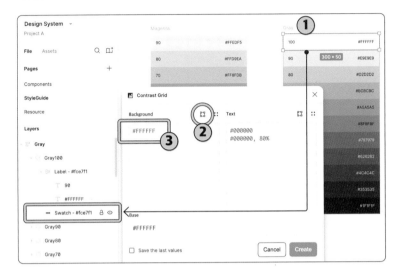

이 작업을 반복해 [Gray100]~[Gray5]의 값을 입력합니다(④).

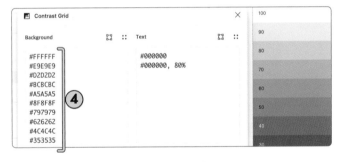

Memo

Color Shades 플러그인에서 자동으로 만들어진 색상 값이 [Swatch] 레이어 이름에 남아있습니다. 신경 쓰인다면 삭제합니다.

텍스트 색상은 [Gray5] → [Gray100]이 되도록 역순으로 입력합니다. 색상 값을 추출할 때는 오른쪽 영역의 💠를 클릭합니다(⑤).

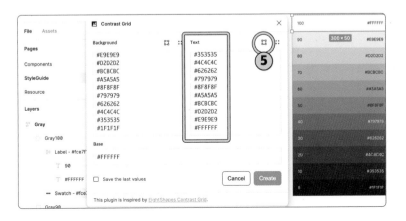

회색 검증

[Create]를 클릭하면(①) 배경 색상(세로)과 텍스트 색상(가로)의 조합을 그리드로 삽입합니다. 각 셀에는 명암비와 적합 레벨이 표시되어 어떤 조합이 WCAG 2.1에 준거하고 있는지 한 눈에 알 수 있습니다. 배경 색상 [#FBFBFB], [#F4F4F4], [#E0E0E0]에 대해 사용할 수 있는 텍스트 색상은 [#5C5C5C]까지라고 판단할 수 있습니다(②).

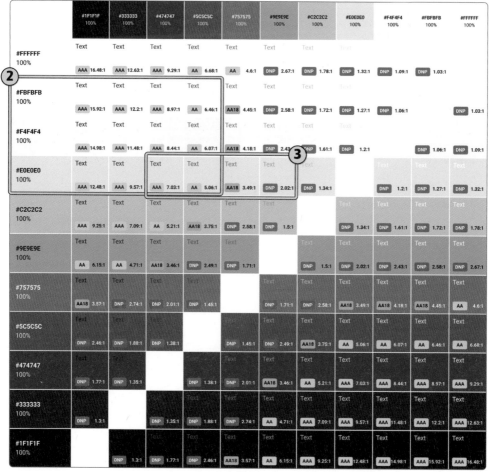

배경 색상 [#E0E0E0]에 대해 텍스트를 밝게 만들면(③) 적합 레벨이 다음과 같이 달라집니다. 'AA18'은 큰 크기의 텍스트라면 사용 가능, 'DNP'는 'Does No Pass`의 줄임말로 부적합을 의미합니다.

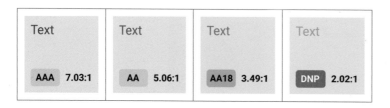

기본 색상 검증

기본 색상은 버튼의 배경 색상으로 사용할 때가 많으므로 흰색 텍스트와의 대비를 검증합니다. 다시 Contrast Grid를 실행합니다. 왼쪽에 기본 색상의 계조(①), 오른쪽에 텍스트 색상 [#FFFFFF]를 입력하고(②) [Create]를 클릭합니다(③).

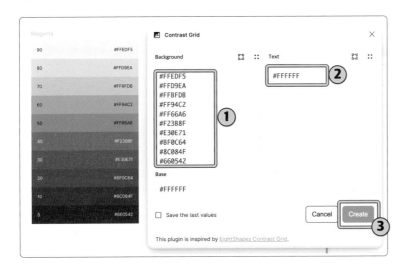

Memo

'Save the last values' 항목에 체크해 두면 마지막으로 만든 Contrast Grid 값이 저장되어 다음 실행 시 사용할 수 있습니다.

다음은 배경 색상으로 사용할 수 있는 기본 색상의 계조를 검증한 결과입니다. 결과에 따르면 기본 색상의 기준 색상 보다 1단계만 밝은 [#F23B8F]를 배경 색상으로 사용하면(④) 텍스트 크기에 신경 쓸 필요가 없고, 그보다 밝은 색상은 WCAG 2.1을 만족시키지 못함을 알 수 있습니다(⑤).

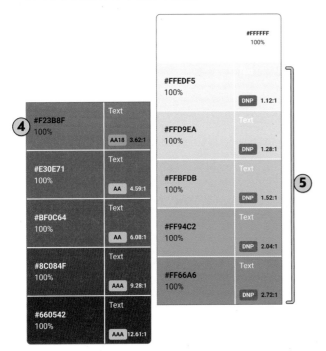

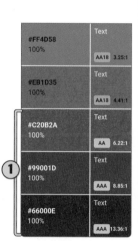
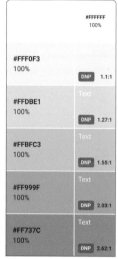

안전 색상(빨간색) 검증

빨간색과 녹색의 안전 색상은 배경 색상, 텍스트 색상에 모두 사용됩니다. 두 색상에 대해 명암비를 확인해 둡시다.

오른쪽 그림은 배경 색상을 빨간색의 10계조, 텍스트 색상은 [#FFFFFF]로 했을 때 검증한 결과입니다. 레벨 AA를 만족하는 것은 [Red20]~[Red5]의 3가지 색상입니다(①).

아래 그림은 배경 색상을 회색(세로), 텍스트 색상을 빨간색(가로)으로 했을 때의 Contrast Grid입니다. 빨간색의 인상을 유지하면서 레벨 AA를 만족하는 조합이 상당히 적음을 알 수 있습니다(②).

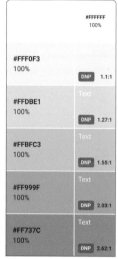

	#FFF0F3 100%	#FFDBE1 100%	#FFBFC3 100%	#FF999F 100%	#FF737C 100%	#FF4D58 100%	#EB1D35 100%	#C20B2A 100%	#99001D 100%	#66000E 100%
#FFFFFF 100%	DNP 1.1:1	DNP 1.27:1	DNP 1.55:1	DNP 2.03:1	DNP 2.62:1	AA18 3.25:1	AA18 4.41:1	AA 6.22:1	AAA 8.85:1	AAA 13.36:1
#FBFBFB 100%	DNP 1.06:1	DNP 1.23:1	DNP 1.5:1	DNP 1.96:1	DNP 2.53:1	AA18 3.14:1	AA18 4.26:1	AA 6.01:1	AAA 8.55:1	AAA 12.91:1
#F4F4F4 100%	DNP 1:1	DNP 1.15:1	DNP 1.41:1	DNP 1.85:1	DNP 2.38:1	DNP 2.95:1	AA18 4.01:1	AA 5.65:1	AAA 8.04:1	AAA 12.15:1
#E0E0E0 100%	DNP 1.19:1	DNP 1.03:1	DNP 1.17:1	DNP 1.54:1	DNP 1.98:1	DNP 2.46:1	AA18 3.34:1	AA 4.71:1	AA 6.7:1	AAA 10.12:1
#C2C2C2 100%	DNP 1.61:1	DNP 1.39:1	DNP 1.14:1	DNP 1.14:1	DNP 1.47:1	DNP 1.82:1	DNP 2.47:1	AA18 3.49:1	AA 4.96:1	AA 7.5:1
#9E9E9E 100%	DNP 2.42:1	DNP 2.1:1	DNP 1.72:1	DNP 1.31:1	DNP 1.02:1	DNP 1.21:1	DNP 1.64:1	DNP 2.32:1	AA18 3.3:1	AA 4.98:1
#757575 100%	AA18 4.17:1	AA18 3.61:1	DNP 2.96:1	DNP 2.26:1	DNP 1.75:1	DNP 1.41:1	DNP 1.04:1	DNP 1.35:1	DNP 1.92:1	DNP 2.9:1
#5C5C5C 100%	AA 6.05:1	AA 5.24:1	AA18 4.29:1	AA18 3.28:1	DNP 2.54:1	DNP 2.05:1	DNP 1.51:1	DNP 1.07:1	DNP 1.32:1	DNP 1.99:1
#474747 100%	AAA 8.41:1	AAA 7.28:1	AA 5.96:1	AA 4.56:1	AA18 3.53:1	DNP 2.85:1	DNP 2.1:1	DNP 1.49:1	DNP 1.04:1	DNP 1.43:1
#333333 100%	AAA 11.43:1	AAA 9.91:1	AAA 8.11:1	AA 6.2:1	AA 4.81:1	AA18 3.88:1	DNP 2.86:1	DNP 2.03:1	DNP 1.42:1	DNP 1.05:1
#1F1F1F 100%	AAA 14.92:1	AAA 12.92:1	AAA 10.59:1	AAA 8.09:1	AA 6.27:1	AA 5.06:1	AA18 3.73:1	DNP 2.64:1	DNP 1.86:1	DNP 1.23:1

안전 색상(녹색) 검증

오른쪽 그림은 배경 색상을 녹색의 10계조, 텍스트 색상은 [#FFFFFF]로 했을 때 검증한 결과입니다. 레벨 AA를 만족하는 것은 [Green20]~[Green5]의 3가지 색상입니다 (③).

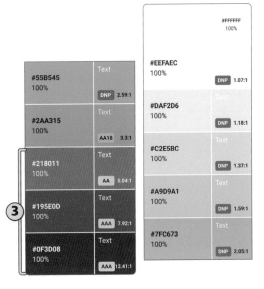

아래 그림은 배경 색상을 회색(세로), 텍스트 색상을 녹색(가로)으로 했을 때의 Contrast Grid입니다. 녹색의 경우에는 사용할 수 색상이 한층 적습니다. 배경 색상 [#E0E0E0]와 텍스트 색상 [#318011]의 조합은 크기가 큰 텍스트일 때만 사용할 수 있습니다(④).

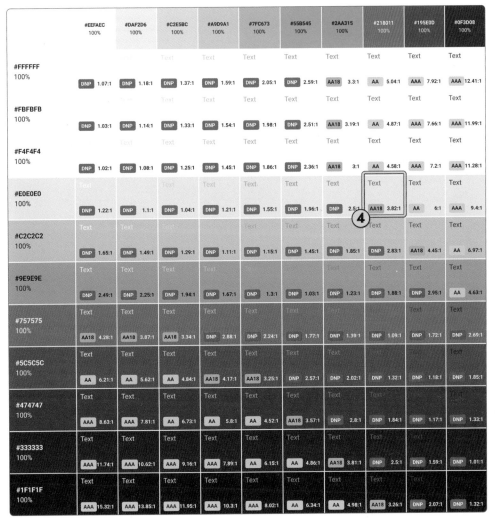

125

명암비 검증 결과는 자료로서 남겨 둡시다. Section 도구를 선택하고 Contrast Grid 를 감싼 뒤(⑤) 섹션 이름을 [ContrastGrid]로 합니다(⑥). 컬러 팔레트도 [Color-Palette]라는 이름으로 모아 둡시다(⑦).

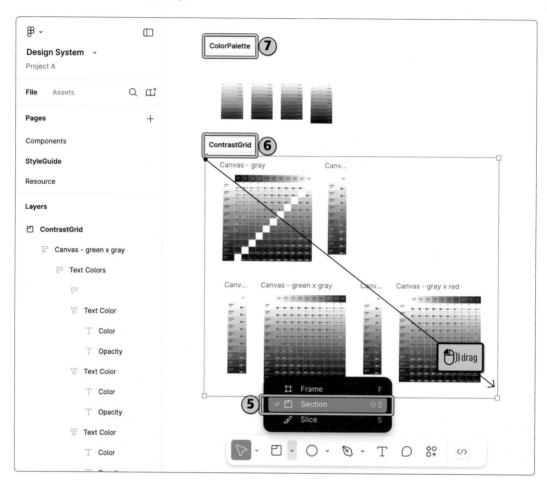

컬러 팔레트에서 색상의 선택지를 제한하고, 명암비를 검증함으로써 배경 색상과 텍 스트 색상의 가능한 조합이 줄어 들었습니다.

기기에 따라 색상이나 대비가 다르게 보이므로 정의한 색상을 실제 기기에서 확인하 는 것이 확실합니다. iOS 혹은 Android의 경우 피그마 모바일 애플리케이션을 사용 하면 곧바로 확인할 수 있습니다.

Shortcut

섹션 도구

Mac	shift S
Windows	shift S

Contrast Grid

Contrast Grid는 eightshapes라는 기업이 공개한 웹 도구를 일본의 Hiroki Tani씨가 플러 그인으로 만든 것입니다. 이전 도구에서는 대응하지 못했던 색상의 불투명도 고려되어 있으 며 한층 편리하게 진화했습니다.

🔗 https://www.figma.com/community/plugin/993414361395505148/

Sample File

📄 Design System 3-4

Chapter 4

디자인 토큰

UI 디자인을 구성하는 가장 작은 요소를 '디자인 토큰' 이라 부르며, 피그마에
서는 이를 변수로 관리합니다. 이번 장에서는 디자인 토큰을 구성하는 의미
와 그 설계 방침에 관해 설명합니다.

Chapter 4   디자인 토큰

01 디자인 토큰의 정의

색상, 모서리의 반지름, 간격, 타이포그래프 등 디자인을 구성하는 설정 값에 이름을 붙인 것이 '디자인 토큰'design token입니다. 디자인 시스템의 중요한 구성 요소로 피그마에서는 변수를 사용해 관리합니다. 앞서 "Design System"의 [PrimitiveColor]나 [SemanticColor] 컬렉션에 등록되어 있는 변수도 디자인 토큰입니다.

◉ 디자인 토큰의 목적

이름 붙이기

[#E30E71]이라는 값만으로는 곧바로 색상을 떠올릴 수 없지만, [color/magenta/30] 같은 이름을 붙임으로써 해당 색상을 대략적으로 상상할 수 있습니다. 이름을 활용하면 색상의 역할 등도 표현할 수 있습니다.

신뢰할 수 있는 유일한 정보 소스

모든 설정값을 중앙 집중 관리하고, 변경을 각 위치에 전파할 수 있습니다. 항상 '정답'을 참조할 수 있으므로 제품의 일관성을 유지할 수 있습니다.

디자인 통일

디자인 토큰을 JSON으로 출력해 각 환경별로 적절한 코드로 변환하면 모든 플랫폼을 가로 질러 디자인을 통일할 수 있습니다.

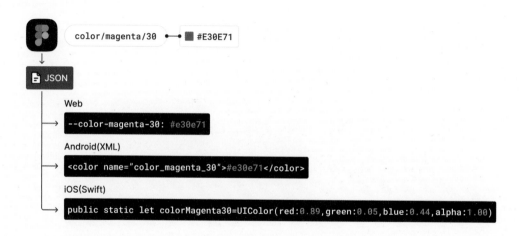

◉ 디자인 토큰의 계층

[#E30E71] 보다 color/magenta/30이라는 이름을 붙이는 편이 설명적이기는 하나 '색상의 의미'나 '색상의 용도' 정보는 부족합니다. 이를 표현하기 위해서는 다음과 같이 디자인 토큰을 계층화합니다.

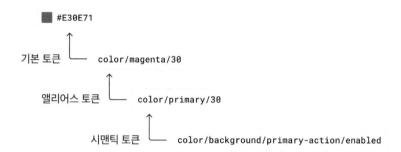

기본 토큰(글로벌 토큰)

기본 토큰primitive token은 가장 기본적인 디자인 토큰이며 사용되는 문맥 정보를 갖지 않습니다. 색상의 경우 "Design System"의 [PrimitiveColor] 컬렉션이 여기에 해당합니다. 색상의 기본 토큰은 '기본 색상'이라고도 부르며 값 대신 사용됩니다. 디자인에는 직접 사용되지 않고 다음 '앨리어스 토큰'에서 참조됩니다.

앨리어스 토큰

앨리어스 토큰alias token은 기본 토큰의 별명(앨리어스)입니다. 이번 장에서는 색상의 앨리어스 토큰으로 [color/primary/90] 등을 만듭니다. 이것은 '기본 색상임'을 의미합니다.

시맨틱 토큰

시맨틱 토큰semantic token은 역할을 이름으로 표현하며, 특정한 문맥에서 사용됩니다. "Design System"의 [SemanticColor] 컬렉션이 여기에 해당합니다. 특정 컴포넌트 만으로 사용되는 경우에는 '컴포넌트 토큰component token'이라 불립니다. 값을 직접 지정하는 것이 아니라 다른 디자인 토큰을 참조하기 때문에 일종의 앨리어스 토큰이라고도 할 수 있습니다.

모든 계층은 디자인 토큰의 의미나 역할을 이름으로 표현한 것뿐이며 그 어떤 강제력도 없습니다. 디자이너나 엔지니어, 이들의 설계 방침을 이해한 상태에서 적절하게 디자인 토큰을 다루어야 합니다.

◉ 테마 색상

먼저 색상에 관한 앨리어스 토큰을 만듭니다. [PrimitiveColor] 컬렉션에 정의한 컬러 팔레트에 '테마 색상'의 의미를 설정합니다.

color/primary

"Design System"의 Variables 패널을 열고 ⋯ 를 클릭한 뒤 [Create collection]을 실행합니다(①). 컬렉션의 이름은 [ThemeColor]로 합니다.

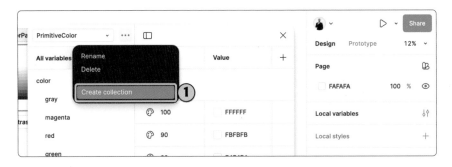

[Create variable]에서 [Color]을 선택하고 [color/primary/90]이라는 이름으로 변수를 추가합니다(②).

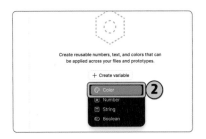

값을 마우스 우클릭 한 뒤 [Create alias]를 선택합니다(③). 표시된 패널에서 [color/magenta]를 검색하고 표시된 [color/magenta/90]을 선택합니다(④).

[color/primary/90]을 선택한 상태에서 `shift` `enter` 를 눌러 변수를 복제합니다. 이 름을 [color/primary/80]으로 변경하고(**⑤**), 앨리어스를 클릭한 뒤 [color/magenta/80]을 지정합니다(**⑥**).

Memo

변수는 같은 그룹 안에 복제되므로 이름에 [color/primary/]를 입력할 필요가 없습니다.

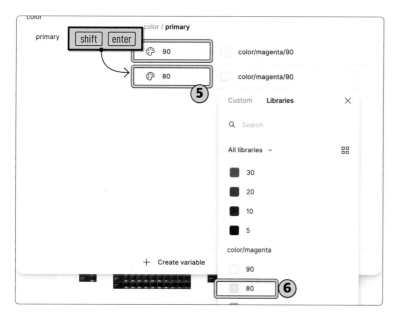

이 작업을 반복해 [color/primary/90]~[color/primary/5]를 만듭니다. 다음은 이를 만든 결과입니다. 구체적인 색상 자체인 기본 토큰을 참조해 '기본 색상인 것'이라는 의미를 가진 앨리어스 토큰을 만들었습니다.

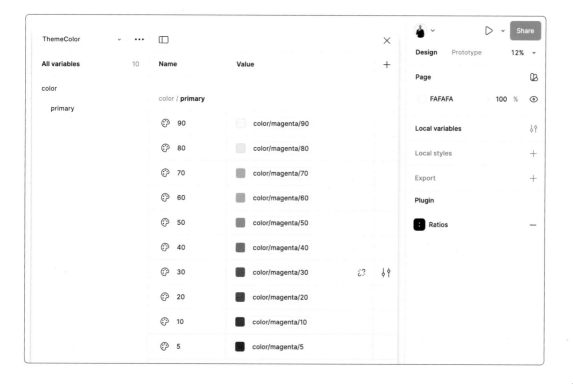

color/neutral

[gray]에는 [neutral]이라는 별명을 붙입니다. [Create variable]에서 색상 변수
를 추가하고(❶) [color/neutral/100]을 만듭니다(❷). 앨리어스를 만들고 [color/
gray/100]을 지정합니다(❸).

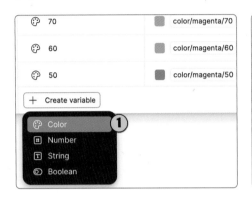

같은 조작을 반복해 [color/neutral/100]~[color/neutral/5]를 만듭니다. 특정 색상
을 나타내는 [gray]라는 디자인 토큰을 [neutral]로 추상화 한 형태입니다.

기타 색상

[red]는 위험을 의미하는 [danger], [green]에는 성공을 의미하는 [success]라는
별명을 붙입니다. [ThemeColor] 컬렉션에 다음 변수를 추가합니다.

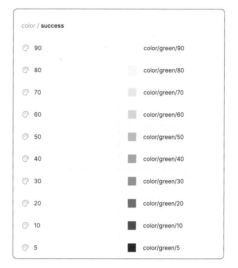

color / **danger**	
90	color/red/90
80	color/red/80
70	color/red/70
60	color/red/60
50	color/red/50
40	color/red/40
30	color/red/30
20	color/red/20
10	color/red/10
5	color/red/5

color / **success**	
90	color/green/90
80	color/green/80
70	color/green/70
60	color/green/60
50	color/green/50
40	color/green/40
30	color/green/30
20	color/green/20
10	color/green/10
5	color/green/5

4가지 색상을 테마 색상으로 만들었으면 컬러 팔레트와 마찬가지로 색상 샘플을 만
듭니다. [ColorPalette] 섹션을 그대로 복제해 [ThemeColor]라는 이름을 붙입니
다(①). 색상 샘플의 프레임 이름은 [success](②), [Danger](③), [Primary](④),
[Neutral](⑤)로 합니다.

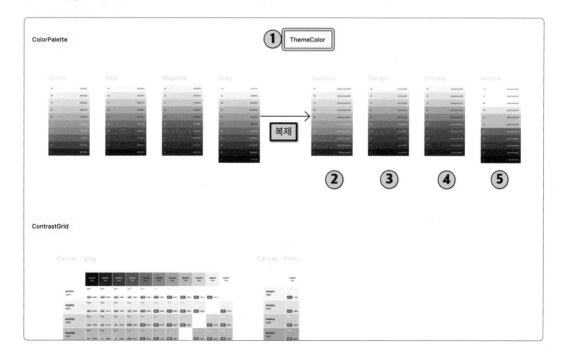

[Neutral] 프레임을 선택하고 enter 를 클릭해 모든 자식 요소를 선택합니다. 페인트
의 ⊞를 클릭하고 [color/neutral/70]을 적용합니다(⑥).

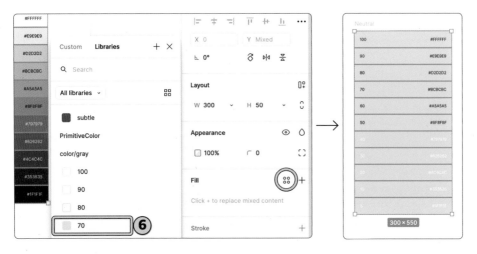

계조 하나를 선택하고(⑦) Fill 섹션의 [color/neutral/70]에서 변수를 교체합니다
(⑧). 이 작업을 반복해 [color/neutral/100]~[color/neutral/5]의 계조를 완성합니다.

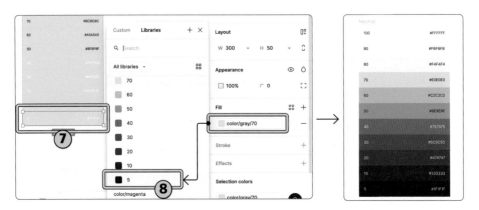

레이어 이름은 테마 색상인 [Neutral], 색상 샘플의 텍스트는 설정한 변수의 이름으
로 변경해 둡니다.

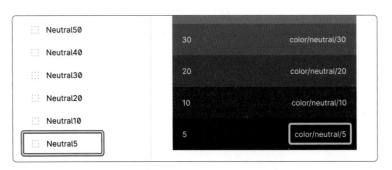

Memo

레이어 이름을 일괄 변경하는 방
법은 p.111~p.112를 참조합니다.

마찬가지로 [Success]의 색상 샘플에는 [color/success/*], [Dagner]의 색상 샘플에는 [color/danger/*], [Primary]의 색상 샘플에는 [color/primary/*]를 설정합니다.

Memo

*(애스터리스크)는 계조의 번호를 의미합니다.

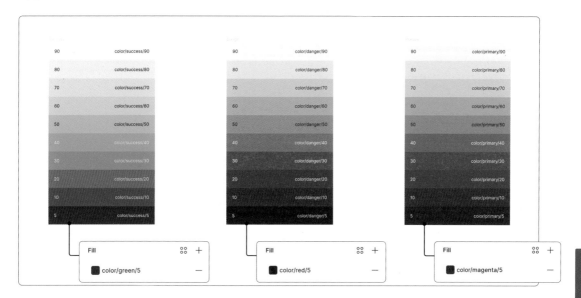

[ColorPalette] 섹션과 [ThemeColor] 섹션은 동일하게 보이지만 그 목적은 다릅니다. [ColorPalette]는 '색상 자체'를 나타내는 것에 비해 [ThemeColor]는 색상의 의미를 포함합니다.

[ThemeColor]를 정의함으로써 웹사이트 전체의 배색을 순식간에 전환할 수 있습니다. 예를 들면 '겨울 캠페인을 위해 기본 색상을 파란색으로 한다' 같은 요구사항에 유연하게 대응할 수 있습니다. 구체적인 방법은 이번 장 후반에 설명합니다.

Sample File

Design System 4-1

디자인 토큰

시맨틱 색상

디자인 토큰의 역할을 이름으로 나타낸 것이 '시맨틱 토큰'입니다. 색상은 시맨틱 색상이라 부르며 [SemanticColor] 컬렉션에 등록한 변수가 여기에 해당합니다. 예를 들면 [color/text/default]는 '일반 텍스트', [color/text/subtle]은 '어스름한 텍스트'라는 색상의 역할을 의미하고 다음과 같은 이름 규칙을 따릅니다.

```
color/{property}/{type}
       └─ text        └─ default
                       └─ subtle
```

{property}에는 [text] 외에 [background]나 [border] 등이 들어갑니다. {type}에는 [subtler], [bold], [danger], [success], [inverse] 등 변형을 만들기 위한 단어를 넣습니다.

● 텍스트 색상

[color/text/default]와 [color/text/subtle]외에 텍스트에 사용할 테마 색상을 만듭니다.

color/text/danger

[SemanticColor] 컬렉션의 [color/text/subtle]을 복제하고 이름에 [danger]를 입력합니다.(①), 라이트 모드가 [color/danger/20], 다크 모드가 [color/danger/50]이 되도록 앨리어스를 변경합니다(②).

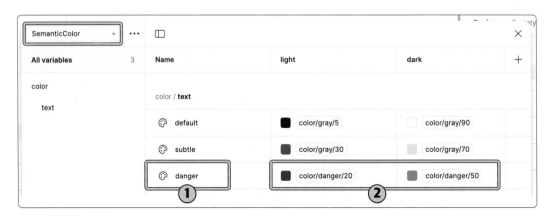

작성한 [color/text/danger]는 에러 메시지 등에 사용할 텍스트 색상입니다. 앨리어스 참조 대상이 테마 색상의 [color/danger/*]로 되어 있는 것을 확인합시다. 시맨틱 색에서는 기본 색상을 직접 참조하지 않도록 합니다.

앞 페이지에서 만든 시맨틱 색상도 테마 색상을 참조하도록 수정합니다. [color/gray/*]가 아니라 [color/neutral/*]을 참조하도록 변경합니다.

계조 선택 방법

어떤 역할에 어떤 계조를 선택하는지는 Contrast Grid에서 도출합니다. [#FBFB-FB], [#F4F4F4], [#E0E0E0] 같은 회색을 배경 색상으로 했을 때(❸) 충분한 명암 비를 확보할 수 있는 것이 [#C20B2A]라는 점은 앞장에서 설명했습니다(❹). 그 앨리어스인 [color/danger/20]을 시맨틱 색상에서 참조합니다.

	#FFF0F3 100%	#FFDBE1 100%	#FFBFC3 100%	#FF999F 100%	#FF737C 100%	#FF4D58 100%	#EB1D35 100%	#C20B2A 100%	#99001D 100%	#66000E 100%
	Text	Text	Text	Text	Text	Text	Text	Text	Text	Text
#FFFFFF 100%	DNP 1.1:1	DNP 1.27:1	DNP 1.55:1	DNP 2.03:1	DNP 2.62:1	AA18 3.25:1	AA18 4.41:1	AA 6.22:1	AAA 8.85:1	AAA 13.36:1
	Text	Text	Text	Text	Text	Text	Text	Text	Text	Text
#FBFBFB 100%	DNP 1.06:1	DNP 1.23:1	DNP 1.5:1	DNP 1.96:1	DNP 2.53:1	AA18 3.14:1	AA18 4.26:1	AA 6.01:1	AAA 8.55:1	AAA 12.91:1
	Text	Text	Text	Text	Text	Text	Text	Text	Text	Text
#F4F4F4 100%	DNP 1:1	DNP 1.15:1	DNP 1.41:1	DNP 1.85:1	DNP 2.38:1	DNP 2.95:1	AA18 4.01:1	AA 5.65:1	AAA 8.04:1	AAA 12.15:1
	Text	Text	Text	Text	Text	Text	Text	Text	Text	Text
#E0E0E0 100%	DNP 1.19:1	DNP 1.03:1	DNP 1.17:1	DNP 1.54:1	DNP 1.98:1	DNP 2.46:1	AA18 3.34:1	AA 4.71:1	AA 6.7:1	AAA 10.12:1
	Text	Text	Text	Text	Text	Text	Text	Text	Text	Text
#C2C2C2 100%	DNP 1.61:1	DNP 1.39:1	DNP 1.14:1	DNP 1.14:1	DNP 1.47:1	DNP 1.82:1	DNP 2.47:1	AA18 3.49:1	AA 4.96:1	AAA 7.5:1

다크 모드에서는 [#1F1F1F], [#333333]. [#474747] 등을 배경 색상으로 가정합니다(⑤). 명암비를 확보할 수 있는 텍스트 색상으로 [#FF737C]를 선택해야 하지만, 배경 색상이 [#474747]일 때는 레벨 AA를 달성할 수 없습니다(⑥).

	#FFF0F3 100%	#FFDBE1 100%	#FFBFC3 100%	#FF999F 100%	#FF737C 100%	#FF4D58 100%	#EB1D35 100%	#C20B2A 100%	#99001D 100%	#66000E 100%
	AA18 4.17:1	AA18 3.61:1	DNP 2.96:1	DNP 2.26:1	DNP 1.75:1	DNP 1.41:1	DNP 1.04:1	DNP 1.35:1	DNP 1.92:1	DNP 2.9:1
#5C5C5C 100%	Text AA 6.05:1	Text AA 5.24:1	Text AA18 4.29:1	Text AA18 3.28:1	Text DNP 2.54:1	Text DNP 2.05:1	Text DNP 1.51:1	Text DNP 1.07:1	Text DNP 1.32:1	Text DNP 1.99:1
#474747 100%	Text AAA 8.41:1	Text AAA 7.28:1	Text AA 5.96:1	Text AA 4.56:1	Text AA18 3.53:1	Text DNP 2.85:1	Text DNP 2.1:1	Text DNP 1.49:1	Text DNP 1.04:1	Text DNP 1.43:1
#333333 100%	Text AAA 11.43:1	Text AAA 9.91:1	Text AAA 8.11:1	Text AA 6.2:1	Text AA 4.81:1	Text AA18 3.88:1	Text DNP 2.86:1	Text DNP 2.03:1	Text DNP 1.42:1	Text DNP 1.05:1
#1F1F1F 100%	Text AAA 14.92:1	Text AAA 12.92:1	Text AAA 10.59:1	Text AAA 8.09:1	Text AA 6.27:1	Text AA 5.06:1	Text AA18 3.73:1	Text DNP 2.64:1	Text DNP 1.86:1	Text DNP 1.23:1

⑤ ⑥

이에 대한 대응책으로 한 단계 밝은 [#FF999F]를 선택하거나, [#FF737C]를 선택했을 때는 배경 색상에 따라 사용하지 않는다는 방침을 생각할 수 있습니다. 여기에서는 '빨간색'의 인상을 우선해 후자의 방침을 선택합니다.

	#FF999F	#FF737C
#474747	Text AA 4.56:1	Text ✕ AA18 3.53:1
#333333	Text AA 6.2:1	Text AA 4.81:1
#1F1F1F	Text AAA 8.09:1	Text AA 6.27:1

예외가 없는 편이 바람직하지만 디자인 토큰에 특수한 규칙이 발생했을 때는 변수에 설명을 추가해 둡시다. [⚙]을 클릭하고 편집 패널을 연 뒤, 다음과 같이 기록해 둡니다(⑦).

color/text/success

작례에서는 사용하지 않지만 처리를 성공했을 때 등에 사용되는 색상을 [color/text/success]로 정의합니다. 앨리어스로 [color/success/20], [color/success/50]을 지정합니다(①).

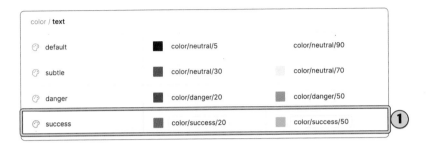

[color/text/success]에서도 명암비 문제가 발생합니다. 라이트 모드의 어두운 배경 색상에 대해 레벨 AA를 달성할 수 없습니다(②). 변수 설명에 해당 내용을 기록해 사용을 피하도록 합니다(③).

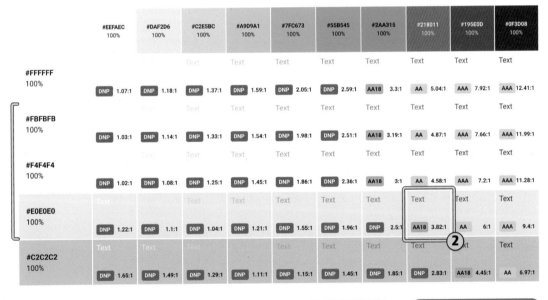

Memo

이 제품에서는 [#FFFFFF]를 배경 색상으로 사용하지 않는 것으로 결정했지만, 이와 달리 사용할 수도 있습니다. 이 경우에는 명암비 문제가 발생하지 않습니다.

color/text/primary-action

[SemanticColor] 컬렉션에 정의되어 있는 [color/text/default], [color/text/sub-tle], [color/text/danger], [color/text/success]는 모두 컴포넌트에 한정되지 않고 범용적으로 사용할 수 있습니다(❶), 한편 버튼과 같은 컴포넌트에는 전용 시맨틱 색상을 정의합니다(❷).

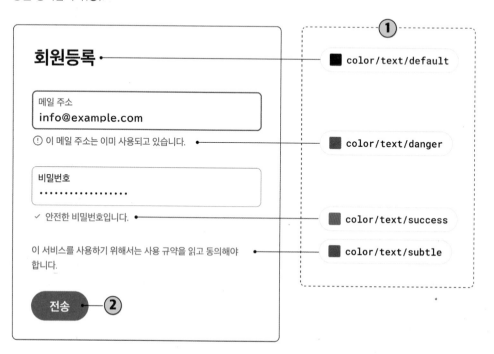

특정 컨텍스트에서 사용되는 시맨틱 색상에는 다음과 같은 이름 규칙을 적용합니다. {context}에는 컴포넌트 이름을 입력합니다. 컴포넌트별로 정의하는 것이 장황할 때는 추상화 한 이름을 붙입니다(❸). {state}는 상호작용의 상태를 의미하며 생략할 수도 있습니다(❹).

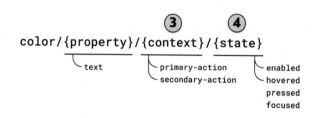

다음은 {context}를 추상화 한 이름을 붙인 예입니다. 이 2개의 버튼은 각각 다른 컴포넌트지만 모두 같은 배색의 버튼을 사용하므로 [color/text/primary-action]이라는 공통의 이름을 붙였습니다.

[color/text/success]를 복제한 뒤 이름을 [primary-action]으로 합니다(⑤). 라이트 모드와 다크 모드에 모두 흰색 텍스트가 있으므로, 양쪽 앨리어스에도 [color/neutral/100]을 지정합니다(⑥). 변수 설명도 복제되므로 잊지 말고 삭제합니다(⑦).

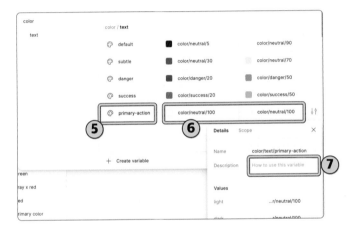

color/text/secondary-action

우선도가 낮은 버튼의 텍스트 색상을 [color/text/secondary-action]으로 정의합니다. 라이트 모드와 다크 모드에서 반전시키기 위해 앨리어스에는 [color/neutral/5]와 [color/neutral/90]을 지정합니다(⑧).

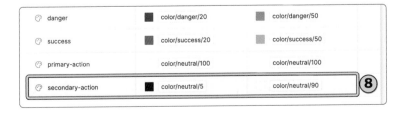

◉ 배경 색상

배경 색상은 다음 그림과 같은 패턴을 가정해 시맨틱 색상을 정의합니다. Ⓐ, Ⓑ, Ⓒ는 범용적으로 사용되는 배경 색상이며 Ⓓ, Ⓔ는 특정 문맥에서 사용하는 배경 색상입니다.

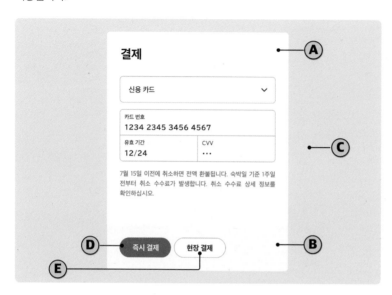

Memo

왼쪽 그림의 UI는 배색의 예시로 게재한 것입니다. 작례 파일에는 존재하지 않습니다.

새로운 색상 변수를 만들고 이름을 [color/background/default], 값을 [color/neutral/90]과 [color/neutral/5]로 설정합니다(①). 마찬가지로 [color/background/subtle]과 [color/background/subtler]도 만듭니다(값은 다음 그림 참조)(②).

Memo

텍스트 색상의 변수를 복제하면 [color/text] 그룹에 포함되므로 주의합니다.

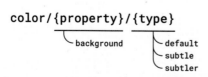

이 변수들이 배경색 Ⓐ, Ⓑ, Ⓒ에 대응합니다. 이름 규칙은 범용적인 텍스트 색상과 같습니다.

```
color/{property}/{type}
         │               │
         └ background     ├ default
                          ├ subtle
                          └ subtler
```

특정 문맥에서 사용하는 Ⓓ, Ⓔ는 다음 이름 규칙에 따라 정의합니다. 이들도 텍스트 색상과 마찬가지지만, 배경 색상에는 {state}가 있습니다.

예를 들면 버튼에는 '보통 때', '마우스 커서를 올렸을 때', '클릭했을 때'의 배경 색상이 필요합니다. 이 상태들을 {state}로 나타내고 [enabled], [hovered], [pressed]라는 이름을 붙입니다.

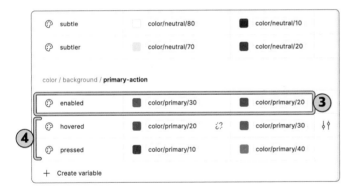

[color/background/primary-action/enabled]라는 이름으로 변수를 만들고, 값에는 [color/primary/30]과 [color/primary/20]을 지정합니다(❸). 그 뒤 [enabled]를 복제해 [hovered]와 [pressed]를 추가합니다(값은 다음 그림 참조)(❹). 이 색상들이 Ⓓ의 배경 색상입니다.

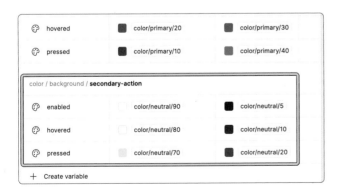

[color/background/secondary-action/*]도 다음 그림과 같이 만듭니다. 우선도가 낮은 버튼 Ⓔ의 배경 색상에 사용합니다.

Memo

상호작용이 발생했을 때 라이트 모드에서는 명도가 낮아지고, 다크 모드에서는 명도가 높아지도록 배색했습니다.

⬤ 보더 색상

마지막 시맨틱 색상은 보더 색상입니다. 범용적으로 사용할 수 있는 색상을 그림과
같이 정의합니다(①). 강조하기 위해 보더에는 [bold]를, 반전할 필요가 있을 때는
[inverse]를 사용합니다.

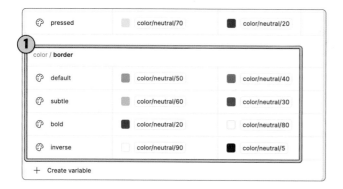

특정 문맥에서 사용하는 보더 색상도 필요합니다. 우선도가 낮은 버튼에 사용하는
color/border/secondary-action/enabled를 정의합니다(②).

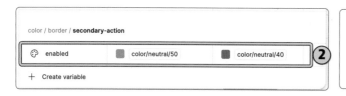 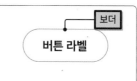

그리고 키보드 조작 등에서 초점이 맞았을 때, 버튼 주변에 보더를 표시한다고 가정
합니다.

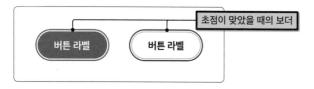

이 상태의 {state}를 [focused]로 하고, 다음 그림과 같이 변수를 추가합니다(③).
[focused]는 [primary-action]에도 필요합니다(④).

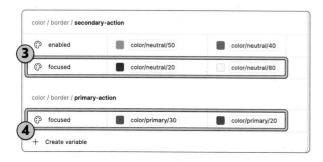

● 문서 작성

모든 시맨틱 색상을 확인할 수 있는 문서를 작성해봅니다. 리소스 패널의 [Plugins & widgets] 탭에서 'Variable Color Style Guide'를 검색하고 [Run]을 클릭합니다 (❶). [SemanticColor] 컬렉션과 [Table-Row]를 선택한 뒤 [CREATE SWATCH-ES]를 클릭합니다(❷).

Memo

비슷한 종류의 플러그인이 위쪽에 표시되므로 주의합니다.

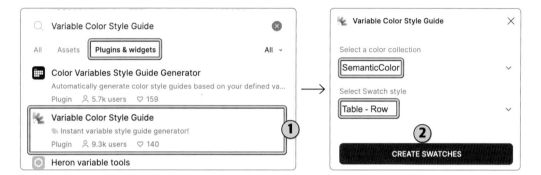

Variable Color Style Guide

🔗 https://www.figma.com/community/plugin/1270740078273146018/

새롭게 [Variable Color Swatches] 페이지가 추가되고 변수를 확인할 수 있는 프레임이 만들어 집니다. 왼쪽에 라이트 모드, 오른쪽에 다크 모드의 시맨틱 색상이 배열되고, 설명도 삽입됩니다(❸).

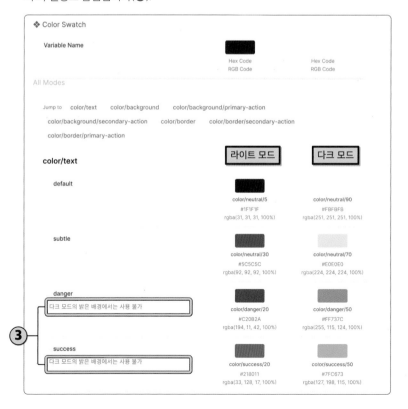

각 시맨틱 색상에는 앨리어스 정보도 기재되어 있습니다(④). 단, 디자인 토큰의 계층 구조는 고려되지 않기 때문에 테마 색상 아래는 Hex 값으로 되어 있습니다(⑤). 구현할 때는 테마 색상이 기본 색상을 참조하는 구조를 유지하도록 주의합니다.

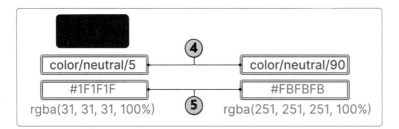

모든 객체를 선택하고 마우스 우클릭 한 뒤 [페이지로 이동] > [Style Guide]를 실행합니다(⑥). 이동을 완료했다면 [Variable Color Swatches] 페이지는 더이상 필요하지 않습니다. 마우스 우클릭 한 뒤 [페이지를 삭제]를 실행합니다.

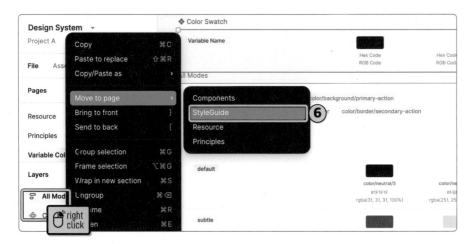

[StyleGuide] 페이지로 돌아와 이동한 객체를 섹션에 모읍니다. 이름은 [Semantic-Color]로 합니다(⑦).

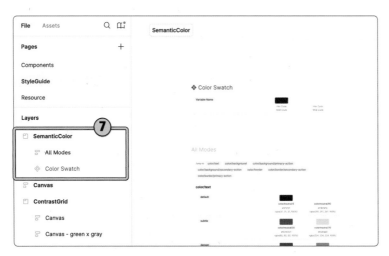

Memo

[Color Swatch]는 플러그인이 자동으로 만든 컴포넌트입니다.

Sample File

 Design System 4-2

03 디자인 토큰 적용

정의한 디자인 토큰을 각 디자인에 적용합니다. 시맨틱 색상을 사용해 역할을 이름
으로 표현했으므로 혼동하지 않고 필요한 색상을 선택할 수 있을 것입니다.

● 컴포넌트에 적용

먼저 라이브러리로 공개한 컴포넌트를 수정합니다. "Design System"의 [Compo-
nents] 페이지를 엽니다.

Badge

[Badge] 컴포넌트를 선택하고(❶) Fill 섹션의 88에서 [color/background/subtle]
을 적용합니다(❷). 형태는 변경되지 않았지만 색상 값이 변수로 변경됩니다.

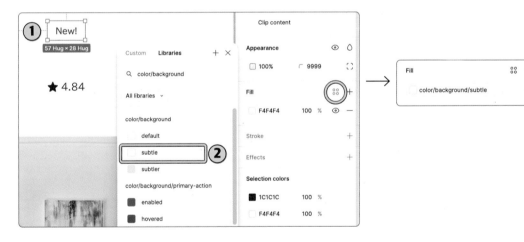

내용의 텍스트인 [Label]에는 [color/text/default]를 적용합니다(❸).

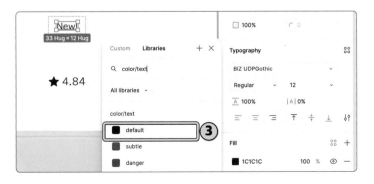

Card

[Card] 컴포넌트에서 시맨틱 색상이 적용되어 있지 않는 요소를 수정합시다. [FavoriteButton]을 선택하고 Frames 섹션의 ▦을 클릭합니다(①). [Select matching layers]가 실행되고 모든 변형에서 [FavoriteButton]이 선택됩니다.

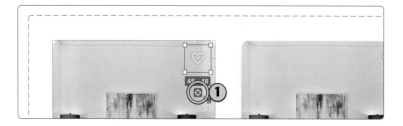

Memo

[Select matching layers]는 모든 변수에서 같은 레이어 이름의 객체를 선택하는 기능입니다. 동일하게 보이는 객체라도 레이어 이름이 다르면 선택할 수 없습니다.

Memo

[Select matching layers] 아이콘은 아래쪽 툴바의 [Actions]에서도 선택할 수 있습니다.

인터랙티브한 UI 요소별로 [secondary-action]을 적용합니다, Selection colors 섹션에서 [#FBFBFB]의 ▦를 클릭하고(②), [color/background/secondary-action/enabled]로 변경합니다(③).

초점이 맞았을 때의 시맨틱 색상도 적용합니다. 오른쪽 끝의 변형을 선택하고(④) Stroke 섹션의 ▦를 클릭하고 [color/border/secondary-action/focused]를 적용합니다(⑤).

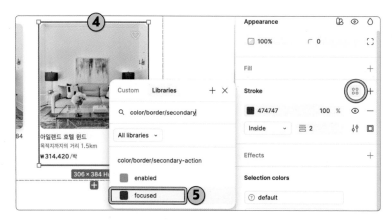

⚫ 비공개 변수

디자인에는 역할을 이름으로 표현한 [SemanticColor] 컬렉션을 적용하며, [Primi-tiveColor]와 [ThemeColor] 컬렉션은 내부 변수입니다. 혼동해서 사용하지 않도록 라이브러리에서 제외시킵니다.

변수를 라이브러리에서 제외할 때는 컬렉션 이름에 '_'(언더스코어)를 붙입니다. [PrimitiveColor]를 선택하고 ⋯ 를 클릭한 뒤, [Rename]을 선택하고 [_Primitive-Color]로 변경합니다(❶).

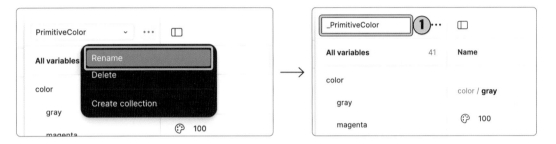

마찬가지로 [ThemeColor]를 [_ThemeColor]로 변경합니다(❷).

같은 방법으로 컴포넌트도 비공개합니다. [StyleGuide] 페이지에 있는 [Color Watch]는 문서용 컴포넌트이며 라이브러리로 공개할 필요가 없습니다. [_Color-Swatch]로 이름을 변경합니다(언더스코어를 붙이고 공백을 삭제합니다(❸).

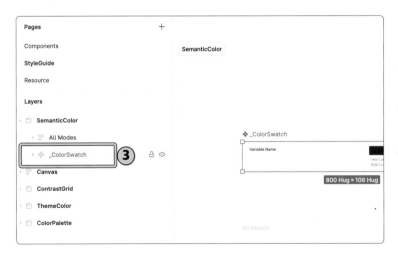

◯ 라이브러리 업데이트

추가한 변수나 컴포넌트 수정을 "Web Design" 파일에서 사용할 수 있도록 라이브
러리를 업데이트 합니다. [Assets] 탭을 열고 [📖]을 선택합니다(①). 이후 표시되는
패널에서 [Publish…]를 클릭합니다(②).

[PrimitiveColor]의 이름이 [_PrimitiveColor]로 변경되어 비공개 되었기 때문에
[Removed]로 표시됩니다(③). [Added]인 [SemanticColor]는 공개 대상입니다
(④). 모든 항목에 체크되어 있는지 확인한 뒤 [Publish]를 실행합니다(⑤).

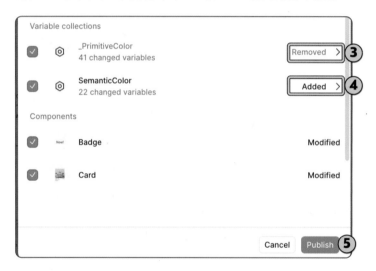

"Web Design" 파일로 이동해 화면 좌우에 표시된 알림의 [확인]을 클릭합니다. 알
림이 표시되지 않을 때는 [Assets] 탭의 [📖]를 클릭합니다(⑥).

Manage libraries 패널에서 [Card] 컴포넌트에 변경이 있음을 확인할 수 있습니다(⑦). [Update all]를 클릭해 변경을 반영합니다(⑧).

변경이 있는 라이브러리의 요소를 하나도 사용하지 않는 경우에는 업데이트 내용에 아무 것도 표시되지 않습니다. 예를 들면 "Web Design"에 [Card] 인스턴스가 배치되어 있지 않으면 업데이트 대상이 존재하지 않으며, 알림도 표시되지 않습니다(알림이 표시되지 않아도 라이브러리는 내부적으로 업데이트 됩니다).

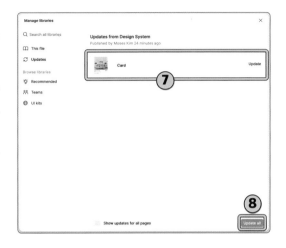

🔘 헤더에 적용

[Home] 화면 위쪽에 배치되어 있는 헤더에 시맨틱 색상을 적용합시다. 작업에 방해가 되므로 [Comments]는 숨깁니다(①).

primary-action

헤더의 버튼과 알림 배치에 사용된 기본 색상을 바꿉니다. [Header] 레이어를 선택하고(②) Selection colors 섹션에서 [+3]을 클릭해 모든 색상을 표시합니다(③).

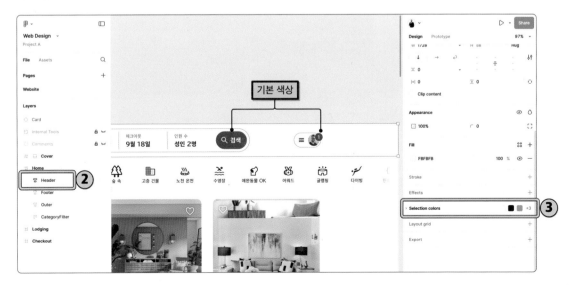

151

[#E30E71]의 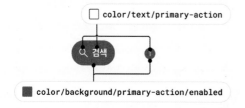을 클릭하고 [color/background/primary-action/enabled]를 적용합니다(④).

버튼 텍스트에 사용된 [#FFFFFF]도 변경합니다. 를 클릭하고 [color/text/primary-action]을 적용합니다(⑤).

이것으로 배경 색상과 텍스트 색상에 시맨틱 색상을 적용했습니다.

secondary-action

검색 UI의 위치, 체크인, 체크아웃, 인원 수도 버튼의 일종이며 사용자의 액션
에 반응합니다. [secondary-action] 시맨틱 색상을 적용합니다. 헤더 안에 있는
[MenuButton] 프레임을 모두 선택합니다(①).

Selection colors 섹션에서 다음과 같이 변수를 적용합니다. [secondary-action]
에 대해서는 모호한 텍스트의 색상을 정의하지 않았으므로 [#606060]에는 [color/
text/subtle]을 지정합니다.

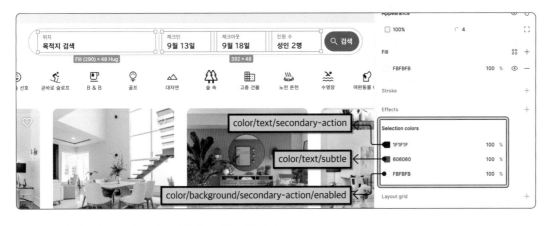

변수 적용 후에는 다음 그림과 같은 상태가 되었을 것입니다.

헤더 안에 있는 [AvatarButton] 프레임을 선택하고(❷) Selection colors 섹션에서
다음과 같이 변수를 적용합니다.

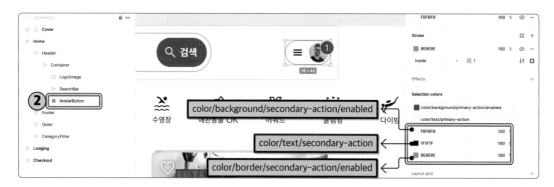

마지막으로 [Header] 전체를 선택하고(❸) 범용적인 보더의 색상과 배경 색상을 적
용합니다. 다음과 같이 치환합니다.

헤더의 모든 요소에 시맨틱 색상이 적용되었습니다. Selection colors에 Hex 값이
표시되지 않는 것을 확인합니다.

치환 순서

변수를 적용할 때는 가능한 작은 UI 요소부터 시작합니다. 큰 범위에서 먼저 작업하게 되면
잘못된 시맨틱 색상을 적용하게 될 가능성이 있습니다.

예를 들면 [Header]와 [AvatarButton]의 배경 색상은 동일한 [#FBFBFB]이지만, 역할이
다르기 때문에 다른 시맨틱 색상을 적용합니다. 그런데 [Header]의 선택 범위 색상부터 작
업을 하면 [AvatarButton]에 범용적인 배경 색상인 [color/background/default]가 적용
되어 버립니다.

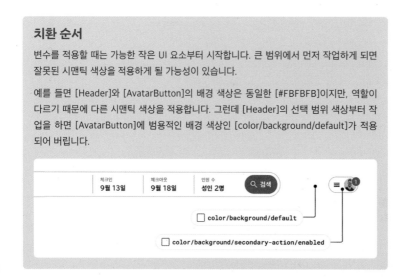

디자인 토큰 적용

● 카테고리 필터에 적용

[Home] 화면의 헤더 아래쪽에는 숙박 시설을 카테고리로 필터링하기 위한 [Cate-goryFilter]가 있습니다(①). 그 안에는 여러 [CategoryButton]이 배열되어 있습니다. 모든 [CategoryButton]을 선택합니다(②).

[CategoryButton]에는 [secondary-action]을 적용합니다. Selection colors 섹션에서 다음 그림과 같이 변경합니다.

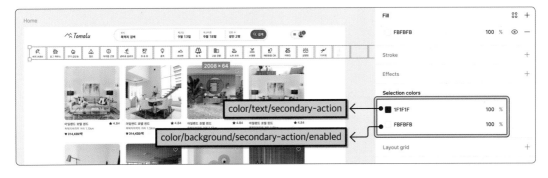

[CategoryFilter] 전체를 선택하고 마찬가지로 색상을 치환합니다. 이들은 버튼이 아니므로 범용적인 시맨틱 색상을 적용합니다.

⦿ 푸터에 적용

[Home] 화면 아래쪽에 있는 푸터 색상을 변경합니다. 오른쪽 끝의 버튼에는 [secondary-action], 그 밖에는 범용적인 시맨틱 색상을 적용합니다. 먼저 [Footer] 안에 있는 [Buttons]를 선택하고(①), 다음 그림과 같이 변경합니다.

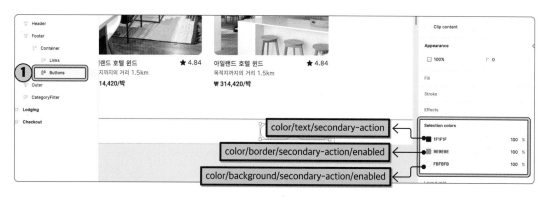

다음으로 [Footer] 전체를 선택하고(②) 마찬가지로 색상을 치환합니다. 보더에 사용한 [#686868]은 [color/border/default]와는 다른 색상이지만 일관성을 우선해 시맨틱 색상으로 변경합니다.

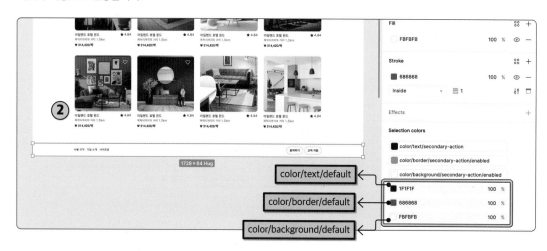

작례 파일의 문제점

앞의 작업에 따라 작례 파일의 '보더 색상에 일관성이 없다'는 문제는 해결됩니다. 시맨틱 색상을 정의하지 않으면 보더에 사용할 수 있는 색상의 선택지가 너무 많아지기 때문에 문제가 발생하기 쉽습니다.

Memo

작례 파일의 문제점에 관해서는 p.99를 참조합니다.

03

디자인 토큰 적용

컴포넌트 배치

[Home] 화면에는 12개의 [Card] 객체가 배치되어 있습니다. 이 객체들을 인스턴스로 치환합니다. [Card] 인스턴스를 선택하고 복사합니다(①).

[Home] 화면의 모든 [Card]를 선택하고(②) 마우스 우클릭한 뒤 [Paste to re-place]을 실행합니다(③). [Card] 객체가 한 번에 인스턴스로 치환됩니다.

Shortcut

Paste to replace

Mac	shift	⌘	R
Windows	shift	ctrl	R

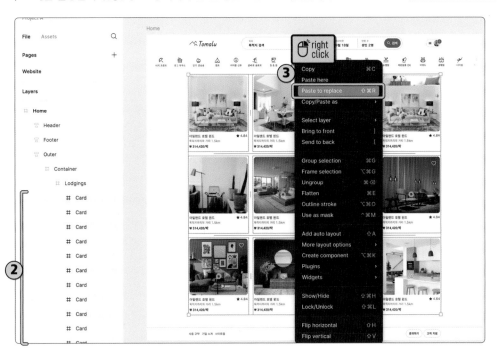

157

치환한 [Card] 인스턴스의 사진이 모두 동일하게 됩니다. 플러그인을 사용해 치환 전과 같이 변형이 있는 상태로 만듭니다. Mac에서는 ⌘ F, Windows에서는 ctrl F 을 누르고 [Thumbnail]을 검색한 뒤(④) 검색 결과를 모두 선택합니다(⑤).

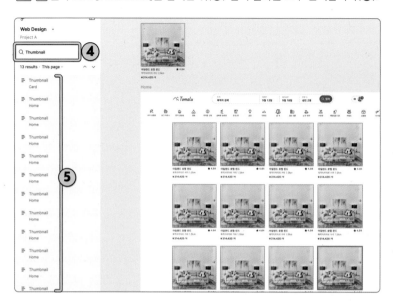

Memo

여러 레이어를 동시에 선택하려면 shift 를 누른 상태에서 레이어를 클릭합니다. 또한 검색 결과를 하나 선택한 상태에서 Mac은 ⌘ A, Windows는 ctrl A 를 누르면 검색 결과를 모두 선택할 수 있습니다.

[Thumbnail]을 선택한 상태로 리소스 패널의 [Plugins & widgets] 탭에서 'Unsplash'를 검색해서 실행합니다. [Presets] 탭의 [interior]를 클릭하면(⑥) 자동으로 사진이 삽입됩니다.

Memo

사진이 무작위로 삽입되기 때문에 원래 이미지로 원복할 수 없습니다. 사진 읽기가 진행되지 않을 때는 플러그인을 재실행하십시오.

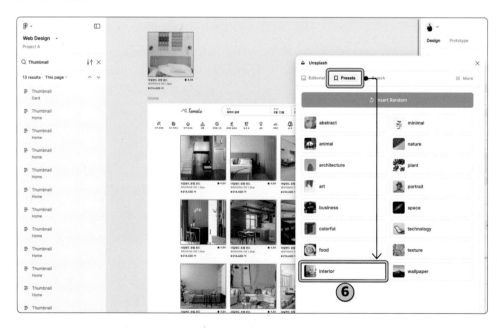

Unsplash

🔗 https://www.figma.com/community/plugin/738454987945972471/

마지막으로 [Home] 전체를 선택하고 페인트를 [color/backround/default]로 변경
합니다(⑦).

[Home]을 선택하면 Selection colors 섹션은 시맨틱 색상으로만 구성되어 있을 것
입니다(⑧). Hex 값이 표시될 때는 ◎을 클릭한 뒤 해당 객체로 점프해서 수정합니
다(⑨).

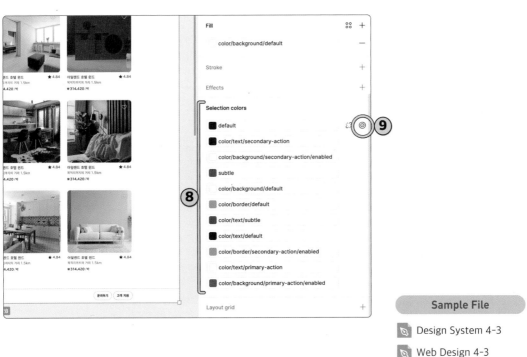

Sample File

Design System 4-3

Web Design 4-3

04 모드 전환

디자인 토큰은 디자인 일관성이나 유지보수성을 높이고, 구현과의 연계에서 중요한 역할을 담당합니다. 디자인 작업을 효율화 하는 장점도 있습니다. 그 대표적인 예가 모드 전환입니다.

⦿ 다크 모드

"Design System"의 [SemanticColor] 컬렉션에서는 변수 모드로 [light]와 [dark]를 만들었습니다. [dark]는 화면 전체를 검은 계조로 나타내는 '다크 모드'로 전환하기 위한 배색입니다.

다크 모드의 배색

다크 모드의 기본적인 배색은 라이트 모드의 계조를 반전해서 만듭니다. 예를 들면 라이트 모드에서 [color/neutral/5]를 지정하면 다크 모드에서는 [color/neutral/90]을 지정합니다.

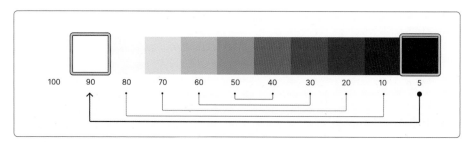

단, 색상의 인상이나 명암비를 위한 조정을 위해 그 대칭성을 무너뜨리기도 합니다. 에러 메시지 등에 사용하는 [color/danger/20]을 반전시키면 [color/danger/70]이 됩니다. 하지만 다크 모드에서는 그것보다 2단계 어두운 [color/danger/50]을 지정합니다.

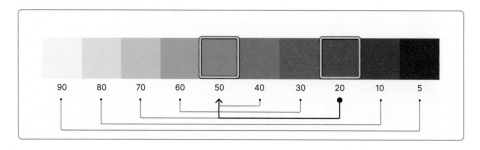

기본 색상은 제품의 인상을 결정하는 색상이며 다크 모드에서도 반전시키지 않습니다. 작례에서는 인상을 약간 조정하기 위해 1단계 어두운 색상인 [color/primary/20]을 선택했습니다.

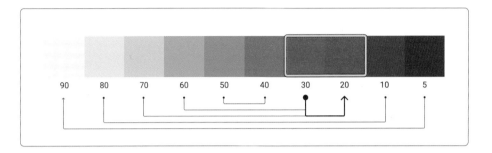

기본 색상을 반전시키지 않으므로 그것을 배경으로 하는 텍스트 색상도 반전시키지 않습니다. 버튼에 사용하는 [color/text/action]은 다크 모드에서도 [color/neutral/100] 그대로입니다.

다크 모드 적용

[Home] 화면을 복제한 뒤 한쪽을 다크 모드로 전환합시다. 복제한 [Home]을 선택하고 Appearance 섹션의 ⑫를 클릭한 뒤, [SemanticColor] → [dark]를 선택합니다. 모드 설정은 자식 요소에 상속되므로 모든 UI 요소의 배색이 다크 모드로 전환됩니다. 적절하게 변수를 설정하면 효율적인 작업이 가능합니다.

⬤ 비트맵 이미지 대응

[Home] 화면 왼쪽 위에는 로고 이미지가 배치되어 있습니다. 비트맵bitmap 이미지는 시맨틱 색상과 관계없으므로 다크 모드에서는 검은색 문자가 배경에 의해 보이지 않게 됩니다. 모드에 따라 이미지가 전환되도록 수정합니다.

컴포넌트 만들기

먼저 로고 이미지를 컴포넌트로 만듭니다. 모든 컴포넌트는 라이브러리에서 제공할 것이므로 "Design System"을 엽니다. 미리 [Resource] 페이지에 로고 이미지를 준비했습니다(①).

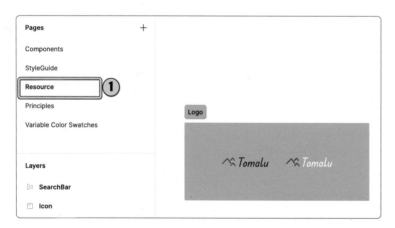

두 로고를 복사해 [Components] 페이지에 붙여넣습니다(②). 두 로고를 선택한 상태에서 Design 패널의 ⬡의 ⬇을 클릭한 뒤 [Create component set]을 실행합니다(③).

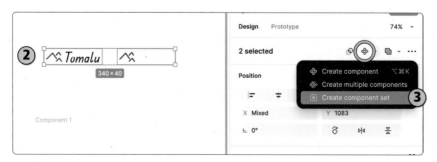

컴포넌트가 만들어지고 2개의 이미지가 변수로 변환됩니다. Properties 섹션의 [⚙]
를 클릭하고(④) 이름을 [mode], 값을 [light]로 변경합니다(⑤). 이 시점에서는 두
변형의 값이 모두 [light]이기 때문에 프로퍼티의 충돌을 알리는 메시지가 표시됩니
다(⑥).

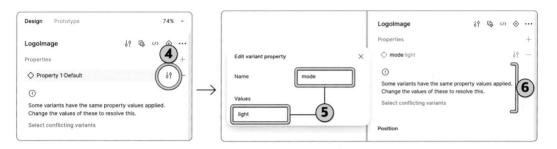

오른쪽 변형을 선택하고 속성값을 [dark]로 변경합니다(⑦). 충돌을 알리는 메시지
가 사라집니다.

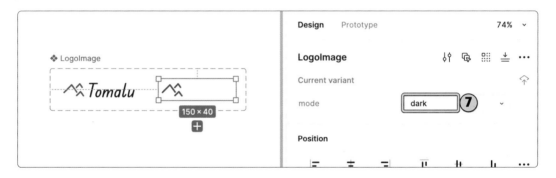

String 변수 만들기

만든 변형과 변수를 연결합시다. Variables 패널을 열고 [SemanticColor] 컬렉션에
String 변수를 추가합니다.

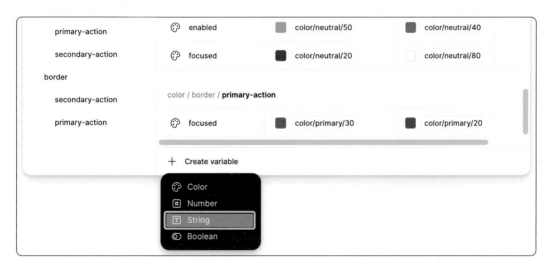

추가한 변수의 이름은 [mode] 값은 [light]와 [dark]로 합니다.

만든 컴포넌트와 변수를 공개합니다. 앞과 마찬가지로 [Assets] 탭의 🕮에서 작업합니다.

변형과 변수 연결하기

"Web Design"으로 돌아가 [Assets] 탭에서 [LogoImage]를 캔버스에 드래그합니다. 배치된 인스턴스를 복사합니다(①).

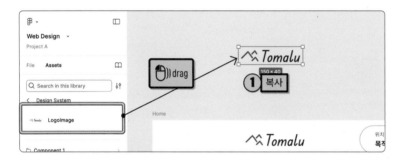

양쪽의 [Home] 화면에서 [LogoImage]를 선택하고 마우스 우클릭 후 메뉴에서 'Paste to replace'을 선택합니다(②).

164

[LogoImage]를 선택한 상태에서 [mode] 속성에 표시된 ⬡을 클릭합니다(❸).
[Design System/SemanticColor]의 [mode]를 적용합니다(❹).

변형 속성의 [mode]와 String 변수의 [mode]가 연결
되고, 로고 이미지가 다크 모드용으로 전환됩니다.

다소 복잡한 구성이지만 동작 흐름은 다음과 같습니다. 먼저 [Home] 화면의 모드가
[dark] 모드로 변경됩니다(❺). 그에 따라 [SemanticColor]의 [mode] 변수의 내용
이 [dark]라는 문자열로 변경됩니다(❻). 그 문자열이 변수 속성에 할당되기 때문에
다크 모드용 로고 이미지가 표시됩니다(❼).

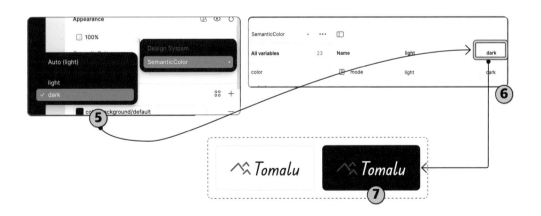

Sample File

Design System 4-4-1   Web Design 4-4-1

165

⬤ 테마

테마 색상이라는 중간적인 디자인 토큰을 사용함으로써 한층 유연하게 전환할 수 있습니다. '겨울 캠페인 중에는 기본 색상을 파란색으로 한다'는 요구사항을 가정하고 그 디자인을 효과적으로 만들어 봅니다.

기본 색상 추가

"Design System"의 [_PrimitiveColor] 컬렉션에 [color/blue/90]~[color/blue/5] 변수를 만듭니다(①). [ColorPalette] 섹션에 잊지 말고 색상 샘플을 추가해 둡시다 (②).

Memo

파란색의 계조는 다음 그림을 참고하거나 Color Shades를 사용해 만듭니다(p.108 참조).

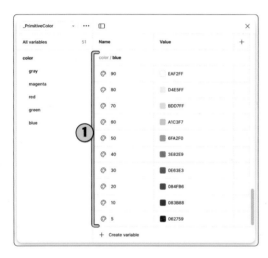
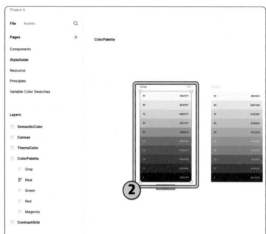

테마 색상 모드 만들기

[_ThemeColor] 컬렉션의 ⊞를 클릭해 모드를 추가합니다(③). 이름을 더블 클릭하고 [default], [winter]로 각각 변경합니다(④). [winter]의 기본 색상을 파란색 계조로 변경합니다(⑤).

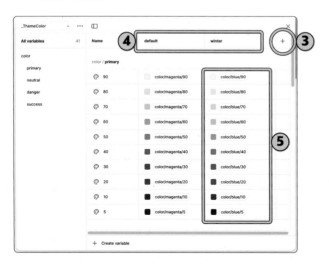

Memo

[color/primary/*] 이외에는 변경하지 않습니다.

[Assets] 탭의 ▢에서 변경 내용을 공개하고(**6**), "Web Design"으로 돌아와 라이 브러리를 업데이트 합니다(**7**).

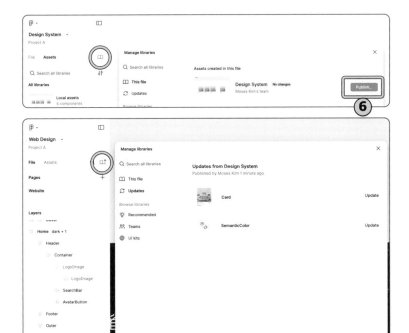

테마 전환하기

라이트 모드와 다크 모드의 [Home]을 복제합니다. 복제한 2개의 [Home]을 선택하 고 Appearance 섹션의 ▢에서 [_ThemeColor] → [winter]를 적용하면 기본 색상 이 파란색으로 전환됩니다(**8**). 화면에 대한 영향도는 적지만 모든 기본 색상을 일괄 변경할 수 있다는 점이 중요합니다. UI 요소의 색상을 개별적으로 변경할 필요가 없 으므로 효율적이며 동시에 작업 누락도 걱정할 필요가 없습니다.

Memo

로고 이미지는 변경하지 않습니 다. 로고 이미지까지 변경하려면 파란색 계열의 로고 이미지를 만 들고 변경과 변수를 연결합니다 (p.162 참조).

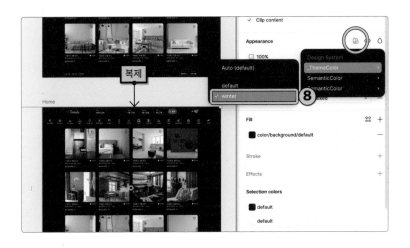

색상의 추상화나 계층화는 번거롭고 반복적이라 느껴질 수도 있습니다. 그러나 적절한 설계는 확장성이 높은 디자인 시스템의 기초가 됩니다. 이 책의 설계에서는 총 4종류의 배색 패턴을 관리하고 있으며, 새로운 패턴에도 유연하게 대응할 수 있습니다. 테마를 변경할 필요가 없다면 중간적인 테마 색상을 생략하고 2계층으로 관리해도 좋습니다. 요구사항에 맞도록 설계를 검토합시다.

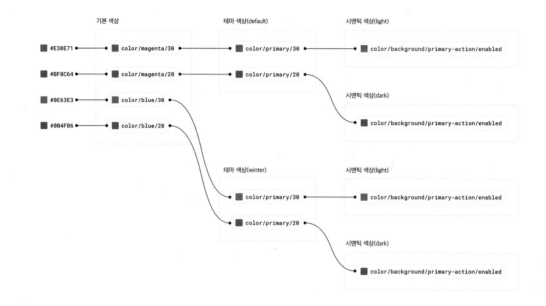

이후에도 [Home] 화면에 변경을 추가하므로 [dark]와 [winter] 화면은 삭제합니다.
작업에 사용한 [LogoImage], [Card] 인스턴스도 삭제해 둡시다.

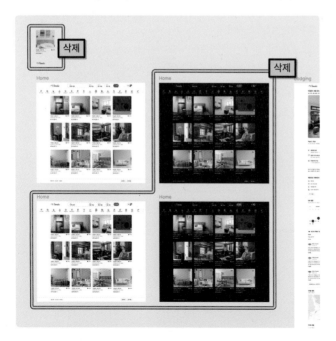

Sample File

Design System 4-4-2

Web Design 4-4-2

Chapter 5

타이포그래피

타이포그래피도 디자인을 구성하는 중요한 요소이며, 디자인 토큰으로서
세세한 단위로 분해할 수 있습니다. 조화로운 타이포그래피 설계와 그 관리
방법에 관해 설명합니다.

01 서체와 스케일

문자를 균형 있게 배치해 디자인을 구성하는 기술을 '타이포그래피typography'라 부릅니다. UI 디자인에서는 서체, 크기, 줄 간격 등의 설정을 패턴화 하는 의미도 포함합니다. 제품의 개성과 유지보수성을 모두 살릴 수 있는 설계를 검토해 디자인 단계에 포함합니다.

● 서체

서체는 브랜드와 제품 전체에 영향을 주므로 디자인 이외의 관점도 필요합니다. 서체를 선정할 때 고려해야 할 몇 가지 관점을 소개합니다.

시스템 서체

사용자의 단말에 처음부터 설치되어 있는 서체를 '시스템 서체system font'라 부릅니다. macOS나 iOS에는 'Apple SD 산돌고딕', Windows에는 '맑은 고딕', Android는 'Noto Sans CJK'가 시스템 서체이며, 라이선스나 로딩 시간에 걱정없이 사용할 수 있습니다. 각 시스템에서의 서체가 다르므로 '서체를 선정하지 않는다'는 결정을 내리는 것이 됩니다.

데이터 용량

모든 환경에서 같은 서체를 표시하려면 서체별로 글꼴을 로딩합니다. 데이터 용량이 큰 한국어 폰트를 웹사이트에서 사용할 때는 사용할 서체 패밀리family나 서체 굵기weight를 한정하거나, 필요한 문자만 하위 셋을 작성하거나, 서체를 지연 로딩lazy loading 하는 등 화면 표시를 위해 필요한 시간을 가능한 줄이는 방안을 강구해야 합니다.

라이선스

직접 소유하고 있는 서체라 해서 모든 애플리케이션이나 웹사이트에 임의로 사용할 수 있는 것은 아닙니다. 예를 들면 DTP에서 널리 사용되는 'Morisawa Fonts'는 웹사이트에서의 사용을 허가하고 있지 않습니다. 서체를 선정할 때는 서체의 라이선스나 계약 내용을 정확하게 파악해야 합니다.

웹 서체

'Adobe Fonts', 'TypeSquare', 'FONTPLUS' 같은 웹 서체 서비스에서는 한국어 서체도 웹 서체를 사용할 수 있도록 라이선스를 제공하고 있습니다. 단, 서비스마다 사용할 수 있는 서체가 다르므로 사용할 서체, 라이선스 범위, 사용 요금 등을 종합적으로 판단해야 합니다.

Memo

웹 서체라 해도 애플리케이션에 내장해야 할 때는 별도의 라이선스 계약이 필요한 경우도 있으므로 주의합니다.

Googles Fonts

웹 서체 서비스인 'Google Fonts'는 무료로 사용할 수 있는 많은 서체를 'SIL 오픈소스 라이선스'로 제공하고 있습니다. 웹사이트와 애플리케이션에서 모두 사용할 수 있습니다.

Memo

SIL 오픈소스 라이선스 서체는 상용에서의 사용을 포함해 자유롭게 사용할 수 있습니다.

피그마에서는 처음부터 Google Fonts를 사용하도록 연동되어 있습니다. 아무런 설정을 하지 않아도 디자인 파일에서 사용할 수 있지만, 서체를 선정할 때는 공식 페이지가 편리합니다. 언어에서 'Korean'을 선택하면 한국어 서체가 표시됩니다(①). 텍스트를 입력하면 미리보기를 업데이트 할 수 있습니다(②).

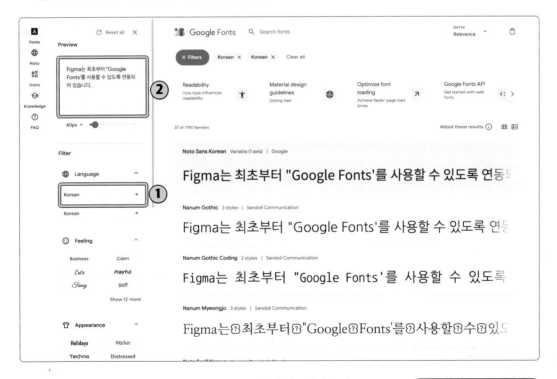

이 책에서는 Google Fonts의 'BIZ UDP 고딕'을 사용합니다(피그마에서는 'BIZ UDPGothic'으로 표기됩니다). 서체 굵기는 'Regular 400', 'Bold 700'을 사용합니다.

Google Fonts

🔗 https://fonts.google.com/

Memo

'BIZ UDP 고딕'은 비례 서체 (proportional font), 'BIZ UD 고딕'은 고정 폭 서체(non-proportional font)입니다. 비례 서체는 자연스럽게 쉽게 읽을 수 있도록 문자폭이 조정됩니다.

⬤ 스케일

제목, 본문, 캡션, 버튼 라벨 등은 각각 텍스트 크기가 다릅니다. 개별 위치에 맞춰 서체 크기를 선택하는 것이 아니라 제품 전체에 조화를 주기 위한 규칙이 필요합니다.

미리 결정된 일련의 서체 크기를 '스케일scale'이라 부르며, 서체 크기에 일정한 비율을 적용해서 작성합니다. 예를 들면 다음 그림은 서체 크기의 기준을 '16px', 비율을 '1.2'로 했을 때의 스케일을 나타낸 것입니다.

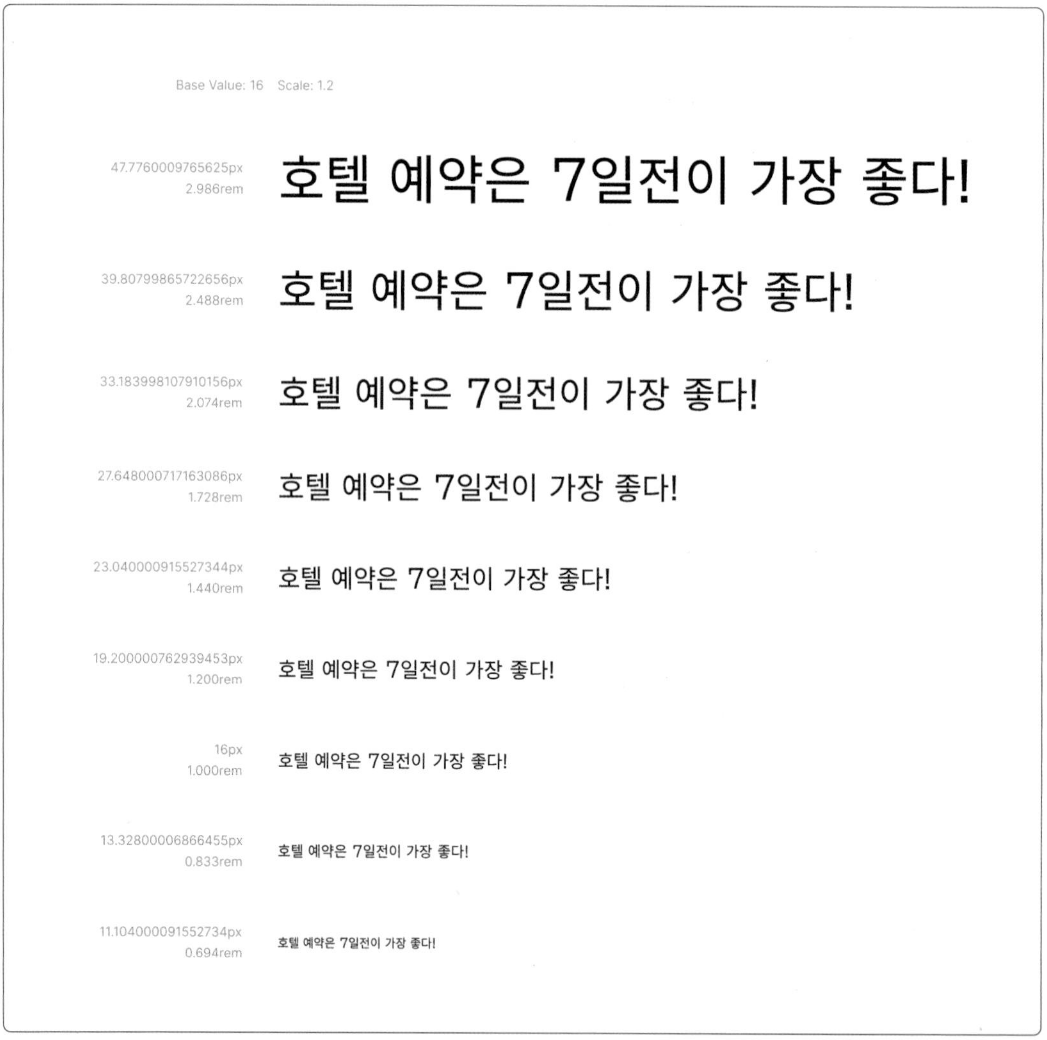

Base Value: 16   Scale: 1.2

47.7760009765625px / 2.986rem	호텔 예약은 7일전이 가장 좋다!
39.80799865722656px / 2.488rem	호텔 예약은 7일전이 가장 좋다!
33.183998107910156px / 2.074rem	호텔 예약은 7일전이 가장 좋다!
27.648000717163086px / 1.728rem	호텔 예약은 7일전이 가장 좋다!
23.040000915527344px / 1.440rem	호텔 예약은 7일전이 가장 좋다!
19.200000762939453px / 1.200rem	호텔 예약은 7일전이 가장 좋다!
16px / 1.000rem	호텔 예약은 7일전이 가장 좋다!
13.32800006866455px / 0.833rem	호텔 예약은 7일전이 가장 좋다!
11.104000091552734px / 0.694rem	호텔 예약은 7일전이 가장 좋다!

비율에는 '1.125', '1.200', '1.250', '1.333', '1.414', '1.5' 등을 사용합니다. 이 숫자는 '음율'에서 유래한 것으로 기준음에 대한 주파수 비율을 많이 사용합니다. 실제로 전통적인 타이포그래피 관련 서적에는 음악과 관련된 이야기가 많이 등장합니다.

Memo

음율 이외에도 등차 수열, 조화 수열, 피보나치 수열, 황금비 등을 활용해 스케일을 만들기도 합니다.

플러그인

플러그인을 사용해 스케일을 만들어 봅시다. "Design System"의 [StyleGuide] 페이지를 열고 텍스트 객체를 추가합니다. 서체는 'BIZ UDPGothic', 크기는 '16'으로 설정합니다(①).

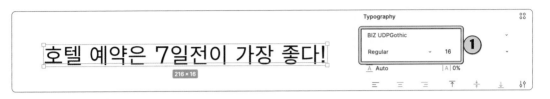

텍스트 객체를 선택하고 리소스 패널의 [Plugins & widgets]에서 'Typescales' 플러그인을 실행합니다.

Typescales

🔗 https://www.figma.com/community/plugin/739825414752646970/

[Scale]을 [1.2]로 변경하고(②), [Round Values]를 클릭해 서체 크기가 소수점을 포함하는 상태로 합니다(③). [Generate]를 클릭해 스케일을 캔버스에 삽입합니다(④).

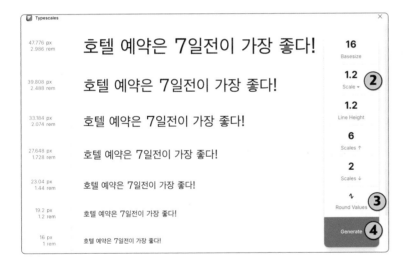

> **Memo**
>
> 스케일을 만든 뒤에는 기준으로 삼은 텍스트 객체는 필요하지 않으므로 삭제합니다.

서체 크기를 표시하는 프레임의 가로폭이 좁아 표기가 잘립니다(⑤). 폭을 [160]으로 수정합니다.

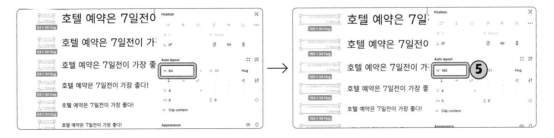

폰트 크기 조정

각 폰트 크기의 소수점 이하 숫자를 자리 올림해서 다음 표와 같이 변경합니다. 가장 작은 '11.104…'를 '12'로 올리는 자의적 조작이지만 폰트 크기의 하한선을 올려 가독성을 보장하는 것이 목적입니다(피그마에서는 소수점 두자리까지 표시할 수 있습니다).

Memo

'Lighthouse'라는 웹사이트의 검증 도구에서도 12px 미만의 텍스트가 많으면 점수가 낮아집니다.

변경 전	변경 후
47.7760009765625px	48px
39.80799865722656px	40px
33.183998107910156px	34px
27.648000717163086px	28px
23.040000915527344px	24px
19.200000762939453px	20px
16px	16px
13.32800006866455px	14px
11.104000091552734px	12px

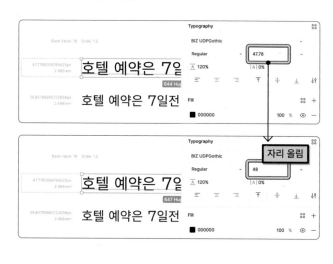

원래 형태가 사라질 정도로 변경해서는 의미가 없지만, 플랫폼 특성이나 모범 사례에 맞추기 위해 위와 같이 스케일 값을 조작하기도 합니다.

이 스케일은 문서로서 활용하게 되므로 서체 크기인 'px'과 'rem' 값을 업데이트 합니다. rem은 기준 서체 크기(16px)와의 비율이며, CSS 구현에 사용하는 단위입니다. 변경 후에는 3.0rem, 2.5rem, 1.75rem, 1.5rem, 1.25rem, 1.0rem, 0.875rem, 0.75rem이 됩니다.

Memo

플러그인에서 자동으로 만들어진 레이어의 불투명도가 낮으므로 [100%]로 변경해 쉽게 볼 수 있게 합니다(다음 그림의 노란색 프레임 부분).

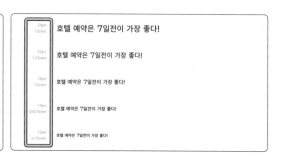

02 줄 간격과 문자 간격

● 줄 간격 조정

피그마에서 줄 간격 처리를 하면 CSS와 마찬가지로 문자 위아래에 '하프 리딩half lead-ing'이라 불리는 여백이 만들어집니다. 서체 크기가 24px이고 줄 간격이 40px라면, 줄 간격에서 서체 크기를 뺀 16px을 2로 나눈 결과(8px)이 하프 리딩의 높이입니다. 문자는 박스 중앙에 배치되며, 줄 간격이 커지면 위아래의 하프 리딩이 늘어납니다.

Memo

인쇄에 특화된 'Illustrator'나 'InDesign' 같은 애플리케이션에서는 '줄 바꿈'이 사용되어 문자 아래쪽에만 여백(리딩leading)이 만들어집니다.

폰트: BIZ UDPGothic
폰트 크기: 40px
줄 간격: 40px

40px
호텔 예약은 7일전이 가장 좋다
8px
24px
8px

위아래의 하프 리딩은 줄 마다 생기며, 1번째 줄과 2번째 줄 사이에는 2배의 여백이 생깁니다.

폰트: BIZ UDPGothic
폰트 크기: 24px
줄 간격: 40Px

40px
호텔 예약은 7일전이
가장 좋다!
40px
8px
24px
8px
8px → 16px
24px
8px

줄 간격은 퍼센티지percentage로 지정할 수도 있습니다. 줄 간격 '165%'는 서체 크기의 1.65배이며 이것도 CSS와 동일하게 동작합니다. 단, 마지막 자리가 반올림되므로 피그마에서의 텍스트 박스의 높이는 정수가 됩니다.

Memo

CSS 구현에서는 '1.65'와 같이 단위가 없는 비율로 지정합니다.

폰트: BIZ UDPGothic
폰트 크기: 24px
줄 간격: 40Px

24px
호텔 예약은
165%
호텔 예약은
39.6px
(40px)

줄 간격에 아무것도 지정하지 않으면 '자동'으로 표시되고 서체의 초기값을 사용합니다.

줄 간격과 관계된 모험

줄 간격을 판단하는 기준은 문자를 다루는 환경에 따라 바뀌어 왔습니다. 다음 아티클에서는 구텐베르크 이후의 역사와 피그마의 방침에 관해 설명하고 있습니다.

https://www.figma.com/blog/line-height-changes/

일반적으로 줄 간격을 150%~200%로 설정하면 쉽게 읽을 수 있다고 말하지만, 줄 간격은 서체 크기에 따라 줄 간격을 조정할 필요가 있습니다. 먼저 모든 샘플 텍스트를 다음 그림과 같이 줄 바꿈한 뒤 줄 간격을 [175%]로 변경합니다(❶).

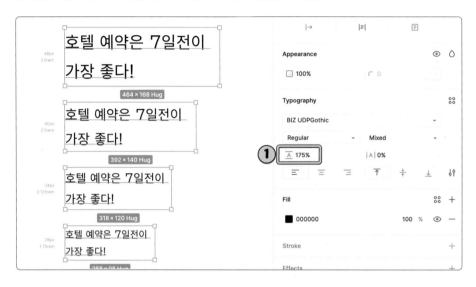

결과를 확인하면 큰 서체 크기에서는 줄 간격이 너무 큰 것으로 보입니다. 위부터 순서대로 [150%], [150%], [153%]로 줄 간격을 변경합니다.

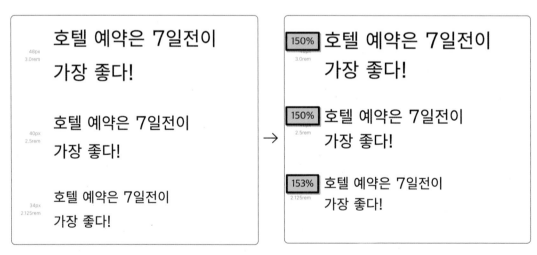

Memo

줄 간격에 수치만 입력하면 픽셀, %를 붙이면 퍼센티지를 지정합니다. 값을 삭제하고 enter를 누르면 [자동]이 됩니다.

기준 서체 크기를 제외하고 그 밖의 줄 간격을 대략 160%~170%로 설정합니다. 구체적인 줄 간격 설정은 다음 표를 참조합니다. 퍼센티지를 곱하면 몇 픽셀에 해당하는지도 함께 기재했습니다.

フォントサイズ	48px	40px	34px	28px	24px	20px	16px	14px	12px
行間 (%)	150%	150%	153%	157%	167%	160%	175%	171%	167%
行間 (px)	72px	60px	52px	44px	40px	32px	28px	24px	20px

이 퍼센티지들은 텍스트 박스의 높이가 '4' 또는 '8'의 높이가 되도록 역산해서 결정했습니다. 다음 장에서 설명할 '버티컬 그리드vertical grid'에서는 수직 방향으로 8px의 그리드를 만들고, 해당 그리드에 맞춰 UI를 배치하기 때문입니다. 그렇다고 해도 버티컬 그리드를 강제함에 따라 레이아웃의 인상이나 가독성이 사라진다면 주객전도입니다. 4 혹은 8의 배수를 가능한 준수하면서 적절한 형태가 되도록 줄 간격을 조정합시다.

● 문자 간격 조정

'BIZ UDPGothic' 서체는 문자 크기가 작아도 쉽게 읽을 수 있지만, 초기 상태에서는 문자와 문자의 간격이 너무 좁기 때문에() 문자 간격에 3%를 설정한 편이 훨씬 쉽게 읽을 수 있습니다(). 그리고 접근성 가이드(WCAG 2.1)에서는 문자 간격을 서체 크기의 0.12배(12%) 이상으로 설정하는 것을 레벨 AA 달성 기준으로 삼고 있습니다.

호텔 예약은 7일전까지가 가장 좋습니다! 여러분에게 적합한 숙박지를 빠르게 찾고 싶을 때는 알림 기능이 편리합니다.

호텔 예약은 7일전까지가 가장 좋습니다! 여러분에게 적합한 숙박지를 빠르게 찾고 싶을 때는 알림 기능이 편리합니다.

필요한 문자 간격은 서체 크기에 따라 다릅니다. macOS의 'Apple SD 산돌고딕' 서체는 문자 간격이 0%라도 자연스러운 문자 조합으로 보이며(), 3%는 다소 먼 느낌을 줍니다().

호텔 예약은 7일전까지가 가장 좋습니다! 여러분에게 적합한 숙박지를 빠르게 찾고 싶을 때는 알림 기능이 편리합니다.

호텔 예약은 7일전까지가 가장 좋습니다! 여러분에게 적합한 숙박지를 빠르게 찾고 싶을 때는 알림 기능이 편리합니다.

'BIZ UDPGothic'은 모리사와Morisawa UD 서체 시리즈의 하나입니다. UD 서체의 문자는 문자 간격이 넓게 설계되어 있으며, 다른 서체를 사용할 때는 문자 간격이나 문자 폭을 보다 넓게 설정해야 문장을 쉽게 읽을 수 있습니다.

BIZ UDPGothic

ZenMaruGothic

스케일의 문자 간격을 조정합니다. 서체 크기 [16px], [14px]의 텍스트를 선택하고
문자 간격을 [3%]로 변경합니다(⑤). [12px]인 텍스트는 [4%]로 설정합니다.

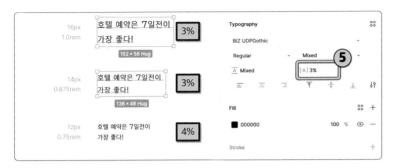

큰 서체 크기는 텍스트가 잘리지 않도록 문자 간격을 좁게 설정합니다. 다음 그림을
참고해 설정하십시오.

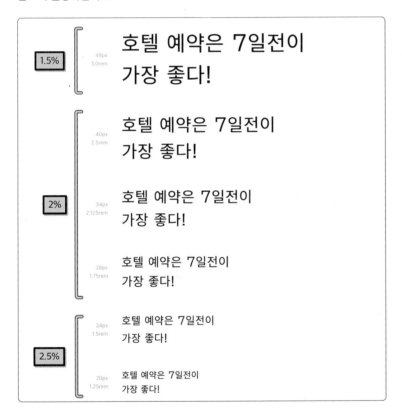

스케일의 프레임 이름을 [TypeScale]로 변경하고, 각
서체 크기에 대한 주석을 업데이트 합니다. 위부터 서
체 크기(px와 rem), 줄 간격(%), 문자 간격(%)를 기재
합니다(⑥).

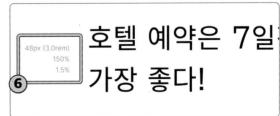

03

타이포그래피 디자인 토큰

앞서 만든 스케일은 서체, 서체 크기, 줄 간격, 문 간격 등의 정보를 포함하고 있습니다. 이 정보들을 디자인 토큰으로 관리합시다. "Design System"의 Variables 패널을 열고, [Typography]라는 새로운 컬렉션을 만듭니다.

◉ 기본 토큰

서체

서체 디자인 토큰에는 서체 이름과 웨이트가 있습니다. **String 변수**를 새로 만듭니다(①).

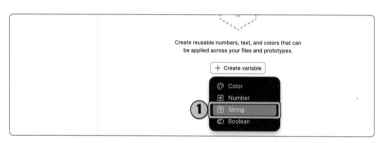

변수 이름은 [font-family/default], 값은 [BIZ UDPGothic]으로 합니다(②). 계속해서 웨이트 변수를 추가합니다. [font-weight/normal]과 [font-weight/bold]를 만든 뒤 값을 [Regular]와 [Bold]로 합니다(③).

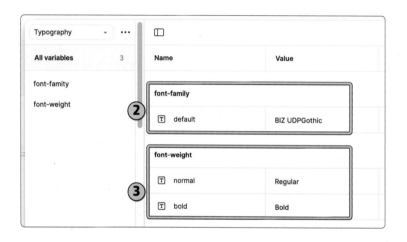

> **Memo**
>
> 웨이트의 정의는 폰트에 따라 다릅니다. 표준 웨이트가 [W4] 혹은 [R]인 경우도 있으므로, 이 책에서는 [normal]로 통일합니다. CSS의 'font-weight'의 초기값도 [normal]입니다.

서체 크기

스케일을 디자인 토큰으로 정의하기 위해 기본 색상과 같이 번호를 할당합니다. 이 번호는 단순한 식별자이며 서체 크기 값과는 직접적으로 관계없습니다.

스케일	90	80	70	60	50	40	30	20	10
폰트 크기	48px	40px	34px	28px	24px	20px	16px	14px	12px

[font-size/90]~[font-size/10]을 **Number 변수로서** 다음과 같이 등록합니다.

font-family	font-size	
font-weight	# 90	48
font-size	# 80	40
	# 70	34
	# 60	28
	# 50	24
	# 40	20
	# 30	16
	# 20	14
	# 10	12

줄 간격과 문자 간격

CSS에서의 지정 방법에 맞춰 줄 간격과 문자 간격은 퍼센티지가 아니라 비율로 작성합니다. 줄 간격을 [line-height/90]~[line-height/10], 문자 간격을 [letter-spacing/90]~[letter-spacing/10]으로 모두 Number 변수로 만듭니다.

line-height	
# 90	1.5
# 80	1.5
# 70	1.53
# 60	1.57
# 50	1.67
# 40	1.6
# 30	1.75
# 20	1.71
# 10	1.67

letter-spacing	
# 90	0.01
# 80	0.02
# 70	0.02
# 60	0.02
# 50	0.03
# 40	0.03
# 30	0.03
# 20	0.03
# 10	0.04

Memo

2024년 11월 시점에서 변수값은 소수점 최대 두자리까지만 대응합니다. [0.015]가 [0.01], [0.025]가 [0.03]으로 반올림되므로 구현 시 주의합니다.

⬤ 시맨틱 토큰

타이포그래피에 대해서도 역할을 이름으로 표현하는 시맨틱 토큰을 만듭니다. 각 서체 크기의 역할을 다음과 같이 정리했습니다. 16px은 제목, 본문, UI 라벨에 사용되는 등 같은 서체 크기라도 다른 역할을 담당하기도 합니다.

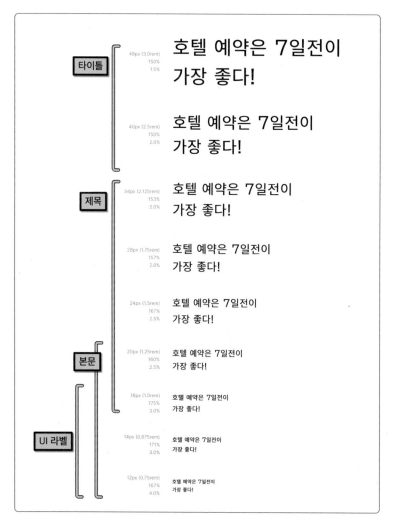

시맨틱 토큰의 이름 규칙은 다음 그림과 같습니다. {context}에는 [title], [heading], [body], [label] 등이 있으며 {size}에는 텍스트의 크기가 들어갑니다. 웨이트를 변경할 때는 {weight}를 추가하지만 생략할 수 있습니다.

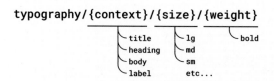

Memo

크기를 표현할 때 사용하는 'S/M/L'이나 'sm/md/lg' 등의 표기는 'T셔츠 크기'라 부릅니다.

● 컴포지트 토큰

타이포그래피는 여러 디자인 토큰을 조합해 기능하는 특수한 디자인 토큰입니다. 이런 디자인 토큰을 '컴포지트 토큰'composite token이라 부릅니다. 현재 피그마에서는 컴포지트 토큰을 만들 수 없으므로, 변수의 그룹으로 표현합니다.

타이틀

서체의 시맨틱 토큰을 [typography/title/lg/font-family]로 하고, [Typography] 컬렉션에 String 변수를 등록합니다. 앨리어스를 만들고 [font-family/default]를 지정합니다(①). 만들어진 [typography/title/lg] 그룹을 컴포넌트 토큰으로 다룹니다 (②).

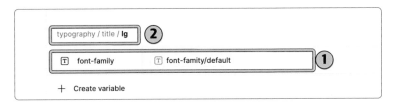

그 밖의 텍스트 설정도 다음 그림과 같이 작성합니다(③).

Memo

변수 타입이 일치하지 않으면 앨리어스를 작성할 수 없습니다. font-family, font-weight는 String 변수, 그 외에는 Number 변수로 만듭니다.

[typography/title/lg] 그룹을 마우스 우클릭 한 뒤 복제합니다(④). 복제된 그룹을 더블 클릭해서 [md]로 변경하고(⑤) [font-size/80], [line-height/80], [letter-spacing/80]을 지정합니다(⑥).

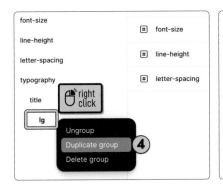

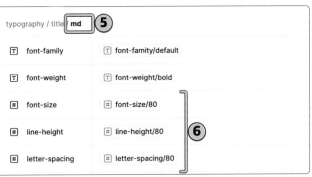

제목

[typography/title] 그룹을 마우스 우클릭 한 뒤 복제하고(❶), 이름을 변경해 [typography/heading] 그룹을 만듭니다(❷).

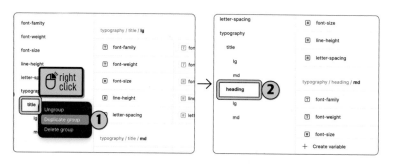

Memo

그룹은 드래그해서 순서를 바꿀 수 있습니다.

타이포그래피 디자인 토큰

[typography/heading] 그룹 안에 [xl], [lg], [md], [sm], [xs]의 다섯 가지 크기를 정의합니다. 구체적인 값은 다음을 참조합니다.

typography / heading / **xl**

T font-family	T font-family/default
T font-weight	T font-weight/bold
# font-size	# font-size/70
# line-height	# line-height/70
# letter-spacing	# letter-spacing/70

typography / heading / **sm**

T font-family	T font-family/default
T font-weight	T font-weight/bold
# font-size	# font-size/40
# line-height	# line-height/40
# letter-spacing	# letter-spacing/40

typography / heading / **lg**

T font-family	T font-family/default
T font-weight	T font-weight/bold
# font-size	# font-size/60
# line-height	# line-height/60
# letter-spacing	# letter-spacing/60

typography / heading / **xs**

T font-family	T font-family/default
T font-weight	T font-weight/bold
# font-size	# font-size/30
# line-height	# line-height/30
# letter-spacing	# letter-spacing/30

typography / heading / **md**

T font-family	T font-family/default
T font-weight	T font-weight/bold
# font-size	# font-size/50
# line-height	# line-height/50
# letter-spacing	# letter-spacing/50

본문

본문용으로 [typography/body/]라는 그룹을 만들고, 4개 크기를 정의합니다.
font-weight는 [font-family/normal]입니다.

typography / body / **lg**

T	font-family	T	font-family/default
T	font-weight	T	font-weight/normal
#	font-size	#	font-size/40
#	line-height	#	line-height/40
#	letter-spacing	#	letter-spacing/40

typography / body / **sm**

T	font-family	T	font-family/default
T	font-weight	T	font-weight/normal
#	font-size	#	font-size/20
#	line-height	#	line-height/20
#	letter-spacing	#	letter-spacing/20

typography / body / **md**

T	font-family	T	font-family/default
T	font-weight	T	font-weight/normal
#	font-size	#	font-size/30
#	line-height	#	line-height/30
#	letter-spacing	#	letter-spacing/30

typography / body / **xs**

T	font-family	T	font-family/default
T	font-weight	T	font-weight/normal
#	font-size	#	font-size/10
#	line-height	#	line-height/10
#	letter-spacing	#	letter-spacing/10

본문(굵게)

본문을 굵은 서체로 표시할 때 사용하는 [typography/body/{size}/bold]라는 그룹
을 만듭니다. [font-weight]의 값만 본문과 다릅니다.

typography / body / lg / **bold**

T	font-family	T	font-family/default
T	font-weight	T	font-weight/bold
#	font-size	#	font-size/40
#	line-height	#	line-height/40
#	letter-spacing	#	letter-spacing/40

typography / body / sm / **bold**

T	font-family	T	font-family/default
T	font-weight	T	font-weight/bold
#	font-size	#	font-size/20
#	line-height	#	line-height/20
#	letter-spacing	#	letter-spacing/20

typography / body / md / **bold**

T	font-family	T	font-family/default
T	font-weight	T	font-weight/bold
#	font-size	#	font-size/30
#	line-height	#	line-height/30
#	letter-spacing	#	letter-spacing/30

typography / body / xs / **bold**

T	font-family	T	font-family/default
T	font-weight	T	font-weight/bold
#	font-size	#	font-size/10
#	line-height	#	line-height/10
#	letter-spacing	#	letter-spacing/10

UI 라벨

UI 라벨은 버튼이나 입력 폼 등에 사용되는 텍스트입니다. 이 텍스트들은 작업 범위에서 표시될 때가 많고 줄 간격의 여백을 삭제하고 싶을 때가 있습니다.

예를 들면 이 그림은 체크인 날짜를 표시하는 UI입니다. 위아래 2개의 텍스트로 구성되어 8px의 간격이 비어 있습니다(①). 이 텍스트들에 문장의 줄 간격 설정을 적용하면 문자 위아래에 하프 리딩이 생기므로, 아무리 줄이더라도 10px의 간격이 비게 됩니다(②).

이 문제를 해결하려면 줄 간격이 폰트 크기와 같이 되는 설정을 추가합니다. [line-height/trim]이라는 기본 토큰을 정의하고 값을 [1]로 설정합니다(③). [1]은 비율이며 글자 크기의 100%를 의미합니다.

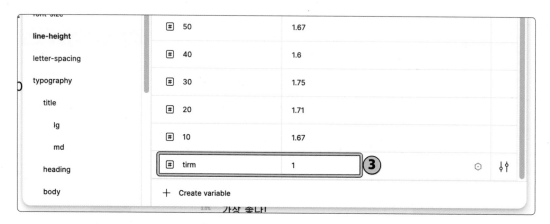

UI 라벨의 컴포지트 토큰을 [typography/label] 그룹으로 만들고, 3가지 크기를 정의합니다. 줄 간격에는 [line-height/trim]을 지정합니다. 작은 문자가 깨지지 않도록 [xs]의 font-weight는 [font-family/normal]로 했습니다(④).

2024년 2월 현재, 텍스트의 속성에 변수를 적용할 수 없기 때문에 타이포그래피 변수는 문서 용도입니다. 불필요한 변수가 라이브러리에서 제공되지 않도록 컬렉션을 비공개합니다. [Rename]을 선택하고 이름 맨 앞에 '_'(언더스코어)를 붙입니다.

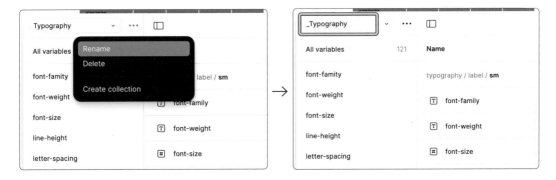

⦿ 문서 만들기

정의한 텍스트 설정을 한 눈에 볼 수 있는 문서를 만듭시다. 타이틀 샘플을 저장하는
프레임으로 [Typography/Sample/Title]을 만듭니다(①). 텍스트 샘플을 복제하고
컴포지트 토큰의 이름을 기재합니다. 타이틀의 웨이트에는 [font-weight/bold]가
지정되어 있으므로 텍스트 샘플을 [Bold]로 변경해야 합니다(②).

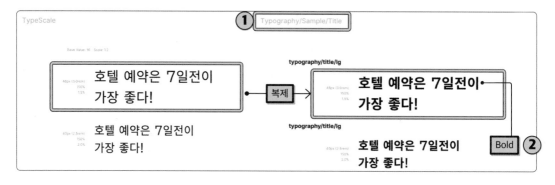

마찬가지로 제목, 본문, 본문(굵게), UI 라벨을 한 눈에 볼 수 있도록 문서를 만듭니
다. Label은 줄 간격을 [100%]로 변경하고 줄 바꿈은 해제합니다.

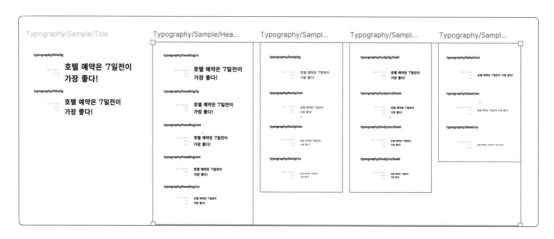

프레임 이름은 왼쪽부터 [Typography/Sample/Heading], [Ty-
pography/Sample/Body], [Typography/Sample/Body/Bold],
[Typography/Sample/Label]로 합니다.

디자인 토큰도 한 눈에 볼 수 있게 문서를 만듭니다. 'Variables to
Frame'이라는 플러그인을 검색해 실행합니다.

플러그인이 실행되면 [Publish Collection]을 클릭합니다(③).

Variables to Frames

🔗 https://www.figma.com/community/plugin/1289612698854208114/

모든 변수가 컬렉션별로 프레임으로 삽입됩니다. 오른쪽 끝의 [_Typography] 프레임만 남기고(④) 나머지는 삭제합니다(⑤).

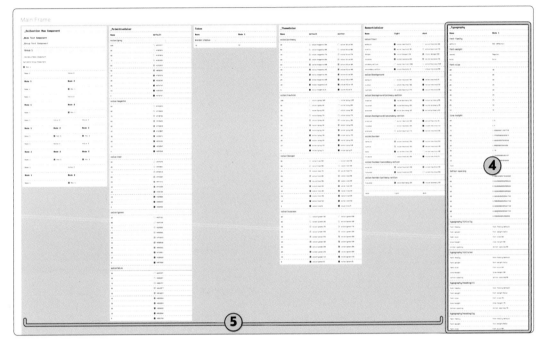

문서로 쉽게 읽을 수 있도록 프레임을 분할해 가로로 배열합니다. 왼쪽부터 순서대로 [Typography/PrimitiveToken], [Typography/Title], [Typography/Heading], [Typography/Body], [Typography/Body/Bold], Typography/Label]라는 이름을 붙입니다.

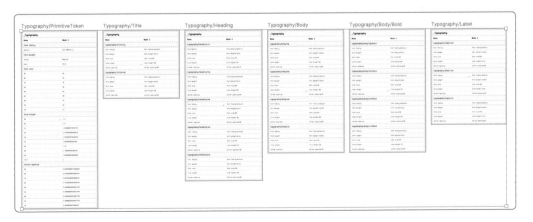

만들어진 목록의 앞쪽에는 컬렉션과 모드 이름이 삽입됩니다. 이 두 줄은 불필요하므로 삭제합니다.

피그마의 Number 변수는 내부적으로 'Float 타입'으로 저장되기 때문에 줄 간격 설정 수치에 오차가 발생합니다. 올바른 값으로 수정합니다.

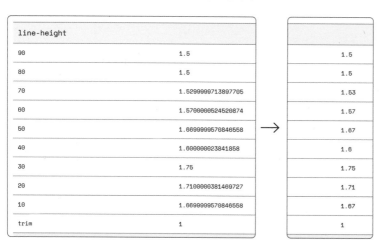

Memo

Float 타입은 프로그래밍에서 사용하는 데이터 타입의 하나입니다.

Memo

마찬가지로 문자 간격 수치에도 오차가 발생합니다. 위부터 순서대로 0.015, 0.02, 0.02, 0.02, 0.025, 0.025, 0.03, 0.03, 0.04로 수정합니다.

Shortcut

섹션 도구

Mac	shift	S
Windows	shift	S

텍스트 샘플과 변수 리스트를 섹션으로 감싸고 [Typography]라는 이름을 붙이면 문서가 완성됩니다(⑥).

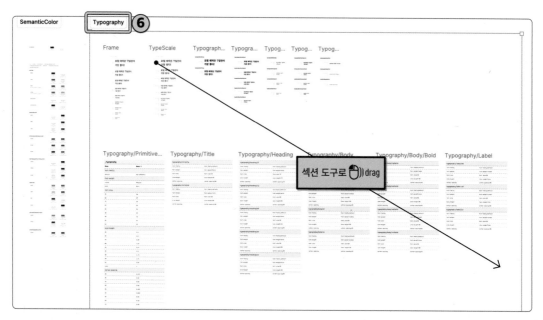

● 텍스트 스타일 만들기

정의한 디자인 토큰을 사용해 텍스트 스타일을 등록합니다. 텍스트 스타일을 만들 때는 [typography/title/lg]의 텍스트 샘플을 선택하고, Typography 섹션의 ⊞을 클릭한 뒤, ⊞를 클릭합니다(❶). Name에 [typography/title/lg]를 입력하고 [Create style]를 실행합니다(❷).

Memo

향후 피그마 업데이트에 따라 텍스트 스타일 정의값에도 변수를 적용할 수 있게 되리라 생각합니다.

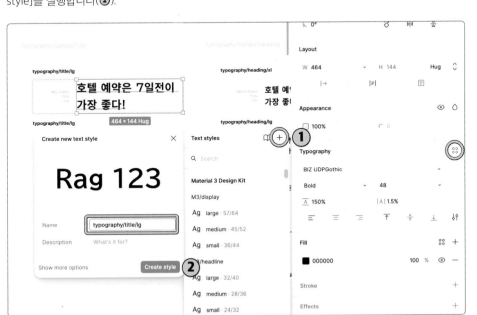

마찬가지로 모든 텍스트 샘플에 대해 텍스트 스타일을 만듭니다. 캔버스에서 아무것도 없는 위치를 클릭하면 만든 스타일 리스트가 오른쪽 패널에 표시됩니다(❸).

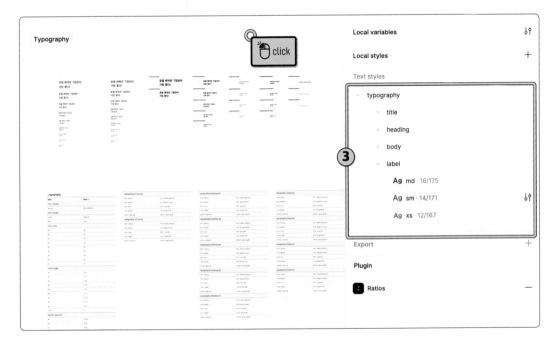

⬤ 텍스트 스타일 적용

만든 텍스트 스타일을 컴포넌트에 적용합니다. [Components] 페이지를 엽니다.

컴포넌트 텍스트

[Badge] 컴포넌트의 [Label]을 선택하고, Text 섹션의 🏭를 클릭한 뒤, [typography/label/xs]를 검색해서 선택합니다(❶). [ReviewScore] → [Score]에는 [typography/body/sm]을 적용합니다(❷).

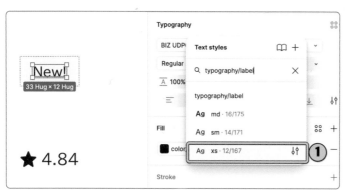
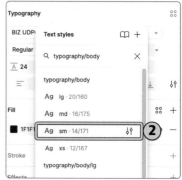

마찬가지로 [Card] 컴포넌트에는 다음 스타일을 적용합니다. [ReviewScore]는 중첩된 인스턴스이며, 이미 스타일이 적용되어 있으므로 작업이 필요하지 않습니다(❸).

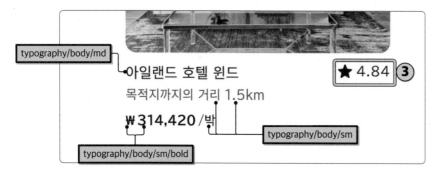

변형은 각각 독립되어 있으므로 모든 변형의 텍스트에 스타일을 적용해야 합니다. 모든 변형에 대해 같은 객체를 전개할 때는 🏭을 클릭합니다.

텍스트 스타일과 수정한 컴포넌트를 다른 파일에서 사용할 수 있게 합니다. [As-sets] 탭의 🛍 에서 라이브러리를 공개합니다.

화면 디자인 텍스트

"Web Design"을 열고 라이브러리를 업데이트합니다. [Card]의 텍스트를 선택하고 스타일이 적용되어 있는지 확인합니다.

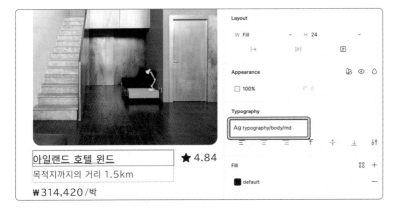

[Card] 이외의 요소는 컴포넌트화 되어 있지 않으므로 각각 작업합니다. [Header] 텍스트에는 다음 그림과 같이 스타일을 적용합니다.

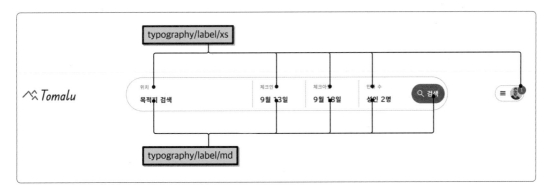

검색 기능을 사용해 [CategoryFilter]에 스타일을 일괄 적용합니다. [Label]이라는
문자열로 레이어를 검색합니다(①). 목적 대상이 아닌 레이어도 검색되지만 텍스트
내용에서 선택해야 할 레이어를 판단할 수 있습니다. '비치 프론트'~'하이킹'레이어
를 선택합니다(②).

선택했다면 [typography/label/xs] 스타일을 적용합니다(③).

[Home] 화면 맨 아래 [Footer]에도 스타일을 적용합니다. 왼쪽 텍스트에는 [Ty-
pography/body/sm/bold](④), 오른쪽 버튼 라벨에는 [typography/label/sm]을
적용합니다(⑤).

작례 파일의 문제점

이것으로 작례 파일의 '폰트에 일관성이 없다'
는 문제를 해결했습니다.

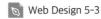

Sample File

Design System 5-3

Web Design 5-3

타이포그래피 디자인 토큰

03

Chapter 6

디자인 시스템 확충

색상과 타이포그래피 외에도 고려할 요소는 다양합니다. 처음부터 모든 것을 설계할 필요는 없습니다. 제품 개발에 맞춰 점진적으로 확충합시다.

디자인 시스템 확충

01 아이코노그래피

● 아이콘의 역할

UI 디자인의 문맥에서 '아이코노그래피iconography'는 아이콘의 스타일을 정하고 만드는
것을 의미합니다. 아이콘은 작은 공간에서 빠르게 정보를 전달함과 동시에 제품의
아이덴티티를 형성하는 역할을 합니다. 브랜드의 톤 & 매너와 일치하며 전체를 통해
일관성 있는 디자인이 필요합니다. 유명한 애플리케이션의 '홈' 아이콘만 봐도 다양
한 스타일이 있음을 알 수 있습니다.

Memo

아이코노그래피는 '이코노그래피'
라고도 부릅니다.

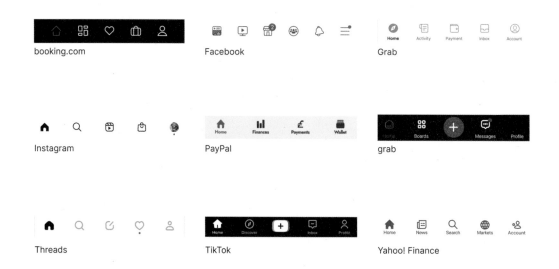

● 아이콘 만들기

일관성 있는 아이콘을 만들려면 큰 틀이 되는 규칙이 필요합니다.
예를 들면 24px의 아이콘을 만드는 경우 아이콘을 화면에 그리는
영역을 20px로 정하고, 그리드를 따라 도형을 그립니다(시각 조정
을 위해 20px 영역에서 벗어나기도 합니다).

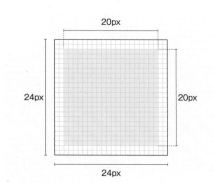

브랜드의 톤 & 매너와 조화를 이루는 '핵심 선key-line'을 가이드로 배치합니다. 아이콘 같은 단순한 도형은 원형, 정사각형, 세로로 긴 사각형, 가로로 긴 사각형을 조합해 구성하는 경우가 많으며 이들이 아이콘을 특징 짓는 주요한 선이 됩니다. 다음 그림의 예에서는 오른쪽의 핵심 선이 부드럽고 세련된 인상을 줍니다.

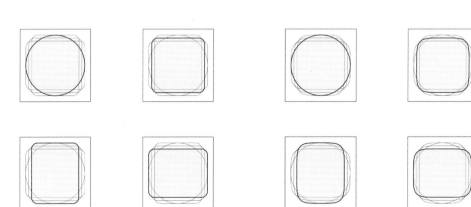

화면에 그리는 영역, 그리드, 핵심 선 이외에 몇 가지 가이드라인을 추가한 것을 아이콘 템플릿icon template이라 부릅니다. 아이콘 아이디어가 부족해지면 오른쪽 그림과 같은 템플릿을 따라 만들기 시작합니다.

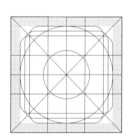

● 선과 칠하기

선으로 표현한 아이콘(❶)과 칠해서 표현한 아이콘(❷)은 전혀 다른 느낌을 줍니다. 같은 제품에는 이들을 뒤섞지 않는 것이 기본입니다. 하지만 '보통 때는 선 아이콘, 선택했을 때는 칠한 아이콘을 사용한다' 같은 명확한 의도가 있다면 문제없습니다. 그 밖에도 선의 끝, 선의 굵기, 모서리의 반지름 등에 일관성이 있어야 합니다(❸).

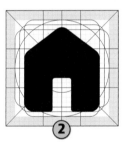

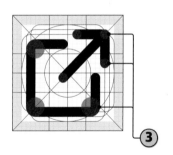

● 아이콘 라이브러리

필요한 아이콘이 많거나 제작 리소스가 부족할 때는 아이콘 라이브러리를 사용하는 것도 좋습니다. 높은 품질의 아이콘을 곧바로 사용할 수 있으며 구현과의 연동까지 고려되어 있는 라이브러리도 있습니다. 이 책에서는 Google이 제공하는 'Material Symbols' 플러그인을 사용합니다. "Design System"의 [Components] 페이지에서 리소스 패널을 열고 [Plugins & widgets] 탭에서 실행합니다.

Material Symbols

🔗 https://www.figma.com/community/plugin/1088610476491668236/

아이콘 스타일은 [Rounded](①), [weight]는 [300](②), [Optical size]는 [40dp]로 설정합니다(③). 'beach'로 검색하면 표시되는 아이콘을 클릭하고 캔버스에 아이콘을 삽입합니다(④). 같은 설정 상태로 'fire'를 검색해 불꽃 아이콘도 삽입합니다(⑤).

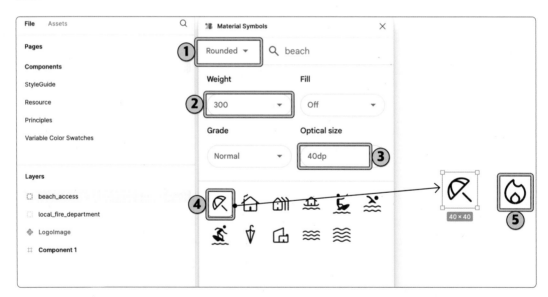

스타일 조정

[Weight]는 선의 굵기, [Fill]은 선/칠하기의 전환입니다. 다크 모드에서 선이 굵게 보일 때는 [Grade]를 사용해 세세하게 조정합니다. 또한 아이콘을 단순히 확대 축소했을 때는 선의 굵기가 조정되지 않으므로 느낌이 달라집니다. 같은 느낌을 유지하려면 [Optical size]를 아이콘 크기에 가깝게 조정합니다.

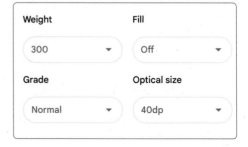

● 컴포넌트화

플러그인을 사용해 삽입한 2개의 아이콘을 컴포넌트로
만듭니다. 2개의 아이콘을 모두 선택하고 ⊞ 옆에 있는
▾ 을 클릭한 뒤 [Create multiple components]을 실
행합니다.

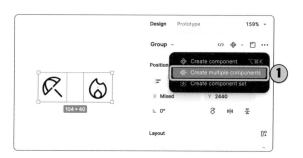

아이콘 플러그인을 사용하는 경우 컴포넌트 이름이 고
민됩니다. Material Symbol에서는 비치 파라솔 아이콘
의 이름이 'beach_access'로 정의되어 있지만, 작례에
서는 '비치 프론트' 카테고리에 사용합니다. 'local_fire_department'라 정의되어 있
는 불꽃 아이콘은 '인기 상승 중' 카테고리에 사용합니다. 그렇기 때문에 아이콘 라
이브러리에 정의된 이름을 사용할 것인지, 디자인 컨텍스트를 우선해 고유한 이름을
붙일 것인지 결정해야 합니다. 이 책에서는 후자의 방법을 선택해 컴포넌트 이름을
[Icon/BeachFront], [Icon/Trending]으로 변경했습니다.

● 색상 유지

중첩된 아이콘을 대체했을 때 색상을 유지하려면 약간의 조작이 필요합니다.

인스턴스를 중첩한다

[CategoryButton]을 예로 들어 설명합니다. "Web Design"에서 'Home' 화면의
[CategoryButton]을 하나 선택합니다.

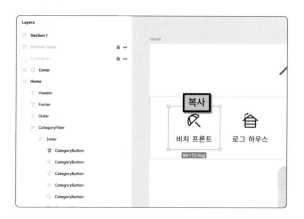

"Design System"의 [Components] 페이지에 붙여넣습니다. 파일 사이를 이동해도 색상 변수나 텍스트 스타일은 그대로 적용되는 것을 확인합니다.

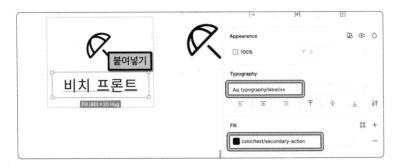

[Icon/BeachFront] 컴포넌트를 복사하고(❶) [CategoryButton] → [Icon]을 선택한 뒤, 마우스 우클릭 한 뒤 [Paste to replace]을 실행합니다(❷). 인스턴스를 배치했다면 아이콘 크기를 [32]로 되돌립니다(❸).

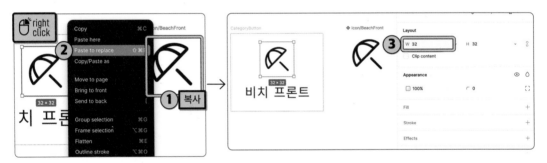

배치한 아이콘에는 색상 변수가 적용되지 않습니다. [Icon/BeachFront] 인스턴스를 선택하고, Selection colors 섹션에서 [color/text/secondary-action]을 적용합니다(❹). 적용했다면 [CategoryButton]을 컴포넌트화 합니다.

인스턴스를 교체한다

중첩된 인스턴스를 교체합시다. [CategoryButton] 컴포넌트를 복제해 인스턴스
를 만들고, 안의 아이콘을 클릭합니다(❶). 인스턴스 교체 패널을 표시하고 [Icon/
Trending]을 선택합니다(❷).

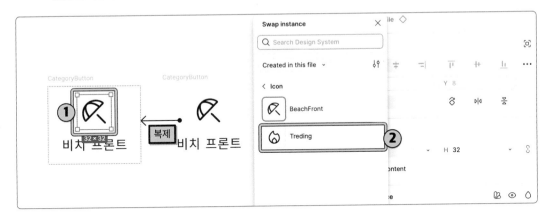

불꽃 아이콘으로 교체했지만 앞에서 적용한 컬러 변수인 [color/text/second-
ary-action]이 무효가 되어 [#1C1B1F]로 변경됩니다(❸). 이는 아이콘을 교체할 때
마다 변수를 적용해야 하기 때문에 비효율적입니다.

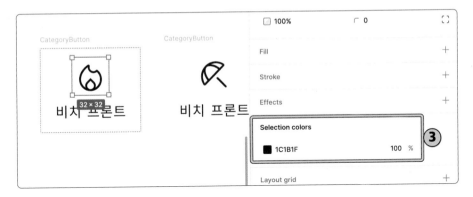

이 문제를 해결하려면 레이어 이름을 일치시켜야 합니다. 아이콘 컴포넌트의 레이어
를 열고, [beach_access]와 [local_fire_department] 레이어의 이름을 [Vector]로
변경합니다.

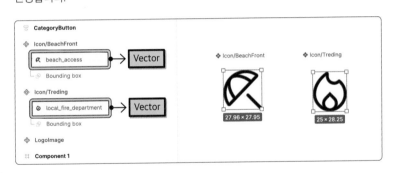

Memo

색상을 유지할 레이어의 이름만
같다면 [Vector]가 아닌 이름을
사용해도 됩니다.

레이어 이름이 일치하면 인스턴스를 교체했을 때 색상 설정이 유지됩니다. 확인을
위해 [CategoryButton] 인스턴스를 선택하고 🔷를 실행합니다(❶).

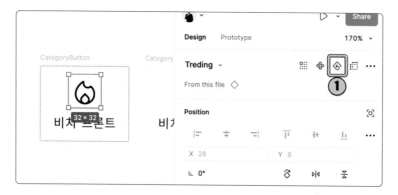

아이콘은 [Icon/BeachFront], 색상은 [color/text/secondary-action]으로 되돌립
니다. 다시 아이콘을 [Icon/Trending]으로 교체합니다(❷).

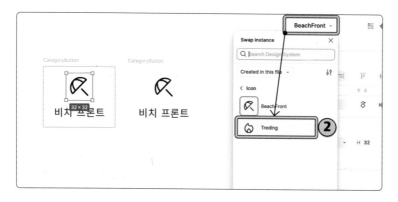

아이콘이 교체되어도 이번에는 설정한 색상 변수가 유지됩니다(❸). 이런 디테일을
배려함으로써 반복 작업을 없앨 수 있고, 동시에 작업 누락을 피할 수 있습니다.

동작을 확인했다면 [CategoryButton] 인스턴스는 이제 불필요하므로 삭제합니다
(컴포넌트는 남겨 둡니다).

⬤ 기타 아이콘

"Design System"의 [Resource] 페이지에 작례에서 사용한 모든 아이콘을 모아두었습니다(①). 이 아이콘들은 모두 Material Symbols에서 삽입한 것입니다. 내부를 칠한 아이콘은 [Icon/{name}]이 아닌 [IconFilled/{name}]이라는 이름 규칙을 따릅니다(②).

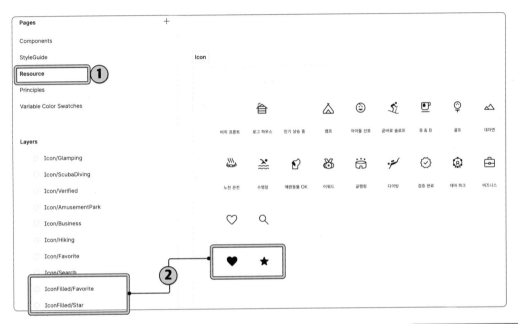

이 아이콘들을 사용해 [Components] 페이지에 컴포넌트를 만듭니다. 인스턴스 교체 시 색상 설정이 유지되도록 도형 레이어의 이름은 모두 [Vector]로 변경합니다(③).

Memo

레이어 이름을 일괄 변경하는 방법은 p.111~p.112를 참조합니다.

6

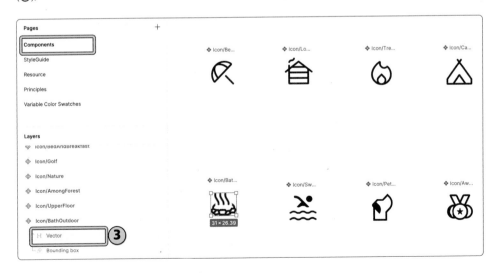

작업을 마쳤다면 모든 아이콘의 컴포넌트를 섹션으로 감싼 뒤 [Icon]이라는 이름을 붙입니다.

⊙ 아이콘 이름

이 책에서는 아이콘에 고유한 이름을 붙였기 때문에 Material Symbols에서 정의된 이름을 알 수 없습니다. 디자인 상의 오류는 없지만 구현 시 문제가 될 수 있습니다.

예를 들면 HTML에서 Material Symbols 아이콘 폰트를 표시할 때 다음과 같이 기술합니다. 여기에 지정하는 것은 원래 아이콘의 이름인 [beach_access]이며 [Icon/BeachFront]가 아닙니다. 엔지니어는 원래 아이콘의 이름을 알 수 없으므로 현재 상태에서는 무엇을 지정해야 좋을지 판단할 수 없습니다.

```html
<span class="material-symbols-rounded">
   beach_access
</span>
```

컴포넌트 설명에 원래 아이콘에 이름을 기재해 구현 시 참조하도록 하는 등, 원만한 개발을 진행할 수 있도록 해야 합니다.

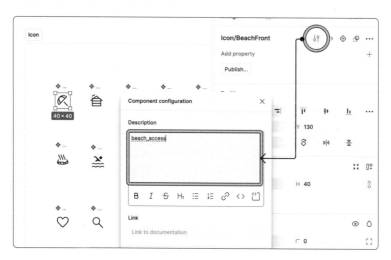

Material Symbols 아이콘을 세세하게 조정하고 싶거나 새로운 아이콘을 추가하고 싶을 때, 피그마에서 SVG 등에 써넣어 구현에 삽입하거나 고유한 아이콘 폰트를 만듭니다. 이 방법을 사용하면 [beach_access] 같은 원래 아이콘의 이름을 기억할 필요가 없습니다. 실제로 고품질의 아이콘 라이브러리라 하더라도 '아이콘의 특정한 부분을 조정하고 싶은' 상황이 종종 있습니다. 작례에서도 [IconFilled/Star]가 중앙에 오도록 위치를 조금 조정했습니다.

 Design System 6-1

디자인 시스템 확충

엘리베이션

'엘리베이션elevation'은 UI 디자인에서 계층을 표현하는 방법입니다. 요소의 중요성이나 관계성을 전달하고, 동시에 사용자 조작을 돕는 것이 목적입니다. 헤더의 날짜를 클릭하면 캘린더가 표시된다고 가정한 아래 그림의 디자인에서는 드롭 섀도를 적용해 캘린더가 다른 요소보다 '위' 계층에 있는 것처럼 나타냈습니다.

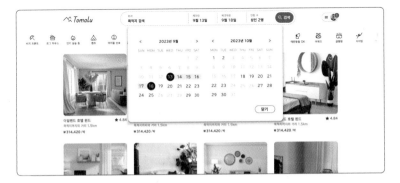

드롭 섀도가 아닌 다른 방법을 사용한 표현도 생각할 수 있습니다. '스크림'이라 불리는 배경을 일시적으로 표시해, 집중해야 할 UI에 초점을 두는 방법 등이 있습니다.

그리고 색상의 농도를 사용해 표현하는 방법도 있습니다(헤더 부분).

● 엘리베이션 계층

드롭 섀도에서는 그림자를 떨어뜨리는 방식을 사용해 높이를 가상적으로 표현합니
다. 높은 위치에 있는 객체일수록 그림자가 크게 확산되고, 낮은 위치에 있는 객체일
수록 그림자는 확산되지 않아 모서리가 확실하게 표시됩니다.

몇 단계의 엘리베이션을 제공할지는 제품에 따라 다르지만, 이 책에서는 다음과 같
이 정리했습니다. 색상이나 타이포그래피와 마찬가지로 엘리베이션에도 번호를 붙
입니다. [1]은 배경에서 떠있지 않으므로 그림자를 떨어뜨리지 않습니다. 이후 [4],
[8], [12], [24]로 숫자가 커질수록 객체의 위치가 높아지고 그림자를 떨어뜨리는 방
법도 바뀝니다.

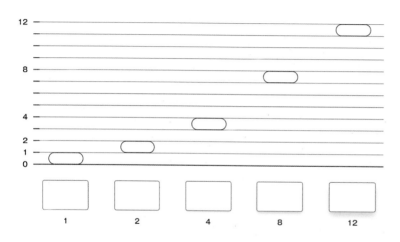

● 스타일 샘플 만들기

엘리베이션의 샘플이 되는 컴포넌트를 만듭니다. "Design System"의 [StyleGuide]
페이지에 'W:200', 'H:120', 모서리의 반지름이 [8]인 직사각형을 만듭니다. 페인트
에는 [color/background/default]를 적용합니다.

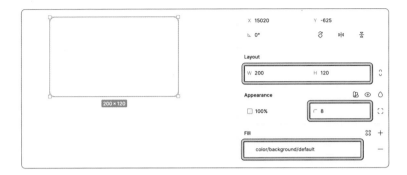

드롭 섀도 이펙트를 적용하고 다음 그림과 같이 설정합니다.

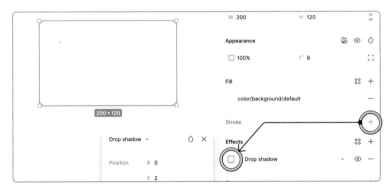

텍스트를 추가하고 [elevation/2]를 기재합니다. 스타일에 [typography/body/lg],
페인트에 [color/text/default]를 적용합니다.

추가한 텍스트와 직사각형을 선택하고 자동 레이아웃을 적용합니다. 만들어진 프레
임의 이름을 [_ElevationSwatch]로 설정하고 컴포넌트화 합니다.

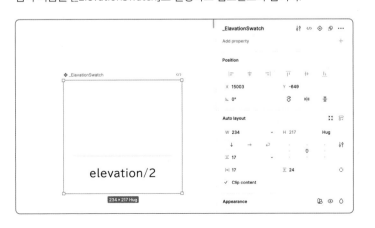

1

2

3

4

5

6

7

8

> **Memo**
>
> 내부용 컴포넌트는 라이브러리로
> 공개되지 않도록 이름 앞에 '_'(언
> 더스코어)를 붙입니다.

◉ 스타일 만들기

컴포넌트를 복제하고 인스턴스를 4개 만듭니다. 텍스트 내용에 [elevation/2]~[elevation/12]를 입력합니다.

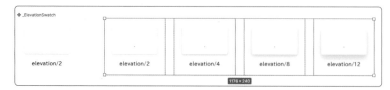

직사각형 [elevation/4]~[elevation/12]의 드롭 섀도를 다음과 같이 설정합니다 ([elevation/2]는 변경하지 않습니다).

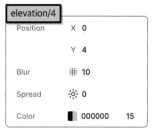
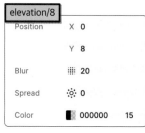
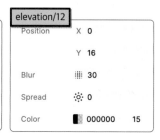

직사각형 [elevation/2]를 선택하고(❶) 이펙트 섹션의 🎛를 클릭한 뒤 스타일을 만듭니다(❷). 이름은 [light/elevation/2]로 합니다. 같은 이름 규칙으로 다른 스타일도 만듭니다.

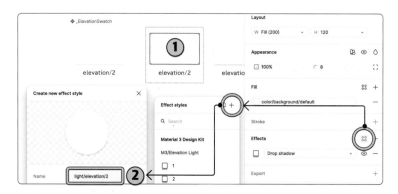

모든 인스턴스를 선택하고 자동 레이아웃을 적용합니다. 간격과 패딩은 '40', 페인트에 [color/background/default]를 적용하고, 레이어 이름은 [ElevationSwatches]로 합니다.

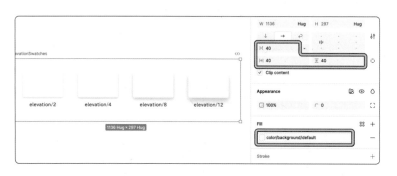

Shortcut

자동 레이아웃 추가

Mac	shift A
Windows	shift A

02

엘리베이션

다크 모드

[ElevationSwatches] 프레임을 복제하고(①), 복제한 프레임의 모드를 [dark]로 변경합니다(②). 다크 모드에서는 그림자가 배경에 묻히기 때문에 엘리베이션을 표현할 수 없습니다.

Memo

드롭 섀도 설정 값에도 변수를 적용할 수 있지만 그림자 색상과 불투명도에 대응하고 있지 않으므로, 이 책에서는 스타일을 사용합니다(2024년 2월 기준).

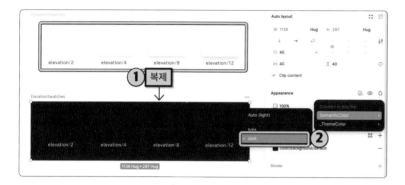

다크 모드의 직사각형을 선택하고 Effects 섹션에서 🔄를 클릭해 이펙트 스타일을 해제합니다. 드롭 섀도 설정을 다음과 같이 변경합니다.

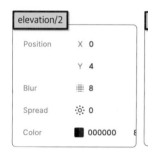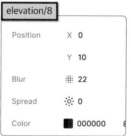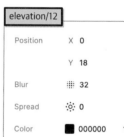

설정을 마쳤다면 다크 모드의 드롭 섀도를 [dark/elevation/2]~[dark/elevation/12]로 스타일에 등록합니다.

컴포넌트와 2개의 [ElevationSwatches]를 섹션을 감싼 뒤 이름을 [Elevation]으로 합니다. UI 요소에 드롭 섀도가 필요할 때는 설정된 엘리베이션을 선택해 여기에 적용합니다.

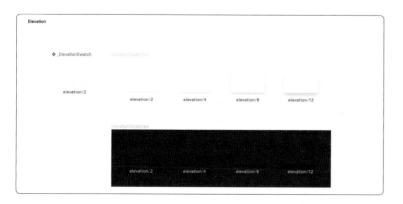

Sample File

Design System 6-2

디자인 시스템 확충

03 기타 스타일

모서리 반지름

직사각형의 모서리를 둥글게 만드는 '모서리 반지름'은 UI 디자인에서 자주 사용하는 속성입니다. 디자인 토큰으로 변수를 만들고 규칙화 합시다.

"Design System" Variables 패널을 열고 [Token] 컬렉션을 확인합니다(①). [Card] 컴포넌트의 [Thumbnail]에 적용한 [border-radius/lg]가 이미 등록되어 있습니다 (②). 같은 그룹에 [infinity], [xl], [md], [sm], [xs], [none]을 Number 변수로 추가 합니다.

Memo

[infinity]는 무한대라는 의미지만 피그마에서는 무한대를 다룰 수 없으므로 선언적으로 값을 '999' 로 설정합니다.

[_ElevationSwatch]와 같은 구성으로 샘플 객체를 만듭니다. 이름은 [_BorderRa-
diusSwatch]로 컴포넌트화 합니다. 직사각형 모서리의 반지름은 [border-radius/
md](③), Fill은 [color/background/subtler]를 적용합니다(④).

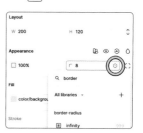

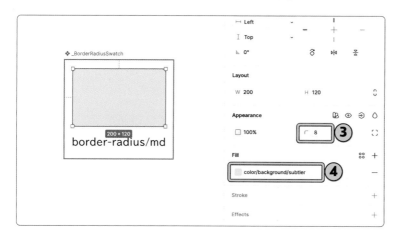

컴포넌트를 만들었다면 인스턴스를 7개 만듭니다. 왼쪽 위부터 텍스트의 내용에
[border-radius/infinity]~[border-radius/none]을 입력하고, 각각 모서리의 반지
름에 대응하는 변수를 설정합니다(⑤). 마지막으로 섹션으로 감싸고 [BorderRadi-
us]라는 이름을 붙입니다(⑥).

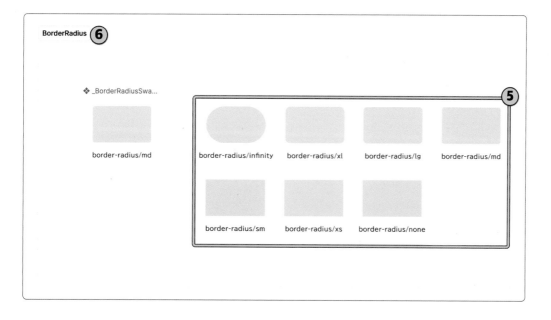

211

⬤ 간격

일관성 있는 레이아웃을 만들려면 요소 사이의 거리를 정한 '간격'spacing이라는 디자인 토큰이 필요합니다. 사전에 선택지를 한정하면 8px와 10px 중 어떤 것을 선택할지 고민할 필요가 없어집니다. [Token] 컬렉션을 열고 다음 그림과 같이 Number 변수를 만듭니다. [spacing/xxl]~[spacing/none]까지 작성합니다.

Token ⌄ ⋯	⬚	
All variables 16	**Name**	**Value**
border-radius	**spacing**	
spacing		
	⬚ xxl	64
	⬚ xl	32
	⬚ lg	24
	⬚ md	16
	⬚ sm	12
	⬚ xs	8
	⬚ xxs	4
	⬚ xxxs	2
	⬚ none	0

간격의 샘플을 [_SpacingSwatch] 컴포넌트로 만듭니다(➊). 2개의 직사각형을 배치해 자동 레이아웃을 적용하고 요소의 간격에 변수를 적용합니다. 컴포넌트를 만들었다면 [xxl]~[none]에 대응하는 인스턴스를 만든 후(➋) 섹션으로 모아둡시다.

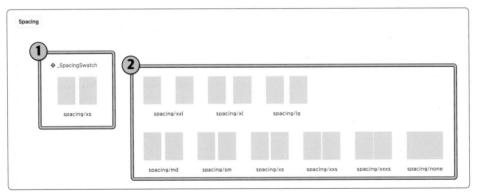

적용 시 원하는 변수를 찾을 수 없을 때는 설정 패널에서 적용 범위를 확인합니다. 자동 레이아웃 후보에 표시하려면 'Gap(Auto layout)' 항목에 체크해야 합니다.

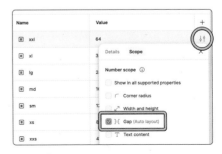

● 선 굵기

'border-width'(선 굵기) 디자인 토큰은 [border-width/lg]~[border-width/none]으로 만듭니다. 선 굵기에 변수를 적용할 때는 듣를 마우스 우클릭 한 뒤 [Apply variable…]을 선택합니다. 샘플 컴포넌트를 [_BorderWidthSwatch]로 만들고, 인스턴스 4개는 섹션으로 모읍니다(섹션 이름은 [BorderWidth]로 합니다).

Name	Value
# lg	2
# md	1
# sm	0.5
# none	0

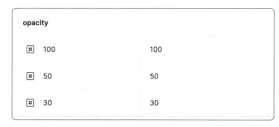

● 레이어 불투명도

버튼이 비활성화 된 상태는 '레이어 불투명도'를 낮춰서 표현합니다. [opacity/100]~[opacity/30]이라는 Number 변수를 만든 뒤, 다른 것과 마찬가지로 샘플을 만듭니다. 불투명도에 변수를 적용할 때는 값을 마우스 우클릭 한 뒤 [Apply variable…]을 선택합니다.

opacity	
# 100	100
# 50	50
# 30	30

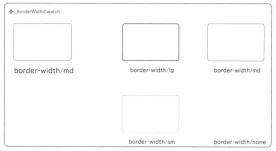

샘플 컴포넌트 [_OpacitySwatch]는 프레임 안에 배치한 타원 객체에 불투명도 변수를 적용합니다(❶). 프레임의 페인트에 '이미지'를 적용하고 배치 방법을 '타일'로 변경하면, 배경 색상으로 체크 모양을 표시할 수 있습니다(❷). 섹션 이름은 [Opacity]로 합니다.

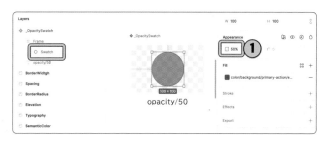

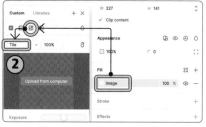

04

규칙 적용

만든 아이콘과 디자인 토큰을 UI에 조합합시다. "Design System"의 [Components]
페이지에서 작업합니다.

⬤ 아이콘

먼저 [ReviewScore] 아이콘을 교체합니다. 검색창에서 〔◉〕를 클릭한 뒤 [Compo-
nent]를 선택하고, [IconFilled]를 검색합니다. [IconFilled/Star]를 더블 클릭하면
검색한 컴포넌트로 이동합니다. 캔버스에 드래그해서 인스턴스를 만듭니다(①).

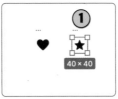

만든 인스턴스의 크기를 'W:24', 'H:24'로 변경하고 오려냅니다. [ReviewScore] 컴
포넌트의 Icon/Star 프레임을 선택하고 마우스 우클릭 한 뒤 [Paste to replace]를
실행합니다(②).

Shortcut

오려내기

Mac	⌘	X
Windows	ctrl	X

치환한 [IconFilled/Star]를 선택한 상태에서 Selection colors 섹션에서 [color/
text/default]를 적용합니다(③).

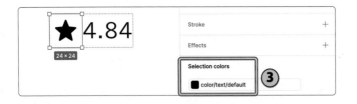

◉ 모서리 반지름

[Badge] 컴포넌트를 선택하고 모서리 반지름의 [⬡]을 클릭한 뒤, 변수 [border-radius/infinity]를 적용합니다.

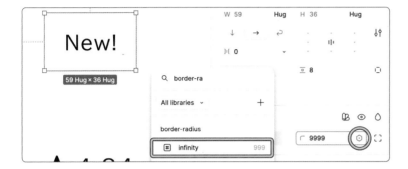

[CategoryButton] 컴포넌트의 모서리 반지름에는 [border-radius/sm]을 적용합니다.

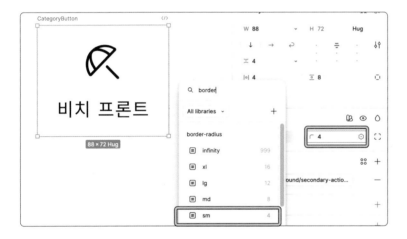

[Card] 컴포넌트의 [Thumbnail]에는 이미 변수가 적용되어 있을 것입니다. 적용되지 않았을 때는 [border-radius/lg]를 지정합니다.

변수 적용 범위

잘못된 변수를 사용하지 않도록 적용 범위는 가능한 한정합시다. 예를 들면 간격 변수에서 [Gap(Auto layout)] 이외의 항목 체크를 해제하면 모서리 반지름이나 선 굵기 등에 대해 표시하지 않게 됩니다.

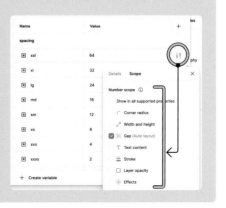

◉ 엘리베이션

[Card]에 마우스 커서를 올렸을 때는 [Thumbnail]에 드롭 섀도가 적용되어 있습니다(①). 이펙트 섹션의 ▦를 클릭하고 패널에서 [light/elevation/8]을 지정합니다(②).

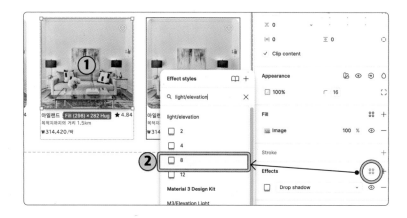

◉ 간격

자동 레이아웃이 사용된 모든 프레임에 변수를 적용합니다. [Badge] 컴포넌트를 선택하고 수평 방향 패딩에 [spacing/sm], 수직 방향 패딩에 [spacing/xs]를 적용합니다.

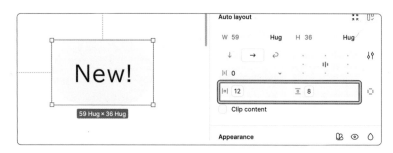

[CategoryButton] 컴포넌트에도 적용합니다. 자동 레이아웃의 간격에 [spacing/xxs], 패딩에는 [spacing/xxs]와 [spacing/xs]를 지정합니다.

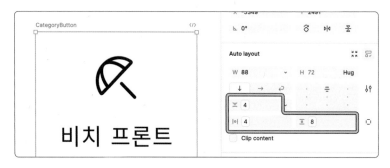

[Card]를 구성하는 프레임에도 자동 레이아웃이 사용되고 있습니다. 3개의 변형 모
두 패딩에 [spacing/xxs]를 적용합니다.

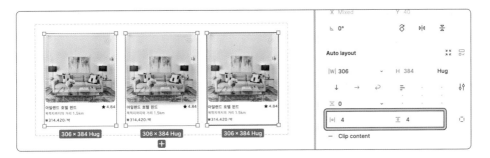

3개의 변형에서 [Body]를 선택하고 간격과 수직 방향 패딩에 [spacing/xs]를 적용
합니다.

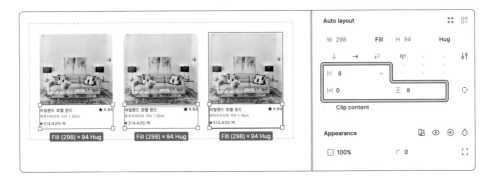

다음으로 3개의 변형에서 [Left]를 선택하고 자동 레이아웃 간격에 [spacing/xxs]
를 적용합니다.

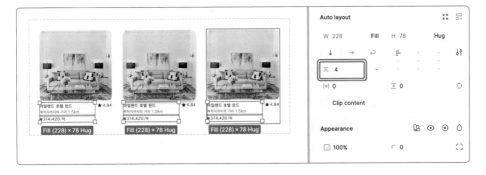

마찬가지로 [Information]와 [PricePerDay] 및 [Price]에는 [spacing/
xxs], [DistanceToLocation]에는 [spacing/xxs]를 자동 레이아웃 간
격에 적용합니다. 위 작업 모두 3개의 변수에 대해 수행하는 점에 주의
합니다.

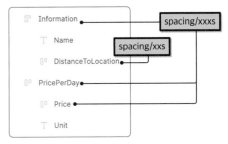

모든 작업을 마쳤다면 [Assets] 탭의 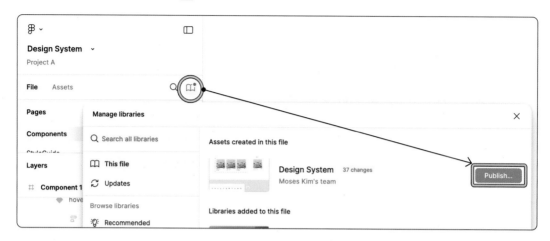에서 라이브러리 변경 내용을 공개합니다.

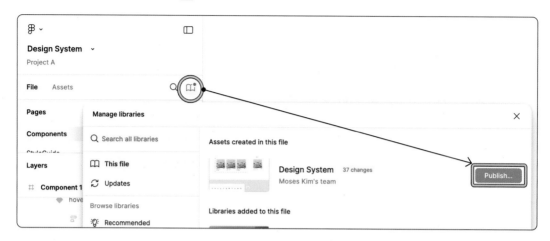

'3장'~'6장'에서는 UI디자인을 구성하는 다양한 요소를 세세하게 규칙화했습니다. 디자이너의 창의적인 작업이라고 할 수는 없지만, 제품의 일관성을 유지하면서 디자인 의사 결정을 효율화 하는 중요한 프로세스입니다. 이 방침을 디자이너와 엔지니어 사이에서 공유합시다.

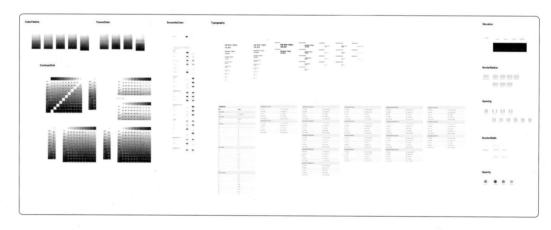

Sample File

Design System 6-4

Chapter 7

패턴 라이브러리

패턴 라이브러리 pattern library 는 재사용 할 수 있는 레이아웃과 UI 요소를 모은
것입니다. "Design System" 파일에는 이미 컴포넌트가 있지만 보다 넓은
영역에서의 '패턴'을 만듭니다.

01

레이아웃 규칙

색상이나 타이포그래피 등에 사용되는 디자인 토큰은 디자인의 최소 구성 단위로 제품을 내부에서 지탱합니다. 한편, 화면 레이아웃 관련 규칙은 UI 디자인의 바깥쪽을 고정하기 위한 '틀'의 기능을 합니다.

● 브레이크포인트

한 종류의 레이아웃만으로는 다른 화면 크기에 대응할 수 없으며, 같은 제품이라도 여러 레이아웃이 필요합니다. 한 레이아웃에서 다른 레이아웃으로 전환하는 경계선을 '브레이크포인트breakpoint'라 부릅니다. 브레이크포인트는 화면 크기의 가로폭을 기준으로 합니다.

반응형 웹사이트responsive website를 빠르게 구축할 수 있는 프레임워크인 'Bootstrap'에서는 브레이크포인트를 다음과 같이 지정하고 있습니다. 그러나 모든 브레이크포인트에 대응할 필요는 없습니다. '가로 폭 576px 이상인 경우의 레이아웃'을 정의하면 해당 레이아웃은 가로 폭 1400px에서도 유효한 것으로 간주됩니다.

브레이크포인트	xs	sm	md	lg	xl	xxl
가로 폭	< 576px	≧576px	≧768px	≧992px	≧1200px	≧1400px

Bootstrap 브레이크포인트
🔗 https://getbootstrap.jp/docs/5.3/layout/breakpoints/

브레이크포인트 가이드라인을 만들어 레이아웃 전환을 시각화합시다. 이 책에서는 Bootstrap의 브레이크포인트를 채용합니다.

Memo

브레이크포인트에 맞춰 자동으로 레이아웃을 교체해 주는 플러그인도 있습니다.

"Design System"의 [Components] 페이지를 열고 [W:576], [H:80]인 직사각형을 만듭니다(①). 이 직사각형이 가장 작은 브레이크포인트([xs])의 범위를 나타냅니다. 계속해서 직사각형을 아래쪽으로 5개 복제합니다(②).

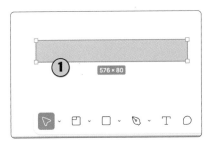
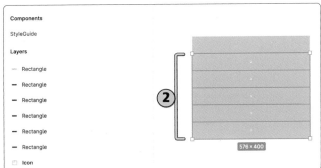

6개의 직사각형을 선택하고 마우스 우클릭 한 뒤 [Frame selection]을 실행합니다. 만들어진 프레임의 이름을 [Breakpoints]로 하고(③) [W:1600]으로 변경합니다 (④).

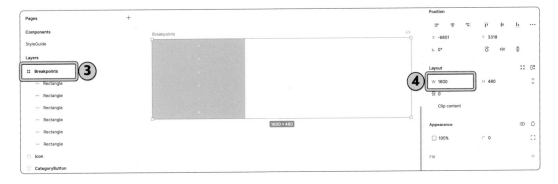

2번째 이하의 직사각형의 X 좌표를 브레이크포인트에 맞춰 변경합니다. 2번째 는 [X:576], 3번째는 [X:768], 4번째는 [X:992], 5번째는 [X:1200], 6번째는 [X:1400]입니다(⑤).

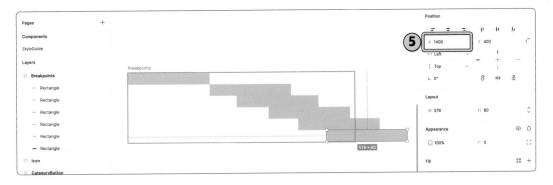

2~5번째 직사각형의 오른쪽 끝을 드래그해서 한 단계 아래의 직사각형에 정확하게 맞춥니다. 6번째 직사각형은 [Breakpoints] 프레임 오른쪽 끝에 맞춥니다.

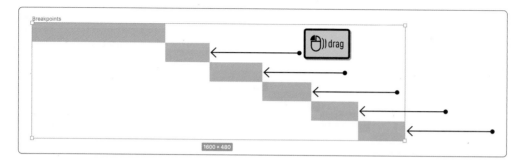

1번째 직사각형을 마우스 우클릭 한 뒤 [Frame selection]을 실행합니다. 만들어진 프레임의 이름을 [Range]로 하고(⑥), 오른쪽 끝을 드래그해 [Breakpoints]에 맞춥니다.

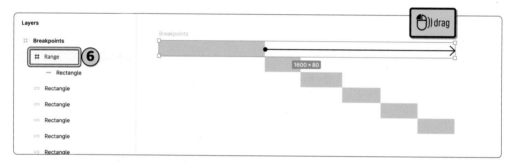

2번째 직사각형도 [Range] 프레임에 넣고 양쪽 끝을 [Breakpoints]에 맞춥니다. 안의 직사각형 위치를 유지하기 위해 Mac에서는 ⌘, Windows에서는 ctrl 을 누른 상태에서 [Range]를 드래그합니다.

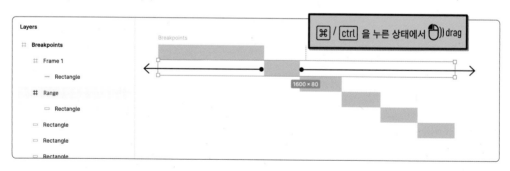

Memo

⌘ / ctrl 을 누르지 않은 상태에서 드래그하면 프레임 안의 직사각형이 왼쪽으로 이동합니다. 직사각형의 제약이 'Left'로 되어 있어, 부모 요소의 크기 변경을 따르기 때문입니다.

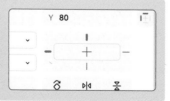

3~6번째 직사각형도 같은 방식으로 조작합니다. 직사각형을 [Range] 프레임에 넣고 양쪽 끝을 [Breakpoints]에 맞춥니다. 완료 후 [Breakpoints]를 선택한 뒤 자동 레이아웃을 적용합니다(⑦).

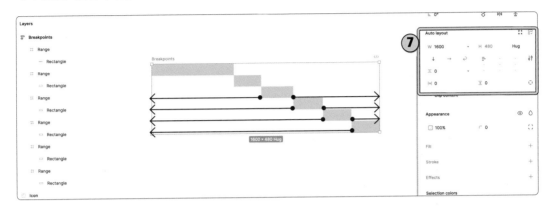

크기 변경도 고려해 둡니다. 모든 [Range]를 선택하고 [W]를 [Fill container]로 변경합니다(⑧). 6번째 직사각형만 제약을 [Left + Right]로 변경합니다([Range] 프레임이 아닌 안의 직사각형에 대해 설정합니다)(⑨).

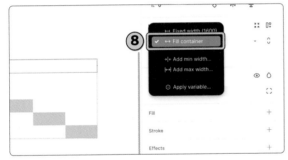
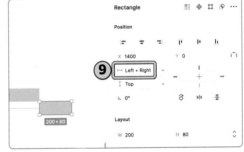

직사각형은 각 브레이크포인트의 적용 범위를 나타내며 [Breakpoints]의 가로폭을 변경하면 6번째 직사각형만 오른쪽으로 늘어납니다. 이것은 1400px보다 큰 브레이크포인트가 존재하지 않으며, 가로 폭이 그보다 큰 레이아웃에는 변화가 없음을 의미합니다.

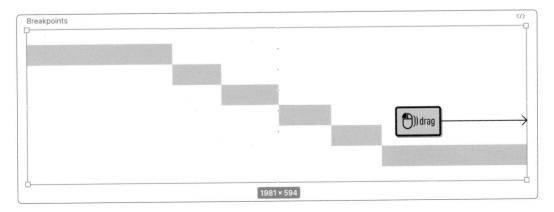

가이드라인의 의도를 알 수 있도록 보충 정보를 배치합시다. 아래 그림에서는 [Description] 프레임을 만들고, 그 안에 텍스트나 점선을 넣었습니다. 다크 모드에서 색상이 전환되도록 텍스트에는 [color/text/default], 점선에는 [color/border/bold] 변수를 적용했습니다.

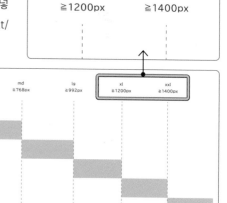

[Description]에서는 [Ignore auto layout] ⊡을 클릭해 자동 레이아웃을 비활성화 합니다. 그리고 제약을 사용해 부모 요소의 크기 변경을 따르게 합니다.

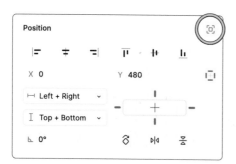

프레임에서 튀어 나가 잘려진 텍스트가 표시되지 않는다면 [Breakpoints]를 선택하고 [Clip contents] 항목의 체크를 해제합니다.

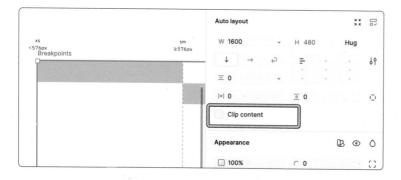

마지막으로 [Breakpoints]를 컴포넌트화 합니다. 이 가이드라인은 제품에 내장된 UI 요소는 아니지만 다른 파일에서도 사용할 것이므로 이름에 '_'(언더스코어)는 붙이지 않습니다.

01

레이아웃 규칙

⬤ 칼럼

브레이크포인트와 동시에 '칼럼column'을 정의해야 합니다. 칼럼은 콘텐츠 영역을 세로로 나누는 '열'을 의미하며, 정연한 레이아웃을 만들기 위한 가이드 기능을 담당합니다. UI 요소를 칼럼에 맞춰 배치함으로써 제품에 질서와 일관성을 줄 수 있습니다.

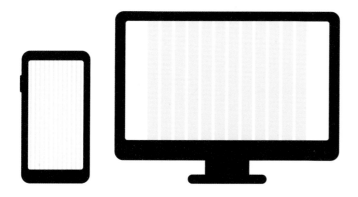

칼럼 수는 자유롭게 결정할 수 있지만 일반적으로 데스크톱 화면 크기에는 12칼럼을 사용합니다. '12'라는 숫자는 조합이 용이하고 콘텐츠 영역을 유연하게 분할할 수 있어 이 책에서도 채용합니다.

[Home] 화면의 레이아웃은 12칼럼으로 구성되어 있으며 [Card]에 의해 4분할 됩니다. 단, [Category-Filter]는 가로 폭 100%로 표시되는 등 칼럼과 관계 없는 레이아웃을 사용하는 요소도 있습니다.

칼럼 양쪽 끝 공간을 공간을 '마진margin', 칼럼 사이의 공간을 '거터gutter'라 부릅니다. 마진, 칼럼, 거터의 폭을 조정해 레이아웃을 설계합니다(왼쪽). 구현에서는 칼럼 좌우에 패딩이 추가되고, 인접한 칼럼의 패딩이 더해져 거터의 폭이 됩니다(오른쪽).

작은 화면 크기에 대응할 때는 칼럼 수를 줄이거나 12칼럼을 유지하는 방법이 있습니다. 이 책에서는 후자를 선택합니다. 모든 화면 크기에서 '6칼럼은 콘텐츠 영역의 1/2', '3칼럼은 콘텐츠 영역의 1/4'을 의미하는 편이 이해하기 쉽기 때문입니다.

콘텐츠 영역, 칼럼, 마진은 각 브레이크포인트에서 다음과 같이 달라집니다. 이 값들은 Bootstrap을 참고한 것이며 디자인에 맞춰 변경할 수도 있습니다.

브레이크포인트	콘텐츠 영역	칼럼	마진	거터
xxl (≧1400px)	1320px	86px	12px	24px
xl (≧1200px)	1140px	71px	12px	24px
lg (≧992px)	960px	56px	12px	24px
md (≧768px)	720px	36px	12px	24px
sm (≧576px)	540px	21px	12px	24px
xs (<576px)	100%	자동	16px	24px

콘텐츠 영역이 1320px일 때, 칼럼 폭은 다음 그림과 같이 계산합니다.

$$\text{칼럼 폭} = (\underset{\text{콘텐츠 영역}}{1320} - \underset{\substack{\text{11개 거터와}\\\text{양쪽 끝의 마진}}}{12 \times 24}) \div \underset{\text{칼럼 수}}{12}$$

칼럼 폭을 변경하면 콘텐츠 영역도 바뀝니다. 다음과 같이 칼럼 폭을 88px로 해서 계산하면 콘텐츠 영역은 1344px이 되며 이 값이 브레이크포인트 범위 안에 들어있어야 합니다.

$$\underset{\text{칼럼 폭}}{88} = (\quad \text{콘텐츠 영역} \quad - \underset{\substack{\text{11개 거터와}\\\text{양쪽 끝의 마진}}}{12 \times 24}) \div \underset{\text{칼럼 수}}{12}$$

레이아웃 그리드

각 브레이크포인트에 대응하는 칼럼을 시각화 할 때는 '레이아웃 그리드'layout grid 를 사용합니다. 먼저 브레이크포인트 [xxl]에 대응하는 칼럼을 만듭니다. [Grid]라는 이름으로 [W: 1400], [H: 1000] 크기의 프레임을 만든 후, 레이아웃 그리드 섹션의 ⊞를 클릭합니다(①).

Memo

"Design System"의 [Components] 페이지에서 계속 해서 작업하십시오.

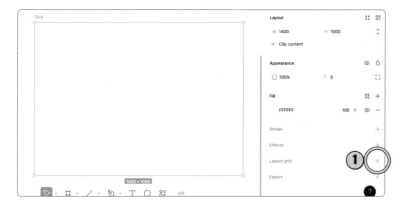

설정 아이콘을 클릭하고 헤더에서 [Column]을 선택합니다(②). [Count]는 '12', [Type]은 [Center], [Width]은 [86], [Gutter]는 [24]로 변경하면 브레이크포인트 [xxl]의 칼럼을 표현할 수 있습니다(③). 칼럼과 거터의 수치는 앞의 표와 동일합니다.

Memo

콘텐츠 영역의 설정은 없습니다. 칼럼이나 거터를 설정한 결과 산 출되는 수치가 콘텐츠 영역이 됩 니다.

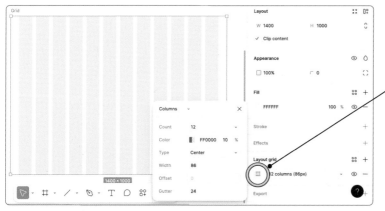

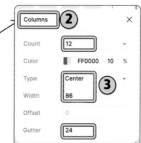

86(칼럼 폭) x 12(칼럼 수) + 24(거터 폭) x 11(거터 수)를 계산하면 1296px이며, 좌 우 각각 12px의 마진을 가정하면 콘텐츠 영역은 1320px이 됩니다.

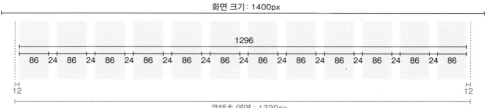

각 브레이크포인트에 대응하는 칼럼을 작성합니다. [Grid]를 복제하고 가로 폭을 변경한 뒤, 레이아웃 그리드 설정의 [Width]만 변경하면 됩니다.

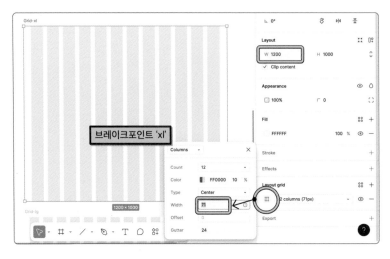

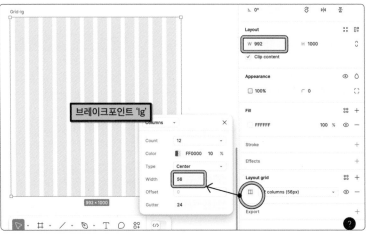

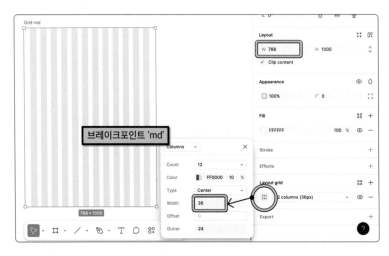

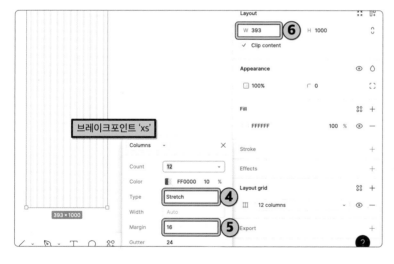

브레이크포인트 [xs] 화면에서는 칼럼 폭을 동적으로 변화시킵니다. 레이아웃 그리드 [Type]을 [Stretch]로 변경하고(④), [Margin]에 [16]을 입력합니다(⑤). [Width]은 576px 보다 작으면 어떤 값을 사용해도 됩니다. 여기에서는 'iPhone 15 Pro'의 가로 폭인 393px로 지정했습니다(⑥).

현재의 설계에서는 브레이크포인트 상한이 [xxl]이며 콘텐츠 영역은 1320px을 넘지 않습니다. 큰 모니터나 TV 화면 등을 고려해 레이아웃을 할 때는 브레이크포인트를 추가로 정의합시다. 예를 들면 브레이크포인트 [xxxl]을 추가한다면 다음과 같은 칼럼 설정을 생각할 수 있습니다. 브레이크포인트나 칼럼 설정에는 정답이 없습니다. 지원하는 화면 크기를 사전에 확인하고 제품에 적합한 설계를 검토합니다.

브레이크포인트	콘텐츠 영역	칼럼	마진	거터
xxxl (≧ 1680px)	1620px	111px	12px	24px

⬤ 변형 만들기

모든 [Grid]를 선택한 뒤 [Fill]을 삭제하고, Design 패널에서 [Create component set]을 실행합니다(①).

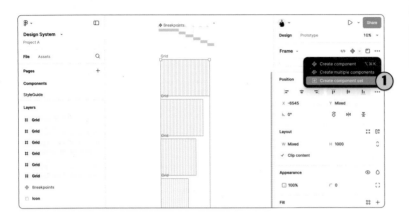

컴포넌트 셋을 선택하고 변형 속성 편집 패널을 엽니다(②). 속성 이름을 [break-point], 값은 [xxl]로 합니다(③).

패널을 닫고 변형을 각각 선택한 뒤 [breakpoint] 값에 [xxl], [xl], [lg], [md], [sm], [xs]를 설정합니다(④).

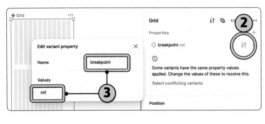

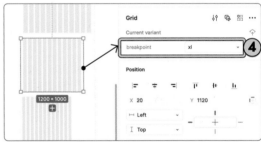

브레이크포인트와 콘텐츠 영역 정의에 관해 설명에 기재해 언제라도 참조할 수 있게 해 둡시다. 입력하려면 컴포넌트 셋을 선택하고 〔⇟〕을 클릭합니다(⑤).

● 버티컬 그리드

수직 방향의 리듬도 레이아웃의 중요한 요소입니다. 그래픽 디자인에서는 '베이스라인 그리드baseline grid'라 불리는 방법을 사용할 때가 많으며, 이는 UI 디자인에도 적용되어 있습니다. 하지만 CSS에서는 텍스트를 베이스라인 기준으로 정렬할 수 없으며 텍스트 박스를 기준으로 레이아웃 합니다. 그래서 이 책에서는 '베이스라인'이라는 용어를 사용하지 않고, 화면을 가로로 분할하는 가이드를 '버티컬 그리드vertical grid'라 부릅니다.

Memo

베이스라인이란 구문 서체가 '자리 잡는' 위치입니다.

Baseline Grid

Lorem ipsum dolor sit amet, consectetur adipiscing elit. Duis id sodales nisi, a luctus massa. Donec facilisis est in dui consectetur, venenatis elit scelerisque. Nullam sodales tincidunt nibh, vel tempus neque dictum. In venenatis nulla massa, vitae rutrum nibh.

Vertical Grid

Lorem ipsum dolor sit amet, consectetur adipiscing elit. Duis id sodales nisi, a luctus massa. Donec facilisis est in dui consectetur, venenatis elit scelerisque. Nullam sodales tincidunt nibh, vel tempus neque dictum. In venenatis nulla massa, vitae rutrum nibh.

버티컬 그리드는 화면 세로 방향을 8px씩 나누는 가이드를 만들고 그 가이드에 따라 요소를 배치하는 방법입니다. 한 요소와 다른 요소 사이의 거리는 8px, 16px, 24px, 32px, … 같이 8의 배수가 됩니다. 수치를 제한함으로써 세로 방향의 리듬을 정리하고 동시에 디자이너의 의사 결정을 효율화 하는 장점이 있습니다.

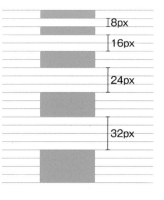

버티컬 그리드를 [Grid]에 추가합니다. [breakpoint: xxl] 변형을 선택하고, 레이아웃 그리드 섹션의 ⊕를 클릭합니다(①). 추가된 레이아웃 그리드 설정 패널을 열고 그리드를 [Rows]로 변경합니다(②).

Memo

[Grid] 컴포넌트 셋이 아니라 각 변형에 대해 설정해야 합니다.

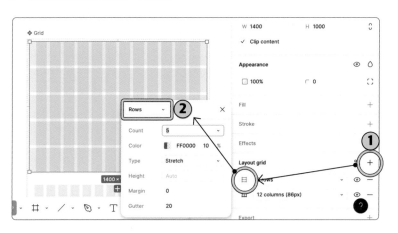

숫자의 드롭 다운 메뉴에서 [Auto]를 선택하고, 종류는 [위쪽 정렬]로 변경합니다
(③). 높이와 거터에 [8]을 입력하면 버티컬 그리드가 만들어집니다(④).

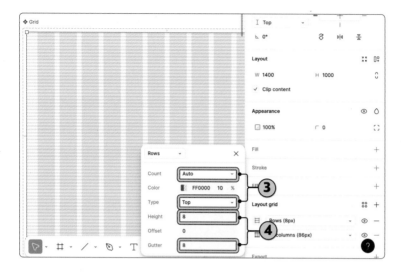

그 밖의 변형도 버티컬 그리드를 추가합니다. ≡ 왼쪽에 있는 약간의 간격 부분을
클릭해서 선택한 뒤(⑤) Mac에서는 ⌘ C, Windows에서는 ctrl C 를 눌러 복사
합니다.

[breakpoint: xl] 변형을 선택한 뒤 Mac에서는 ⌘ V, Windows에서는 ctrl V 를
눌러 붙여넣으면 레이아웃 그리드가 추가됩니다(⑥). 마찬가지로 모든 변형에 버티
컬 그리드를 붙여넣습니다.

Memo

칼럼이나 버티컬 그리드는 절대적
인 존재는 아닙니다. 레이아웃의
보조선 정도로 이해하면 좋습니
다. 기본적인 규칙은 필요하지만
언제든 예외가 있습니다.

● 그리드 스타일

설정한 레이아웃 그리드를 '그리드 스타일'로 등록하면 칼럼이나 버티컬 그리드를
곧바로 적용할 수 있습니다.

[breakpoint: xxl] 변형을 선택하고 레이아웃 그리드 섹션의 ⠿에서 + 를 클릭합
니다(①). 이름에 [xxl(≧1400px)]을 입력하고, [Create style]을 클릭합니다(②).

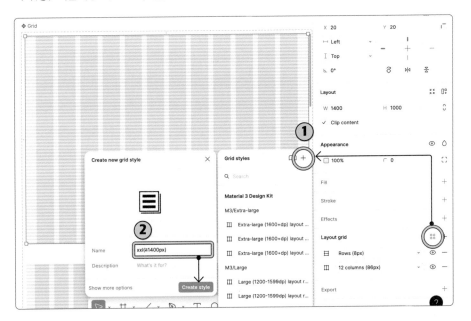

그 밖의 변형에 대해서도 같은 작업을 반복해 총 6개의 그리드 스타일을 등록합니
다. 스타일 이름은 다음 그림을 참조합니다.

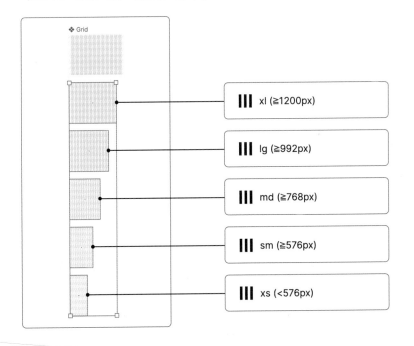

⬤ 그리드 커스터마이즈

화면을 메인과 사이드 영역으로 나누는 경우 메인 영역이 넓고, 사이드 영역이 좁
아지는 형태의 가이드가 필요하지만 레이아웃 그리드에서는 표현할 수 없습니다.
[Grid]를 커스터마이즈해서 대응합니다.

[breakpoint: xxl]의 변형 안에 직사각형을 추가하고 왼쪽부터 7번째 칼럼까지 포
함하도록 배치합니다(①). 제약의 가로 방향은 [Center], 세로 방향은 [Top + Bot-
tom]로 변경하고(②) [Fill]은 [#FF0000]과 [10%]로 설정합니다(③).

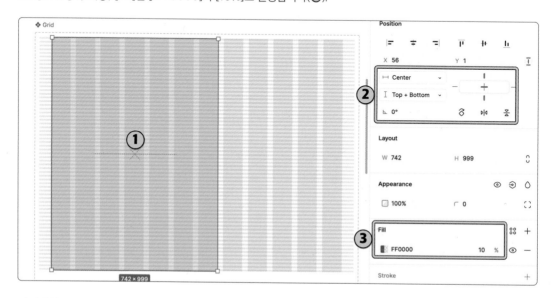

직사각형을 복제해 오른쪽부터 4번째 칼럼까지 포함하도록 배치합니다(④). 왼쪽
직사각형이 [Main], 오른쪽이 [Side]가 되도록 레이어 이름을 변경합니다(⑤).

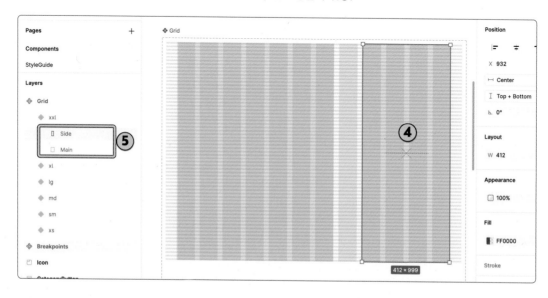

같은 방법으로 [breakpoint: xl]은 왼쪽 7개 칼럼과 오른쪽 4개 칼럼(**6**), [break-point: lg]는 왼쪽 7개 칼럼과 오른쪽 4개 칼럼(**7**), [breakpoint: md] 이하는 폭이 좁으므로 사이드 영역을 표시하지 않는 레이아웃으로 합니다.

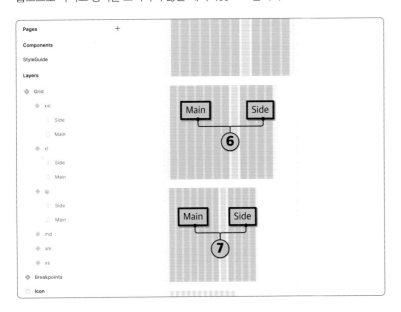

직사각형 표시/숨기기를 전환하는 컴포넌트 속성을 만듭니다. 모든 변형에서 [Main]과 [Side]를 선택하고 Appearance 섹션의 ⬦를 클릭합니다(**8**). 이름에 [hasSideArea]를 입력하고 [Create property]를 클릭합니다(**9**).

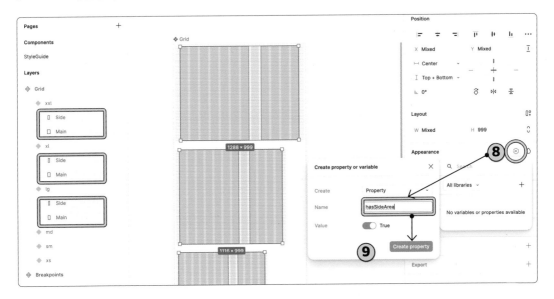

[Grid]의 인스턴스를 만들고 가로 폭이 달라져도 메인과 사이드 영역이 12칼럼을 유지하는 것과 [hasSideArea] 속성으로 표시/숨기기 전환이 가능한지 확인합니다.

Sample File

Design System 7-1

02

화면 크기별 레이아웃

칼럼이나 버티컬 그리드를 사용해 화면 크기에 맞는 디자인을 만듭니다. [Assets] 탭의 📖에서 "Design System"의 변경을 공개하고, "Web Design"을 열어 라이브 러리를 업데이트 합니다.

● 그리드를 배치하기

[Assets] 탭에서 [Grid]를 드래그해 [Home] 화면에 배치합니다.

Memo

레이아웃 그리드가 표시되지 않을 때는 shift G 를 눌러 표시를 전환하십시오.

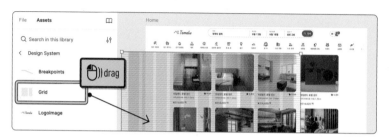

[Grid] 인스턴스를 [Home] 화면의 가장 위쪽으로 이동한 뒤 고정시킵니다(❶). 화면을 가득 채우도록 크기를 조정하고 제약의 가로 항목은 [Left + Right], 세로 항목은 [Top + Bottom]으로 설정해 부모 프레임 크기 변경에 따르게 합니다(❷). [Home] 화면에 크기 영역은 불필요하므로 [hasSideArea] 속성은 OFF로 합니다 (❸).

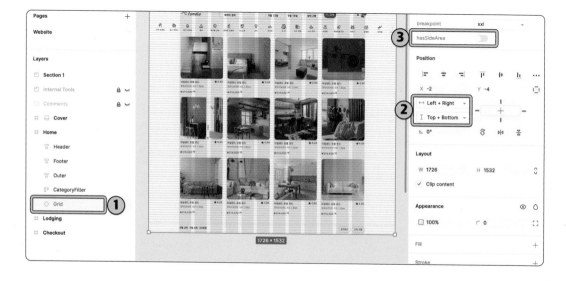

[Home] 화면을 복제하고 [W: 1024]로 변경합니다(④). 1024px는 'iPad Pro 12.9'''
를 세로 방향으로 했을 때의 가로 폭입니다. 복제 소스는 [Home(MacBook Pro)],
복제 대상이 [Home(iPod Pro)]가 되도록 레이어 이름을 변경합니다(⑤).

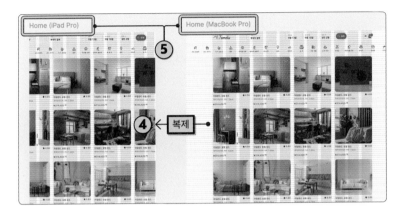

[Home (iPad Pro)]는 폭이 1200px 보다 작기 때문에 [breakpoint: lg] 변형을 사
용합니다. [Grid] 속성을 변경하고(⑥), 크기를 [W: 1024]로 변경합니다(⑦).

[Grid] 인스턴스를 선택하고 [상
세 표시]를 클릭하면(⑧), 어떤 크
기에 어떤 브레이크포인트를 적
용해야 할 지 확인할 수 있습니
다. 1024px는 992px 보다 크고
1200px 보다 작으므로 [lg]가 적
절합니다.

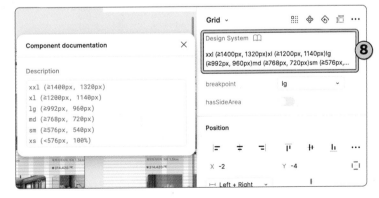

237

◉ 콘텐츠 영역 조정

[Home (iPad Pro)]의 레이아웃을 조정합니다. [Header] 등의 부모 요소는 [Left + Right] 제약이 설정되어 있어 프레임 안에 포함되지만 자식 요소는 화면에서 잘려서 표시됩니다(①). 이것은 [Container] 프레임의 가로 폭이 [breakpoint: xxl] 콘텐츠 영역인 1320px이기 때문입니다(②).

[Container] 크기를 [W: 960]으로 변경합니다. 이렇게 변경하면 양쪽 끝이 칼럼에 맞춰 배치됩니다(좌우 마진 12px를 가정)(③).

마찬가지로 [Footer → Container], [Outer → Container]의 크기를 [W: 960]으로 변경합니다(④). Card가 프레임 안에 들어가지 않지만 뒤에서 조정합니다.

● 콘텐츠 조정

헤더

[Header → Container]에 배치되어 있는 [SearchBar]의 폭은 [W: 856]으로 고정
되어 있고 다른 요소에 겹쳐져 있습니다. 수평 방향 크기 조정을 [Fill container]로
변경하면 자동으로 폭이 조정되어 UI의 겹침을 해소할 수 있습니다(①).

카드

[Home (iPad Pro)] 화면에서는 [Card]는 3열의 구성으로 변경합니다. 3
열로 배열하려면 [Card]의 폭이 12 칼럼 / 3 = 4칼럼이 되어야 합니다.
[breakpoint: lg] 칼럼은 56px이므로 거터의 폭을 더해 '56px x 4 + 24px
x 3 = 296px'로 계산할 수 있습니다. [Card]를 모두 선택하고 [W: 296]으
로 변경합니다.

[Card] 를 감싸고 있는 [Lodgings] 프레임을 선택하고(②), 자동 레이아웃
을 적용합니다. 방향은 ⏎를 선택하고(③), 간격에는 변수 [spacing/lg]를 설정합
니다(④). [spacing/lg]는 [24]이며 거터로서의 역할을 합니다.

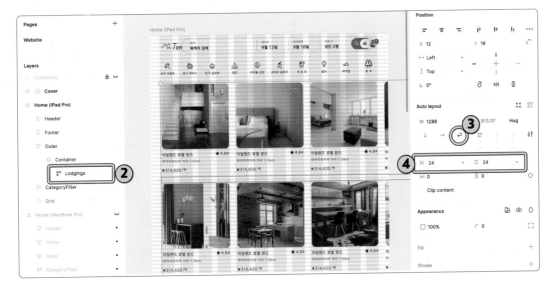

[Lodgings] 프레임을 드래그해 칼럼 오른쪽 끝에 맞춥니다(⑤). 자동 레이아웃에 의
해 자동으로 Card가 줄 바꿈 되어 표시됩니다.

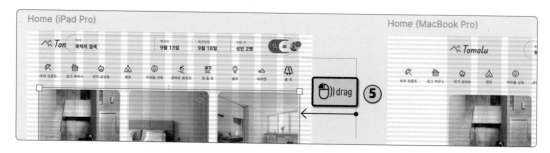

콘텐츠 영역인 [Container]에 자동 레이아웃을 적용하고 상하좌우 패딩에 아래 그
림과 같이 변수를 적용합니다(⑥).

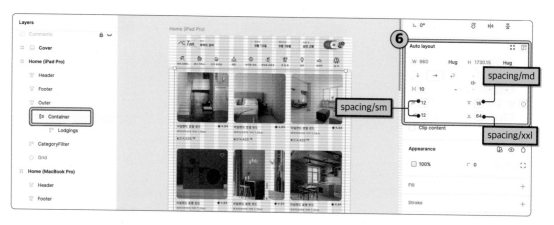

모든 [Card] 가 화면에 들어가도록 [Home (iPad Pro)]를 [H: 1900]으로 변경하면
완성입니다(⑦).

p.237의 순서를 따라 [Home (iPad mini)]는 폭 744px의 2
컬럼, [Home (iPhone 15 Pro)]는 폭 393px의 1칼럼으로
만듭니다. [Home (iPhone 15 Pro)]는 [breakpoint: xs]가
되므로 [Container]의 수평 패딩에는 [spacing: md]를 적
용합니다.

Memo

상하좌우 패딩을 각각 설정할 때
는 🔲을 클릭합니다.

Memo

개별 화면 디자인은 Sample File
에서 확인할 수 있습니다. 작은 화
면에서는 헤더 요소가 겹쳐지지만
다음 절에서 해결합니다.

변수와의 연동

변수의 모드를 사용해 화면 크기별 레이아웃을 효율적으로 만들 수 있습니다. "Design System" Variables 패널을 열고 [Breakpoint]라는 이름으로 새로운 컬렉션을 만듭니다(①).

String 변수 [breakpoint]를 만들고 값을 [xxl], Number 변수 [containerWidth]를 만들고 값을 [1320]으로 설정합니다(②). 다음으로 ⊞를 클릭해 모드를 3개 추가합니다(③).

모드 이름을 왼쪽에서 [xxl], [lg], [sm], [xs]로 변경하고 변수 [breakpoint] 값에도 같은 문자열을 입력합니다(④). [containerWidth] 값에는 각 브레이크포인트에 맞춘 콘텐츠 영역의 폭을 입력합니다(⑤).

Memo

[xs] 콘텐츠 영역은 100%로 정의했지만, 여기에서는 편의상 [393]으로 합니다.

변수를 만들었다면 **라이브러리를 공개한 뒤** "Web Design"으로 돌아갑니다. [Home (MacBook Pro)]의 [Grid]를 선택하고 [breakpoint] 속성에 앞에서 만든 변수를 할당합니다(⑥).

[Header], [Footer], [Outer]의 자식 요소인 [Container] 프레임은 콘텐츠 영역을
의미합니다. 모든 [Container]를 선택하고 폭의 드롭 다운 메뉴에서 [Apply vari-
able…]을 클릭합니다(**7**). 표시된 패널에서 [containerWidth]를 적용합니다(**8**).

[Grid]의 [breakpoint] 속성과 [Container] 폭에 변수를 할당함으로써 모드 전환
을 할 수 있게 됩니다. 확인을 위해 [Home (MacBook Pro)]를 복제하고 [W: 1024]
로 변경합니다. Appearance 섹션의 **B**를 누르고 [Breakpoint] → [lg]를 선택하면
[Grid] 칼럼 폭과 속성도 [Container] 폭이 전환됩니다(**9**).

이렇게 **모드를 사용해 화면의 브레이크포인트를 선언할 수 있습니다. 모드 지정이
자식 요소에 상속되는 점을 응용하면 브레이크포인트에 맞춰 자동으로 레이아웃을
전환할 수 있습니다.** 모드 전환을 확인했다면 복제한 화면은 삭제합니다.

iPad Pro, iPad mini, iPhone 15 Pro 화면에 대한 브레이크포인트를 선언합니다. [Grid] 속성과 [Container] 폭에 변수를 할당해 화면 모드를 전환할 수 있습니다. 변수를 적용한 직후는 모드의 초기값(xxl)이 적용되므로 레이아웃이 깨지지만 모드를 변경하면 의도한 디자인으로 되돌아갈 것입니다.

Memo
변수가 적용되지 않은 화면 모드는 전환되지 않습니다. 먼저 변수를 적용하십시오.

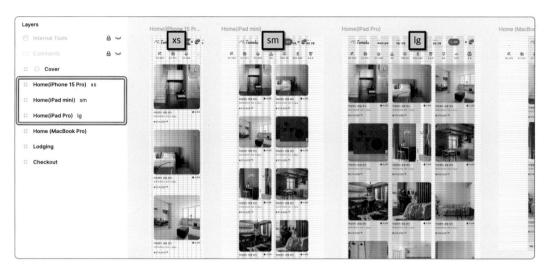

모드 전환은 프레임 안의 모든 객체에 영향을 줍니다. 가장 바깥쪽에 있는 프레임의 모드만 변경하면 모든 요소가 각 브레이크포인트에 맞춘 레이아웃으로 자동 전환됩니다. 앞서 [SemanticColor]를 사용해 다크 모드로 전환하는 구조를 구현했고, 여기에서는 같은 방법을 레이아웃에 활용한 형태입니다.

Memo
프로페셔널 플랜에서는 모드를 4개까지, 엔터프라이즈 플랜에서는 모드를 40개까지 만들 수 있습니다.

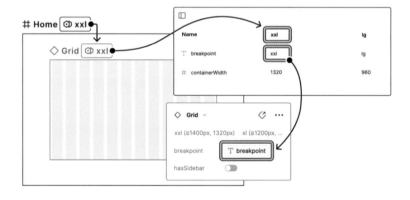

작례 파일의 문제점

이것으로 작례 파일의 '화면 크기가 작을 때의 레이아웃이 불명확하다'가 해결되었습니다.

화면 크기가 작을 때의 레이아웃이 불명확하다

● 브레이크포인트 시각화

화면 크기별 레이아웃을 어떻게 사용하는지 명확하게 합시다. [Assets] 탭에서
[Breakpoints] 컴포넌트를 드래그해 인스턴스를 만듭니다.

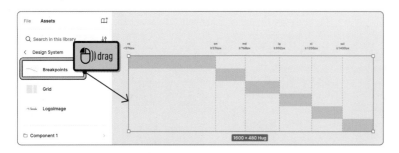

[Breakpoints] 크기를 [W: 2000], [H: 9000]으로 늘리고 가이드에 맞춰 화면을
세로로 배열합니다. 모든 화면을 섹션으로 감싼 뒤 이름을 [Home], 페인트를 [col-
or/background/subtler]로 설정합니다(❶). 섹션별로 복제해 다크 모드의 디자인
도 배치해 둡니다(❷).

화면 크기별 레이아웃

02

⬤ 템플릿

"Web Design"의 [Home] 섹션을 복사해 "Design System"의 [Components] 페이지에 붙여넣은 뒤, 이름을 [Template]으로 합니다(①). 범용 템플릿으로서 사용하기 위해 [CategoryFilter]와 [Outer → Container → Lodgings]를 삭제합니다.

각 화면의 [Outer → Container]에는 적절한 페인트(아래 그림에서는 #D7F3FF)를 설정하고, [Header] 아래쪽까지 영역을 넓힙니다(②). 각 레이어 이름의 [Home] 부분을 [Template]으로 변경합니다(③).

Memo

다음 그림에서는 설명을 위해 레이아웃 그리드를 숨겼습니다. shift G 를 누르면 표시/숨기기를 전환할 수 있습니다.

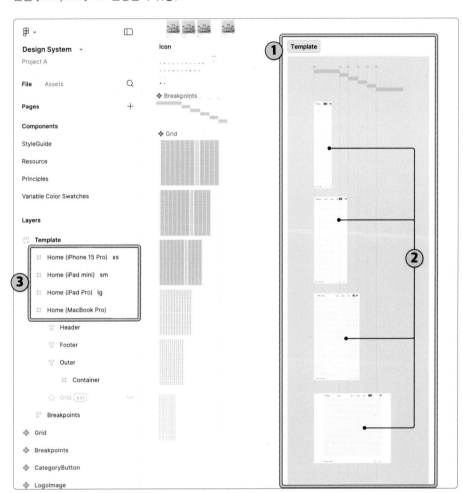

이렇게 템플릿을 활용하면 디자이너는 고려해야 할 레이아웃의 배리에이션을 파악할 수 있습니다. 또한 새로운 화면을 빠르게 만들기 시작할 수 있습니다.

Memo

헤더의 자식 요소가 겹치는 문제는 다음 절에서 해결합니다.

Memo

템플릿 프레임의 높이는 기기의 높이와 같습니다. iPhone 15 Pro는 852px, iPad mini는 1133px, MacBook Pro는 117px입니다.

Sample File

📄 Design System 7-2

📄 Web Design 7-2

03 컴포넌트

컴포넌트는 패턴 라이브러리의 중심적인 존재입니다. Card 이외의 UI 요소도 컴포넌트로 변환해 라이브러리로 제공합시다.

● 헤더

헤더는 화면 크기에 따라 표시 내용을 조정해야 합니다. 변수 [containerWidth]의 대응 만으로는 충분하지 않습니다. 화면 크기에 따라 레이아웃을 전환할 수 있는 구성으로 변경합시다.

"Design System"의 [Template] 섹션에서 각 화면의 [Header]를 복제합니다. 모드 지정이 사라지고 [Breakpoint: 자동 (xxl)]이 적용되기 때문에 안쪽의 [Container] 크기가 [W: 1320]이 됩니다.

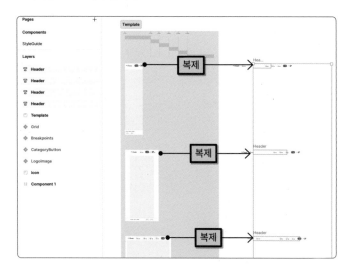

[Header]를 하나씩 선택하고 해당하는 브레이크포인트의 모드를 재설정합니다. [Container]의 크기가 원래대로 되돌아가고 프레임 범위 안에 들어갑니다.

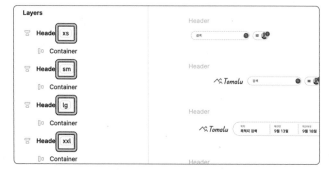

[xs]와 [sm]의 브레이크포인트에서는 [Header] 안의 각 요소가 겹쳐져 있습니다. 자동 레이아웃으로는 대응할 수 없기 때문에 [SearchBar]를 다른 디자인으로 치환합니다.

[Resource] 페이지에 [SearchBar]의 각 디자인을 준비했습니다. 아이콘을 인스턴스로 치환하고 시맨틱 색상, 모서리 반지름, 간격 변수나 텍스트 스타일을 다음 그림과 같이 적용합니다. 작업을 완료했다면 [SearchBar]를 복사합니다.

Memo

화면 왼쪽 메뉴에서 페이지를 전환할 수 있습니다.

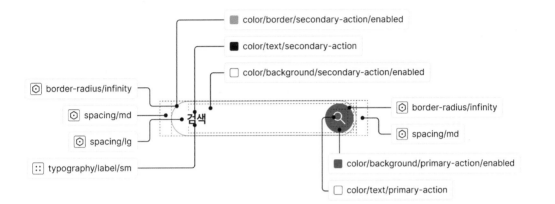

[Components] 페이지로 돌아옵니다. [sm]의 브레이크포인트의 [Header → Container → SearchBar]를 선택하고 마우스 우클릭 한 뒤 [Paste to replace]을 실행합니다(①).

Memo

아이콘 크기는 [W: 24], [H: 24]로 축소합니다.

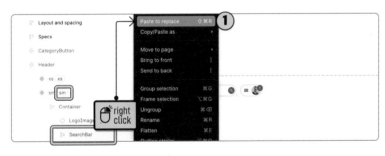

[xs]의 레이아웃의 폭은 한층 더 좁으므로 [LogoImage]를 삭제하고 [SearchBar]를 [Paste to replace]합니다(②). [SearchBar] 왼쪽 패딩을 [spacing/none]으로 변경해 불필요한 여백을 삭제합니다(③).

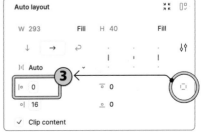

모든 [Header]를 선택하고 [Create component set]을 실행합니다(④). 변형 속성
의 이름을 [breakpoint] 값을 [xs], [sm], [lg], [xxl]로 변경합니다(⑤).

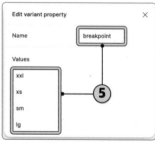

컴포넌트를 만들었다면 인스턴스로 템플릿에 재배치합니다. [xs]의 변형을 복사해
[Template (iPhone 15 Pro)]의 [Header]에 [Paste to replace]합니다(⑥).

Memo

[Header]와 [Outer] 사이에는 여
백이 발생합니다. [Outer]의 높이
를 조정합니다.

[Header]의 Appearance 섹션에서 [Breakpoint]를 [자동]으로 되돌립니다(⑦). 대
신 변형 속성의 🔄를 클릭하고 [breakpoint]를 할당합니다(⑧).

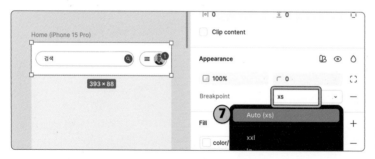
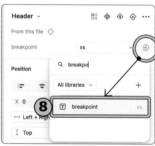

이것으로 부모 요소의 모드에 따라 변형이 자동으로 바뀌도록 구성했습니다. iP-hone 15 Pro의 [Header]를 복사해 iPad mini, iPad Pro, MacBook Pro의 [Header]를 [Paste to replace]합니다.

"Web Design"에도 컴포넌트를 배치합니다. [Home] 섹션에 있는 모든 [Header]를 선택하고 [Paste to replace]합니다(❾). 변형이 [breakpoint]에 연결되어 있으므로 각 브레이크포인트에 맞는 레이아웃에서 [Header] 인스턴스가 배치될 것입니다.

Memo

여기에서 붙여넣는 것은 앞의 항목에서 복사한 iPhone 15 Pro의 [Header]입니다.

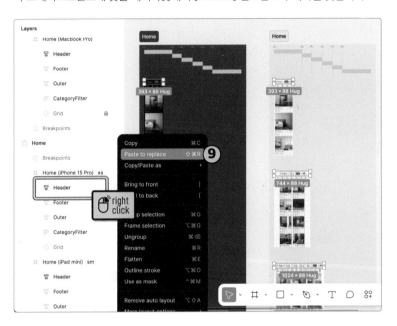

[xs]와 [sm]의 [Header]는 16px 작아집니다. [CategoryFilter]와의 사이에 공백이 생기지 않도록 적정하게 조정하십시오.

Memo

[Header] 컴포넌트는 라이브러리로 공개하지 않지만, 복사 & 붙여넣기를 통해 강제로 읽을 수 있습니다. 혼란을 피하기 위해 "Design System"의 변경을 꼭 공개합니다.

작례 파일의 문제점

이것으로 작례 파일의 '작은 화면에서는 헤더가 튀어 나온다'는 문제가 해결되었습니다.

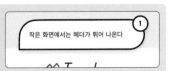

● 버튼

버튼은 다양한 화면에서 자주 사용되기 때문에 컴포넌트화 해두는 것은 물론, 상태나 디자인을 변형으로 관리합니다.

[Header] 컴포넌트 셋에 배치되어 있는 버튼을 복제하고, 컴포넌트화 합니다. 모서리 반지름과 자동 레이아웃 설정에 변수를 적용합니다. 아이콘은 [Icon/Search] 인스턴스로 치환합니다.

Memo

아이콘은 툴바의 [Actions] → [Assets]탭 또는 화면 왼쪽 [Assets] 탭에서 검색할 수 있습니다. 사용할 때는 크기를 [W: 24], [H: 24]로 축소합니다.

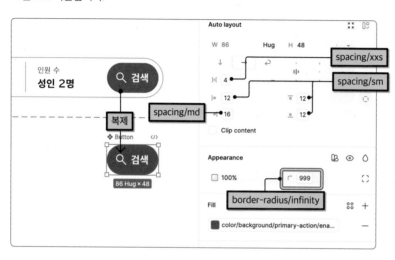

상태 속성

버튼은 인터랙티브한 UI 요소이며 '마우스 오버', '클릭', '포커스' 인터랙션을 받습니다. 여기에 '보통 때'와 '비활성화'를 추가해 총 다섯 가지 상태를 변형으로 만듭니다.

5개의 변형을 만들고 속성 이름을 [state] (①), 값을 [enabled], [hovered], [pressed], [focused], [disabled]로 합니다(②).

Memo

변형 조작 방법은 p.64를 참조합니다.

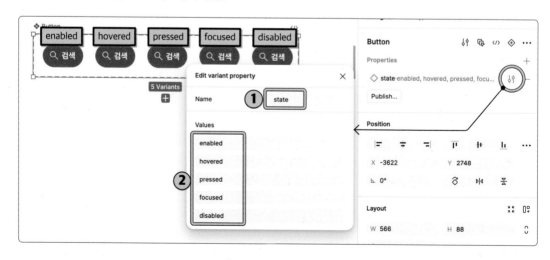

[hovered]와 [pressed]의 배경 색상, [disabled]의 레이어 불투명도에 다음 그림의 변수를 적용합니다. [focused]에는 [FocusOutline]이라는 이름으로 버튼을 감싼 직사각형을 추가하고(❸), 선 굵기에 [border-width/lg], 선 색상에 [color/border/primary-action/focused]를 적용합니다.

[FocusOutline]은 절대 위치로 배치하고 버튼 크기 변경을 따르도록 제약에 [Left + Right], [Top + Bottom]을 설정합니다.

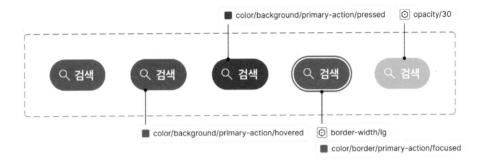

라벨 속성

버튼의 라벨을 덮어쓸 속성을 만듭시다. 텍스트를 모두 선택하고 ◈를 클릭합니다. 이름에 [label], 값에 [Button Label]을 입력하고 [Create property]를 클릭합니다 (❹).

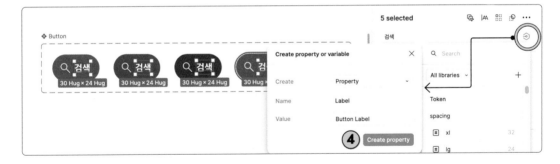

아이콘 속성

아이콘 관련 속성을 추가합니다. 컴포넌트 셋을 선택하고 속성의 ⊕에서 [Variant]를 클릭하고 이름에는 [hasIcon], 값에는 [True]를 입력하고 [Create property]를 실행합니다(❺).

모든 변형을 복제하고 [hasIcon] 속성의 값을 [False]로 설정합니다. 복제한 쪽의
버튼에서 아이콘을 삭제하고, 왼쪽 패딩을 [spacing/md]로 변경합니다. 이것으로
아이콘 표시/숨기기를 속성을 통해 전환할 수 있습니다.

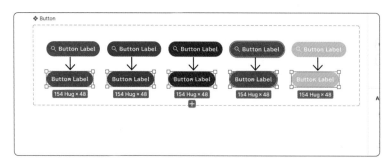

아이콘을 교체하기 위한 속성도 추가합니다, 모든 아이콘을 선택하고 컴포넌트 섹션
의 ⬦를 클릭합니다(❻). 속성 이름에 [↪ Icon]을 입력하고 Preferred values 항
목의 ⊞을 선택한 뒤 Select all instances 체크 박스에 체크합니다(❼). 모든 아이
콘을 선택했다면 [Create property]를 실행합니다(❽).

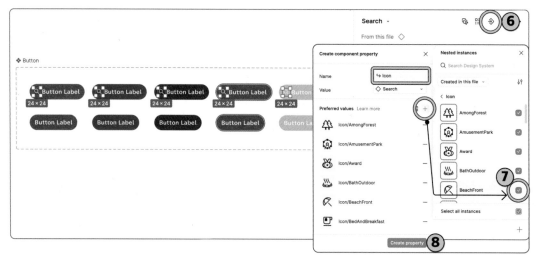

이 시점에서 다음 그림과 같은 속성이 만들어 것입니다. 라벨 덮어쓰기, 아이콘 표
시/숨기기, 아이콘 교체 등의 기능이 동작하는지 확인해 둡시다.

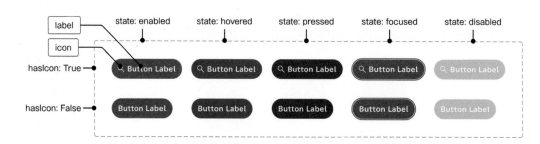

크기 속성

크기가 다른 디자인도 변형으로 정의합시다. 컴포넌트 셋을 선택하고 프로퍼티 섹션의 [+] 에서 [Variant]을 클릭하고 이름에 [size], 값에 [md]라고 입력한 뒤 [Create property]를 실행합니다(①).

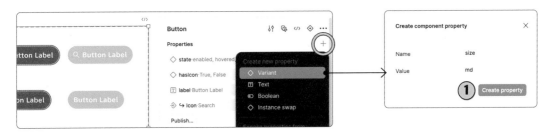

프레임을 늘려서 모든 변형을 복제합니다. 변경의 [size] 속성을 [sm]으로 설정하고 (②) 크기를 [H: 40]으로 변경합니다(③).

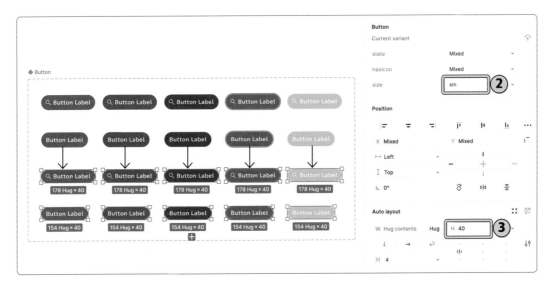

복제한 모든 버튼을 대상으로 아이콘 크기를 [W: 20]과 [H: 20], 라벨의 텍스트 스타일을 '[typography/label/sm]'으로 변경합니다. 이것으로 인스턴스의 속성에서 [md]와 [sm] 크기를 선택할 수 있게 되었습니다.

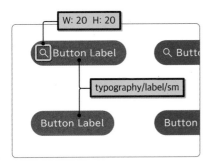

타입 속성

버튼에는 기본 컬러를 사용하지 않는 디자인도 필요합니다. 컴포넌트 셋을 선택하고
⊞를 클릭하고 [Variant]를 클릭합니다. Name에 [type], Value에 [primary]를 입
력하고 [Create property]를 실행합니다(❶).

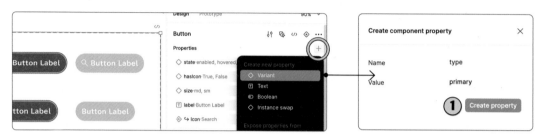

다시 모든 변형을 복제하고 [type] 속성을 [secondary]로 설정합니다(❷). 복제한
변형을 선택하고 선택 범위의 색상 섹션에서 [primary-action]을 [secondary-ac-
tion]으로 치환합니다(❸).

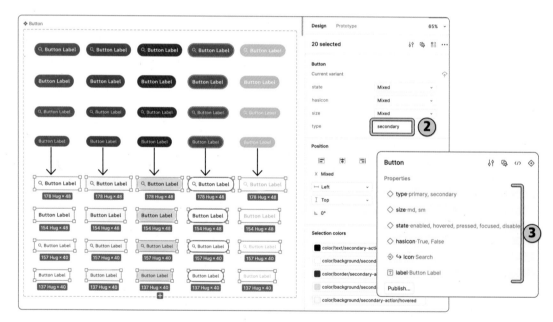

선을 추가하고 선의 폭은 [border-width/md], 선 색상에는 [color/border/sec-
ondary-action-enabled]를 적용합니다(❹). 컴포넌트 셋을 선택하고 속성 배열 순
서를 오른쪽 그림과 같이 변경합니다(❺).

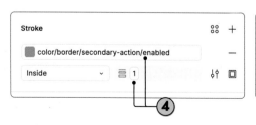

컴포넌트 셋 안에는 총 40개의 디자인이 있습니다. 각 디자인과 속성이 다음 그림과 같이 대응되어 있는지 확인하고 [Header] 컴포넌트 버튼을 재배치합니다(**❻**).

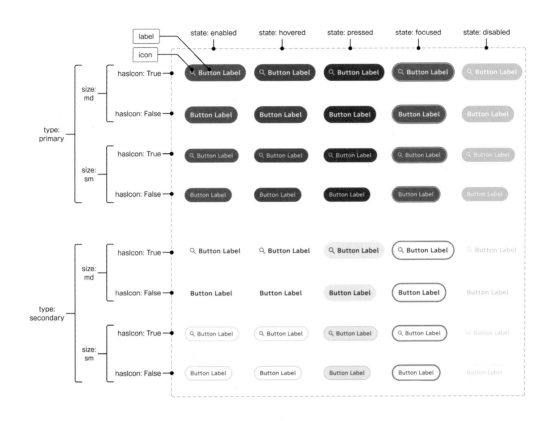

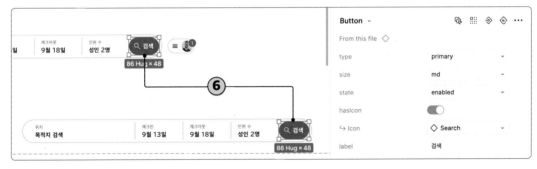

액션의 중요도, 크기, 아이콘 유무 등을 [Button] 컴포넌트 하나로 표현할 수 있습니다. 이런 컴포넌트 구성에 정답은 없습니다. 예를 들면 [type: primary]와 [type: secondary] 디자인을 다른 컴포넌트로 만드는 것도 생각할 수 있고, [size: md]와 [size: sm]도 같은 방식으로 생각할 수 있습니다. 어떤 구성을 선택하든 실제 코드와 동기화해야 하므로 디자이너와 엔지니어 사이의 커뮤니케이션이 중요합니다.

Memo

여기에서 만든 버튼을 사용해 바꾸는 것은 브레이크포인트가 [lg]와 [xxl]인 [Header]만입니다. [xs]와 [sm]인 [Header]에 대응하기 위해서는 보다 많은 속성을 추가하거나 다른 컴포넌트를 사용해야 합니다.

인터랙티브 컴포넌트

버튼의 동작 이미지를 공유하기 위해 여러 상황의 변형을 연결해 인터랙티브 컴포넌트로 만듭니다. [프로토타입] 탭을 열고 [state: enabled]인 변형을 하나 선택합니다. 오른쪽 끝에 표시되는 ○에서 화살표를 드래그해서 [state: hovered]로 연결합니다(①). 마찬가지로 [hovered]에서 [pressed]로도 화살표를 연결합니다(②).

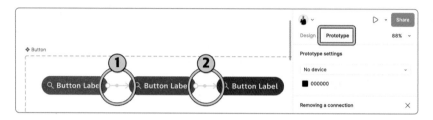

변형을 연결한 화살표를 클릭하면 인터랙션 설정 패널이 표시됩니다. [enabled] → [hovered] 패널은 [While hover-ing](③), [hovered] → [pressed] 패널은 [While press-ing]을 선택합니다(④). 두 패널 모두 [Smart animate], [Ease out], [200ms]를 설정합니다.

설정을 마쳤다면 [enabled] 변형을 선택하고 인터랙션 왼쪽 여백을 클릭해서 복사합니다(⑤).

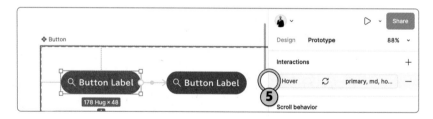

인터랙션을 설정하지 않은 [enabled]의 변형을 모두 선택하고 Mac에서는 ⌘ Ⅴ, Windows에서는 ctrl Ⅴ를 누릅니다. 이동 대상을 포함한 인터랙션에 베이스가 됩니다(⑥). 화살표를 드래그해 이동 대상이 바로 옆의 변형이 되도록 연결합니다.

같은 순서로 [hovered] → [pressed] 인터랙션도 복사 & 붙여넣기하고, 화살표의 연결 대상을 변경합니다([type: secondary]에도 인터랙션을 설정합니다).

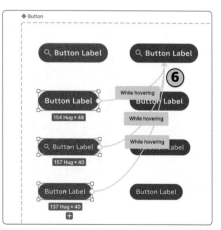

[Button] 인스턴스를 만들고 shift space 를 눌러 미리보기를 엽니다(). 마우스 커서를 올렸을 때와 클릭했을 때 배경 색상이 애니메이션 하면서 전환되는지 확인합니다.

이상으로 [Button] 컴포넌트를 완성했습니다. 상태, 라벨, 아이콘, 크기, 타입을 속성으로 전환하고 인터랙션의 동작 이미지를 공유할 수 있는 상태가 되었습니다. 시맨틱 색상이나 테마 색상을 사용하므로 수작업으로는 도저히 감당할 수 없는 패턴을 무리없이 관리할 수 있습니다. 모든 조합을 목록화 한 다음 그림과 같은 자료를 문서로 남겨 둡시다.

Memo

테마 색상을 전환하려면 Appearance 섹션의 **03**를 클릭한 뒤, [_ThemeColor] → [winter]를 선택합니다.

작례 파일의 문제점

이것으로 '마우스 커서를 올리거나 클릭했을 때의 디자인이 없다'는 문제를 해결했습니다.

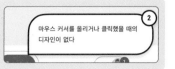

마우스 커서를 올리거나 클릭했을 때의 디자인이 없다

◉ 기타 버튼

구체적인 설명은 생략하지만 [CategoryButton] 컴포넌트도 상태를 [state] 속성으로 표현하고, [icon]과 [label] 속성으로 콘텐츠를 덮어 쓸 수 있도록 개선합니다.

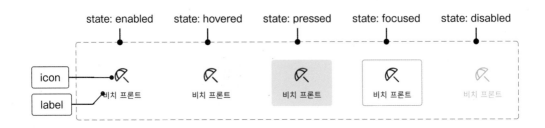

라이브러리 공개 시 "Web Design"의 [CategoryButton]을 인스턴스로 치환합니다 (❶). 인스턴스는 초기 상태로 배치되므로 [icon]과 [label]의 내용을 덮어 써야 합니다(❷).

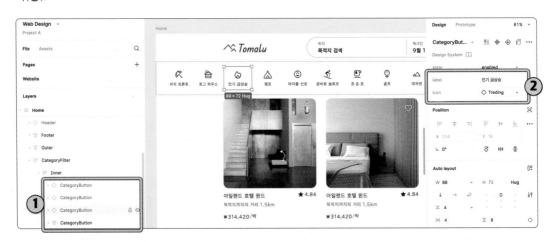

[breakpoint: xxl]에서의 화면에서 작업을 완료했다면 [CategoryFilter] 전체를 복사합니다. [Paste to replace]으로 그 밖의 화면에 배치하고, 크기를 조정합니다(❸).

Memo

치환 작업은 라이트 모드에서 수행하고, 완료 후 액션별로 복제해 다크 모드를 지정하면 효율적으로 작업할 수 있습니다.

작례 파일의 문제점

이것으로 컴포넌트에 의해 크기와 스타일이 공통화 되어 '다른 아이콘보다 큰 아이콘이 있다'는 문제를 해결했습니다.

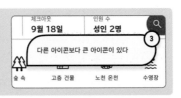

[Card]에 배치되어 있는 [즐겨 찾기 버튼]도 컴포넌트화 합니다. 이 버튼에는 [등록 완료]를 의미하는 [isFavored] 속성을 추가합니다. [isFavored: False] → [isFavored: True]를 연결한 인터랙션을 설정하면 보다 진짜 같은 동작 이미지를 공유할 수 있습니다.

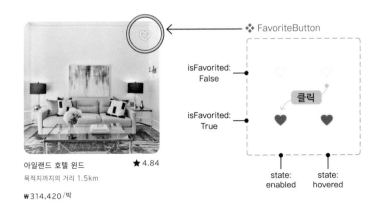

작례 파일의 문제점

이것으로 '즐겨찾기 등록 후의 디자인이 없다' 는 문제를 해결했습니다.

● 푸터

마지막으로 푸터를 컴포넌트화 합니다. [Template (MacBook Pro)]의 [Footer]를 복제해 컴포넌트를 만들고(④), [Button]을 인스턴스로 교체합니다(⑤). 작업을 완료했다면 모든 템플릿에 재배치하고 라이브러리를 공개해 "Web Design" 화면에도 배치합니다.

Memo

푸터 디자인은 모든 브레이크포인트에 대응할 수 있는 구조로 되어 있습니다.

Sample File

다음 절의 파일을 참조합니다.

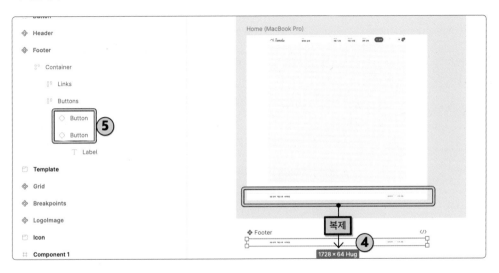

04 문서

모든 컴포넌트는 "Design System"의 [Components] 페이지에 저장되어 있습니다. 하지만 어디까지나 디자인 구성 요소로서 저장되어 있을 뿐입니다. 컴포넌트의 의도나 사용 방법을 전달하는 문서로서 기능하도록 해야 합니다.

◉ 버튼 문서

문서에는 다양한 정보를 담고 싶어지지만, 그 내용이 업데이트 되지 않으면 의미가 없습니다. 작업 부하나 업데이트 누락을 최소한으로 하기 위해 가능한 범위에서 자동화하는 방법을 생각합시다.

리소스 패널의 [Plugins & widgets] 탭에서 'EightShapes Specs'를 검색해 실행합니다(①).

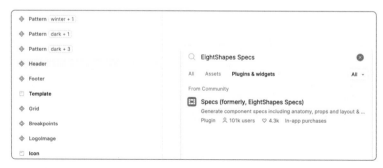

EightShapes Specs

🔗 https://www.figma.com/community/plugin/1205622541257680763/

플러그인이 시작되면 Button의 변형을 선택하고 [Run]을 클릭합니다(②).

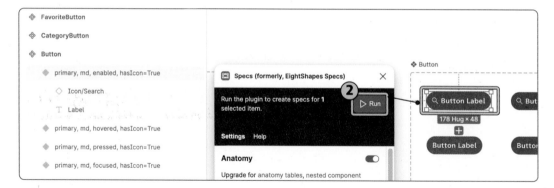

처리를 완료하면 [Button] 컴포넌트 관련 문서가 캔버스에 삽입됩니다. 컴포넌트를 구성하는 객체(③), 고유하게 정의된 속성(④), 레이아웃과 간격(⑤) 등이 포함되며 컴포넌트를 전체적으로 파악하기에 충분한 내용입니다.

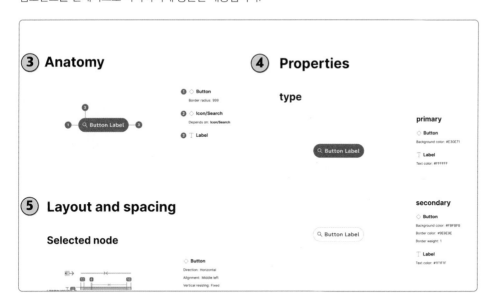

단, 변수는 표시되지 않으므로 구현할 때는 주의해야 합니다. 예를 들면 버튼의 배경 색상에는 [color/background/primary-action/enabled]가 아니라 **Hex값으로 [#E30E71] 로 표시됩니다. Hex값을 직접 코드에 삽입하는 것이 아니라 [StyleGuide] 페이지에 정의되어 있는 디자인 토큰을 참조하십시오.**

자동으로 만들어진 문서에 부족한 정보도 있습니다. 예를 들면 컴포넌트 사용 방법을 나타낸 다음 그림과 같은 정보입니다. 모든 것을 자동으로 만들 수는 없으므로 조직에 맞는 내용을 검토합시다.

Memo

EightShapess Specs 유료 플랜을 사용하면 변수도 표기할 수 있습니다.

Do / Don't

Do

Don't

중요한 액션
기본 버튼은 중요도가 높은 액션에 사용합니다.

검색

너무 많은 기본 버튼
선택지로 기본 버튼을 너무 많이 배치하지 마십시오.

상세 보기
예약하기
나중에 보기

줄바꿈
버튼 라벨은 1줄로 사용합니다.

자세한 내용은 상단의 버튼을 클릭하세요

파괴적인 액션
삭제나 취소 등, 파괴적인 액션에 대해서는 사용하지 마십시오.

취소한다

다음 그림은 자동으로 만들어진 문서, 고유하게 추가한 문서, 변수 패턴 샘플 등을 정
리해 섹션에 저장한 결과입니다. 버튼 구현 코드에 대한 링크가 있으면 컴포넌트 셋
의 [링크]에 URL을 입력해 두는 것도 좋습니다(**⑥**).

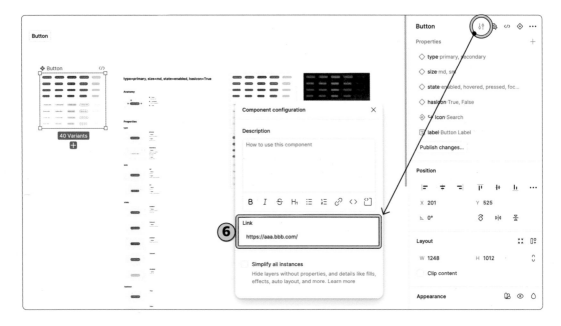

⦿ 헤더 문서

현재 상태에서는 헤더 문서를 자동으로 만들면 다음 그림과 같이 내용이 장황해집니
다. 검색 UI, 오른쪽 버튼 등의 자식 요소가 컴포넌트화 되어 있지 않기 때문입니다.

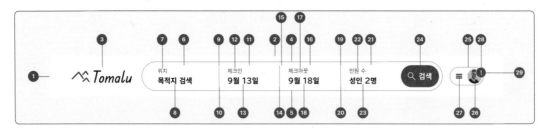

디자인 관리 관점에서도 재사용할 가능성이 있는 자식 요소는 컴포넌트화를 검토합
니다. 자식 요소를 적절하게 컴포넌트화 해 단순한 내용의 문서가 만들어지도록 합
시다.

[LogoImage] 같이 중첩된 컴포넌트는 섹션에 모아 문서 가까이 배치합니다. 섹션
이름은 [Related Components]로 했습니다(⑦).

○ 그 밖의 문서

그 밖의 컴포넌트에 관한 문서를 만들어 섹션에 저장합니다. 위쪽에 레이아웃과 템
플릿(⑧), 아래쪽에 컴포넌트와 아이콘을 모았습니다(⑨).

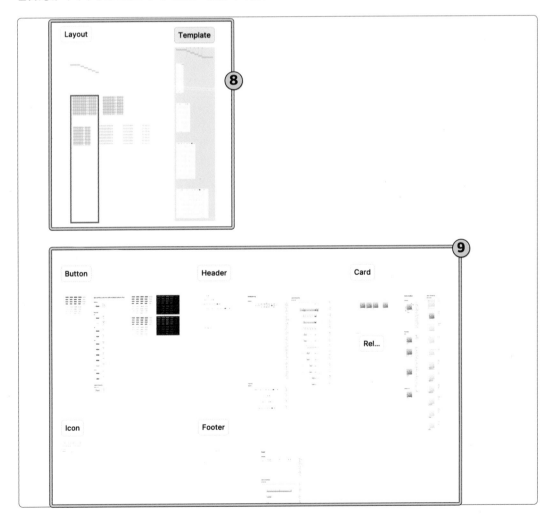

이상으로 디자인 시스템 구축을 마쳤습니다. "Design System"의 [StyleGuide] 페이지에는 디자인의 최소 구성 단위인 디자인 토큰과 스타일을 정의했습니다. [Components] 페이지에서는 재사용 가능한 컴포넌트를 만들고, 고유한 속성을 추가해 디자인의 배리에이션을 관리합니다. 디자인 토큰, 스타일, 컴포넌트는 "Web Design"에 내장되어 각 브레이크포인트에 대응한 [Home] 화면을 구성합니다.

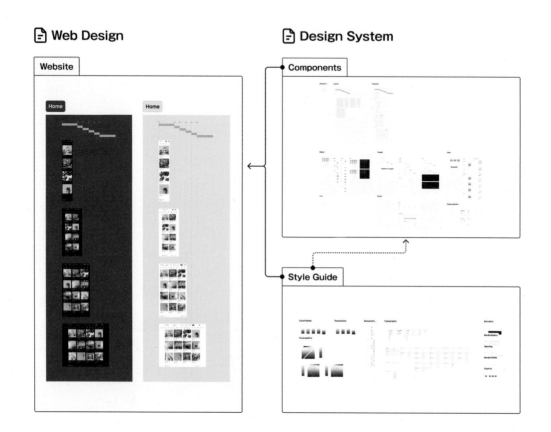

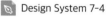

Chapter 8

구현 코드와의 연동

디자인과 프런트엔드 설계가 일치하면 디자인 시스템이 보다 효과적으로 기능합니다. 구현에 관해서는 설명하지 않지만 디자인과 코드의 연동 방법, 대표적인 도구, 실제 워크 플로 등에 관해 소개합니다.

01

디자인 토큰 연동

디자인 토큰과 구현과의 연동은 효과적인 동시에 작업 부하가 그렇게 크지 않습니다. 피그마의 변수를 변환해 구현에 내장함으로써 디자인과 프런트엔드 설계를 일치시킵니다. 연습으로 "Design System"의 변수를 JSON 파일로 추출해 봅시다.

● 변수 추출하기

플러그인 'Export Filtered Variables'를 검색해 실행합니다.

Export Filtered Variables

🔗 https://www.figma.com/community/plugin/1255198963912190091/

변수 컬렉션과 모드를 지정할 수 있고(①) [Export Variables]를 클릭하면 JSON이 표시됩니다(②). 다음 그림의 예시에서는 [_PrimitiveColor] 컬렉션에 만든 [color/gray/5]라는 변수가 맨 앞에 표시되어 있으며(③) [color/gray/10], [color/gray/20]이 계속됩니다. 이 플러그인은 개발 모드에서도 실행할 수 있으며(④) 엔지니어가 직접 변수를 추출할 수 있습니다.

> **Memo**
>
> Export Filtered Variables는 일상의 작업을 효율화하기 위해 필자가 만든 플러그인입니다.

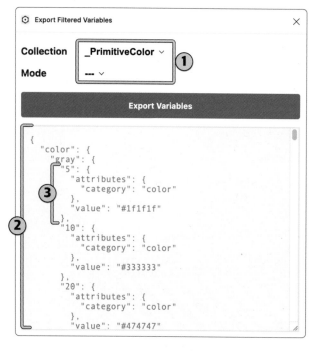

다음은 JSON을 복사해 파일에 저장한 예시입니다. '01_primivie_color.json'에는 [color/magenta/30]이 정의되어 있습니다(⑤). '02_theme_color_default.json' 의 [color/primary/30]에서 그것을 참조합니다(⑥). 마찬가지로 '03_semantic_ color_light.json'의 [color/background/primary-action/enabled]은 [color/pri- mary/30]를 참조합니다(⑦). 이렇게 JSON에도 디자인 토큰의 계층 구조가 상속되 는 것이 중요합니다.

```json
{} 01_primitive_color.json  ×

tokens > {} 01_primitive_color.json > {} color > {} magenta
  1   {
  2       "color": {
  3 >         "gray": {…
  70          },
  71          "magenta": {
  72 >           "5": {…
  77            },
  78 >           "10": {…
  83            },
  84 >           "20": {…
  89            },
  90            "30": {
  91              "attributes": {
  92                "category": "color"
  93              },
  94              "value": "#e30e71"
  95            },
  96            "40": {
  97              "attributes": {
  98                "category": "color"
  99              },
  100             "value": "#f23b8f"
  101           },
```

```json
{} 02_theme_color_default.json  ×

tokens > {} 02_theme_color_default.json > {} color > {} pr
  1   {
  2       "color": {
  3         "primary": {
  4 >           "5": {…
  9            },
  10 >          "10": {…
  15            },
  16 >          "20": {…
  21            },
  22            "30": {
  23              "attributes": {
  24                "category": "color"
  25              },
  26              "value": "{color.magenta.30}"
  27            },
  28            "40": {
  29              "attributes": {
  30                "category": "color"
  31              },
  32              "value": "{color.magenta.40}"
  33            },
  34            "50": {
  35              "attributes": {
```

```json
{} 03_semantic_color_light.json  ×

tokens > {} 03_semantic_color_light.json > {} color > {} ba
  1   {
  2       "color": {
  3 >         "text": {…
  40          },
  41          "background": {
  42 >           "default": {…
  47            },
  48 >           "subtle": {…
  53            },
  54 >           "subtler": {…
  59            },
  60            "primary-action": {
  61              "enabled": {
  62                "attributes": {
  63                  "category": "color"
  64                },
  65                "value": "{color.primary.30}"
  66              },
  67              "hovered": {
  68                "attributes": {
  69                  "category": "color"
  70                },
  71                "value": "{color.primary.20}"
```

⬤ Style Dictionary

추출한 JSON을 직접 사용할 수는 없습니다. 각 플랫폼에 맞는 형식으로 변환해야
합니다. 변환에 사용하는 대표적인 도구가 'Style Dictionary'입니다. iOS, Android,
Web에 맞춰 JHOSN에서 구현 코드를 생성할 수 있습니다. 변환 시 고유의 로직으로
대체할 수 있어 매우 유연하게 커스터마이즈 할 수 있습니다.

Style Dictionary

🔗 https://amzn.github.io/style-dictionary/

예를 들면 피그마에서 정의된 [color/primary/30]은 JSON으로 추출되고, Style
Dictionary를 통해 [-color-primary-30]이라는 CSS 변수로 변환됩니다(❶). 이 변
수는 CSS 구현에서의 테마 색상이며 [-color-background-primary-action-en-
abled]라는 다른 변수에서 이 색상을 참조합니다(❷)

```
# variables.css > ...
--color-primary-50: var(█--color-magenta-50);
--color-primary-40: var(█--color-magenta-40);
--color-primary-30: var(□--color-magenta-30);
--color-primary-20: var(□--color-magenta-20);
--color-primary-10: var(□--color-mag...
--color-primary-5: var(□--color-mage...
--color-border-secondary-action-focus
--color-border-secondary-action-enab
--color-border-primary-action-focused
--color-border-inverse: var(--color-
--color-border-bold: var(--color-neu
--color-border-subtle: var(--color-ne
--color-border-default: var(--color-
--color-background-secondary-action-
--color-background-secondary-action-
--color-background-secondary-action-
--color-background-primary-action-pre
--color-background-primary-action-hov
--color-background-primary-action-ena
--color-backgro  ❷  -subtler: var(--col
--color-backgro   -subtle: var(--colo
```

```
# variables.css > ...
--color-border-secondary-action-focused: var(--color-neutral-20);
--color-border-secondary-action-enabled: var(--color-neutral-50);
--color-border-primary-action-focused: var(--color-primary-30);
--color-border-inverse: var(--color-neutral-90);
--color-border-bold: var(--color-neutral-20);
--color-border-subtle: var(--color-neutral-60);
--color-border-default: var(--color-neutral-50);
--color-background-secondary-action-pressed: var(--color-neutral-70);
--color-background-secondary-action-hovered: var(--color-neutral-80);
--color-background-secondary-action-enabled: var(--color-neutral-90);
--color-background-primary-action-pressed: var(--color-primary-10);
--color-background-primary-action-hovered: var(--color-primary-20);
--color-background-primary-action-enabled: var(--color-primary-30);
--color-background-subtler: var(--color-neutral-70);
--color-background-subtle: var(--color-neutral-80);
--color-background-default: var(--color-neutral-90);
```

버튼을 구현하는 프런트엔드에서는 다음과 같이 시맨틱 색상을 지정합니다(③).

```css
# Button.module.css  ×

components > # Button.module.css > ↳ .primary:focus-visible:before
55
56    .primary {
57      background-color: var(--color-background-primary-action-enabled);    ③
58      color: var(--color-text-primary-action);
59      border: var(--border-width-md) solid var(--color-background-primary-action-enabled);
60    }
61
62    .primary:hover {
63      background-color: var(--color-background-primary-action-hovered);
64    }
```

코드 작성량이 많다고 생각할지 모르지만 자동 완성되므로 타이핑량은 많지 않습니다. '--color'라고 입력하면 색상 디자인 토큰이 후보로 표시되고, '--color-back'까지만 입력하면 배경 색상만 표시됩니다(④).

```css
# Button.module.css  ●

components > # Button.module.css > ↳ .primary
55
56    .primary {
57      background-color:var(--color-back);
58      color: var(--color-text-primary- [⊘] --color-background-primary-action-enabled
59      border: var(--border-width-md) s [⊘] --color-background-primary-action-hovered
60    }                                   [⊘] --color-background-primary-action-pressed
61                                        [⊘] --color-background-secondary-action-enabled    ④
62    .primary:hover {                    [⊘] --color-background-secondary-action-hovered
63      background-color: var(--color-ba [⊘] --color-background-secondary-action-pressed
64    }                                   [⊘] --color-background-default
```

오른쪽 그림은 컴포넌트 사용 예시입니다. [type] 속성에 [primary]를 지정하면 기본 색상 버튼을 표시합니다(⑤). 이렇게 적절하게 설계된 디자인 토큰과 속성 구조는 그대로 구현 코드에 활용할 수 있습니다.

```
<Button
  label="プライマリボタン"
  size="md"
  type="primary"    ⑤
/>
```

색상을 변경했다면 JSON을 변경한 뒤 다시 Style Dictionary로 변환 처리를 합니다. 이 작업은 기계적이므로 변경 위치를 찾을 필요가 없습니다. 원한다면 '피그마에서 JSON을 송신해 CSS로 변환하고, GitHub의 풀리퀘스트를 만든다'는 워크플로도 자동화할 수 있습니다.

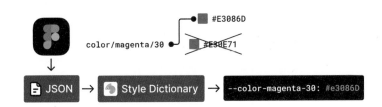

⦿ 다크 모드

구현 방법의 한 예시로 라이트 모드와 다크 모드 전환은 CSS 덮어쓰기를 활용해 구현할 수 있습니다. Style Dictionary에서 만든 'variable.css'에는 라이트 모드의 디자인 토큰이 변수로 정의되어 있으며(①) 기본 설정으로 로드합니다.

```
# variables.css ✕

styles > # variables.css > 🎨 :root
243        --color-border-secondary-action-focused: var(--color-neutral-20);
244        --color-border-secondary-action-enabled: var(--color-neutral-50);
245        --color-border-primary-action-focused: var(--color-primary-30);
246        --color-border-inverse: var(--color-neutral-90);
247        --color-border-bold: var(--color-neutral-20);
248        --color-border-subtle: var(--color-neutral-60);
249        --color-border-default: var(--color-neutral-50);
250        --color-background-secondary-action-pressed: var(--color-neutral-70);
```

①

화면이 표시될 때 CSS의 [prefers-color-scheme]을 통해 사용자가 라이트 모드와 다크 모드 중 어떤 것을 요청하는지 감지해, 다크 모드일 때는 'variable_dark.css'를 추가로 로드합니다(②).

```
# variables.css        <> preview-head.html ●

.storybook > <> preview-head.html > …
1    <link rel="stylesheet" href="variables.css" />
2    <link rel="stylesheet" href="variables_dark.css" media="(prefers-color-scheme: dark)" />
3
4    <link rel="preconnect" href="https://fonts.googleapis.com">
5    <link rel="preconnect" href="https://fonts.gstatic.com" crossorigin>
6    <link href="https://fonts.googleapis.com/css2?family=BIZ+UDPGothic:wght@400;700&display=swap"
7
```

②

'variables_dark.css'에도 변수가 정의되어 있으며(③) 이 파일이 나중에 로드되므로 라이트 모드의 변수를 덮어쓰기합니다. 같은 값이면 덮어 써도 의미가 없으므로, 다크 모드에서 값이 변하지 않는 디자인 토큰은 생략해 파일을 가볍게 만듭니다.

```
# variables_dark.css ✕

styles > # variables_dark.css > …
48        --color-border-secondary-action-focused: var(--color-neutral-80);
49        --color-border-secondary-action-enabled: var(--color-neutral-40);
50        --color-border-primary-action-focused: var(--color-primary-20);
51        --color-border-inverse: var(--color-neutral-5);
52        --color-border-bold: var(--color-neutral-80);
53        --color-border-subtle: var(--color-neutral-30);
54        --color-border-default: var(--color-neutral-40);
55        --color-background-secondary-action-pressed: var(--color-neutral-20);
```

③

주제 색상의 전환도 마찬가지입니다. 덮어쓰고 싶은 변수만 정의한 CSS 파일을 준비하고, 조건에 일치했을 때만 추가로 로드합니다.

◉ 그 밖의 연동 방법

CSS 변수는 Style Dictionary를 사용하지 않고도 만들 수 있습니다. 'variables2css' 플러그인을 검색해서 실행합니다.

variables2css

🔗 https://www.figma.com/community/plugin/1261234393153346915/

Export Filtered Variables와 비슷하지만 이 플러그은 JSON이 아니라 CSS를 직접 만듭니다. 디자인 토큰 계층 구조도 고려되어 CSS 기술 방법이나 단위 지정도 가능합니다. 이 코드를 CSS 파일로 저장하면 프런트엔드 구현에 그대로 사용할 수 있습니다. JSON이라는 중간 데이터가 없고 변환 작업도 불필요하므로 웹사이트만 대상으로 하는 경우 가볍게 연동할 수 있습니다.

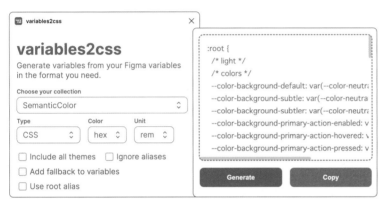

Memo

플러그인을 사용하는 간단함과 Style Dictionary의 커스터마이즈 특성을 비교해, 디자인과 코드를 연동하는 방법을 검토합시다.

개발 모드 전용인 'Variables Converter'라는 플러그인을 사용하면 CSS 뿐만 아니라 Android, iOS 변수도 출력할 수 있습니다.

Variables Converter

🔗 https://www.figma.com/community/plugin/1256000104406722117/

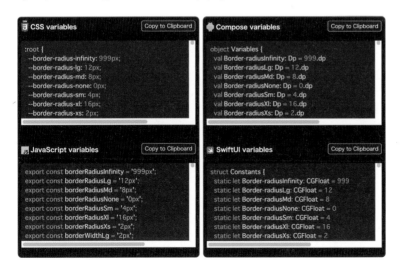

Storybook

피그마의 컴포넌트는 어디까지나 디자인이며 구현 코드와는 관계 없습니다. 엔지니어는 문서나 개발 모드를 참조해 컴포넌트를 코드로 구현합니다. 디자이너는 구현된 컴포넌트가 기대한 대로 되어 있는지 확인해야 합니다. 이때 사용할 수 있는 편리한 도구로 'Storybook'이 있습니다.

Memo

Storybook은 UI 컴포넌트 카탈로그를 효율적으로 만드는 도구입니다. 구현된 컴포넌트를 브라우저에서 열람할 수 있고, 형태나 기능을 인터랙티브하게 확인할 수 있습니다.

Storybook

🔗 https://storybook.js.org

● UI 카탈로그

다음 그림은 'React'로 구현한 버튼 컴포넌트를 Storybook에서 표시한 형태입니다. 렌더링 된 컴포넌트(❶). 컴포넌트를 표시하기 위한 코드(❷), 컴포넌트에 지정할 수 있는 속성(❸)이 표시되어 있습니다. 속성을 변경하면 버튼 형태가 실시간으로 업데이트 됩니다. 코드로 구현된 컴포넌트가 표시되며 마우스 커서를 올리거나 클릭할 때의 사용자 액션에 반응합니다.

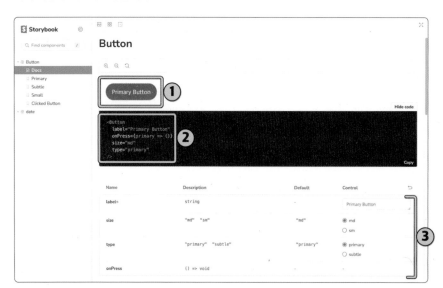

속성 조합을 미리 준비해 둔 페이지를 '스토리'라 부릅니다. 속성이 많은 복잡한 컴포넌트라 하더라도 특정 컨텍스트에서의 컴포넌트 형태를 곧바로 확인할 수 있는 것이 장점입니다. 컴포넌트를 확인하는 목적만으로 웹사이트 전체를 기동할 필요가 없습니다.

○ 문서 자동 생성

피그마에서 작성된 문서와 같이 구현 코드에도 문서가 필요합니다. Storybook을 사용하면 많은 내용을 자동 생성할 수 있습니다.

다음 그림은 버튼 구현 코드입니다. 컴포넌트의 속성이 [Props]로 정의되어 있고, 각 테마 유형도 정의되어 있습니다. 예를 들면 [type]이라는 속성은 [primary] 또는 [subtle]이라는 문자열만 받을 수 있지만(❶), [label]은 임의의 문자열을 지정할 수 있습니다(❷).

Memo

아이콘을 표시하기 위한 구현은 생략하고 있습니다.

```typescript
interface Props {
  type?: 'primary' | 'subtle' ●————❶
  size?: 'md' | 'sm'
  label: string ●————❷
  onPress?: () => void
}

export default function Button({ type = 'primary', size = 'md', label, onPress }: Props) {
  const className = [styles.container, styles[type], styles[size]].join(' ');
  return (
    <button className={className} onClick={onPress}>
      {label}
    </button>
  );
}
```

컴포넌트에서 정의된 속성은 Storybook에서 검출되며, 인터랙티브한 설정 패널로서 리스트화 됩니다. 데이터 타입(❸)과 초깃값(❹)이 표시되며, 필수 속성에는 [*]가 표시됩니다(❺).

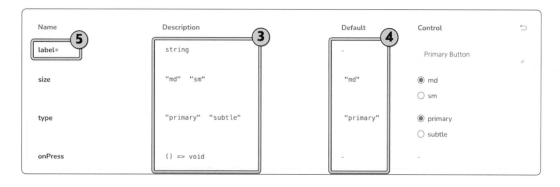

구현 완료 컴포넌트를 기반으로 문서를 작성해 주기 때문에, 엔지니어에게 작업 부담을 주지 않습니다. UI 컴포넌트의 카탈로그를 개발 팀에서 직접 만들기도 하지만 Storybook을 사용하면 효율적으로 모든 내용을 담은 문서를 추가할 수 있습니다.

● 독립된 개발 환경

Storybook을 사용하면 제품과 UI 컴포넌트 개발을 쉽게 분리할 수 있습니다. 새로운 기능 개발 시 확정되지 않은 사양이 있을 때도 컴포넌트만 먼저 구현, 리뷰, 테스트 할 수 있습니다. 그리고 제품 전체가 동작하는 개발 환경이 불필요하므로 새로운 멤버가 쉽게 온보딩 할 수 있습니다. 프런트엔드 개발에 도전하고 싶은 디자이너에게도 최적의 환경이라 할 수 있습니다.

Storybook은 단독으로는 존재할 수 없고 애플리케이션 코드 안에 내장해야 합니다. 프로젝트 구성은 다음 두 가지를 생각할 수 있습니다. 두 가지 구성 모두 독립된 개발 환경을 준비할 수 있습니다.

제품에 설치

제품 안에 Storybook을 설치해 개발을 진행하고, 필요한 부분에서 UI 컴포넌트를 읽어 사용합니다. 단순하게 운용할 수 있지만 같은 프로젝트 안에 모든 코드가 포함되기 때문에 변경 이력이 혼재하게 됩니다. 컴포넌트를 사용할 제품이 여럿일 때는 구성을 수정해야 합니다.

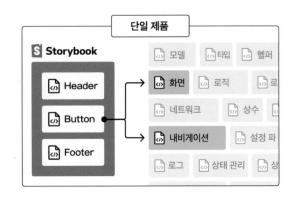

전용 애플리케이션

Storybook 전용 애플리케이션을 만들고 그 안에서 UI 컴포넌트 개발을 진행합니다. 변경 이력이 독립되므로 제품별로 다른 버전을 읽을 수도 있습니다. 규모가 큰 제품이나 여러 제품이 존재할 때 적절한 구성입니다.

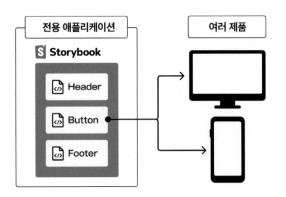

Memo

Storybook의 부차적인 효과로 UI 확인을 위한 프런트엔드 코드 전체를 빌드할 필요가 없으므로, 많은 경우 개발 속도가 향상됩니다.

⬤ UI 테스트

버튼을 클릭한 뒤 라벨이 'Thank you!'로 변하는 사양이 있다고 가정합시다. 이 사양이 구현되어 있는지 테스트하려면 제품을 실제로 동작해 봐야 합니다. 테스트 사양이 하나라면 문제가 없지만, 모든 사양을 확인하려면 너무 많은 시간이 소요되고 확인 누락이 발생할 수 있습니다.

Storybook에서는 UI 컴포넌트 인터랙션 테스트를 간단하게 기술할 수 있습니다. 다음은 테스트 코드 샘플 예시입니다. 사용자가 버튼을 클릭하고 300ms 뒤(①) 'Thank you!'라는 문자열이 페이지에 존재하는지 확인합니다(②).

```
},
play: async ({ canvasElement }) => {
  const canvas = within(canvasElement);
  await userEvent.click(canvas.getByRole('button'), { delay: 300 });  ①
  await expect(
    canvas.getByText('Thank you!')  ②
  ).toBeInTheDocument();
}
```

다음은 실제로 Storybook에서 테스트를 실행한 결과입니다. 사용자가 버튼을 클릭할 수 있는 것(③), 클릭 후 'Thank you!'라는 문자열이 페이지에 존재하는 것(④)에 대한 테스트가 각각 성공했습니다.

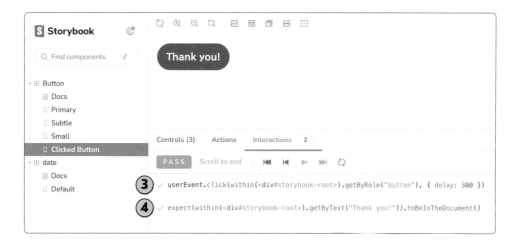

앞의 내용은 스토리를 열어 실행한 형태이지만 커맨드 라인에서 테스트를 일괄 실행할 수도 있습니다. 지속적인 통합continuous integration, CI과 조합하면 테스트 실행을 누락하지 않을 수 있습니다.

● Storybook 호스팅

Storybook을 사용한 개발 환경은 로컬 PC에 존재합니다. 하지만 명령어 하나로 정적 웹사이트를 빌드할 수 있습니다. 만들어진 폴더를 서버에 업로드하면 웹사이트로 공개할 수 있기 때문에, 개발 멤버가 아닌 다른 사람들과도 공유할 수 있습니다. 'Netlify' 같은 호스팅 서비스를 사용하면 공개 작업도 자동화 할 수 있습니다.

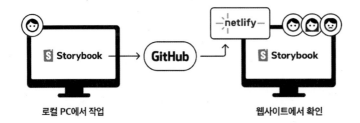

로컬 PC에서 작업　　　　　　　　　웹사이트에서 확인

웹사이트로서 외부에 공개하고 싶지 않을 때는 'Chromatic'을 사용할 수 있습니다. Chromatic은 비공개로 Storybook을 호스팅할 수 있으며 동시에 UI 컴포넌트 리뷰 프로세스를 제공하는 클라우드 서비스입니다.

Memo

Netlify, Chromatic 모두 유료 플랜을 제공하지만, 무료로도 시작할 수 있습니다.

Netlify

🔗 https://www.netlify.com

Chromatic

🔗 https://www.chromatic.com

Chromatic에서 호스팅 된 Storybook은 개발 모드와 연동하면 피그마에서 표시됩니다. 이를 활용해 디자인과 구현 문서를 한 위치에서 확인할 수 있는 환경을 마련할 수 있습니다.

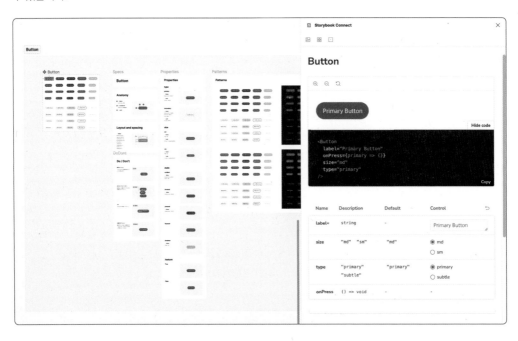

● 끝나지 않는 디자인 시스템을 향해

'디자인 시스템이란 무엇인가'에서 시작해 이를 구축하기 위해 필요한 피그마 응용 기법, 디자인 토큰 설계 방침, 레이아웃과 컴포넌트 패턴, 문서 만들기 자동화 등 디자인 시스템에 관한 다양한 내용을 설명했습니다. 처음에 언급한 것처럼 디자인 시스템은 완성이 없고, 시행착오를 반복하면서 개선해야 합니다. 제품 성장과 함께 디자인 시스템도 변화해야 하면, 변화를 적극적으로 만드는 조직 체제와 워크플로가 꼭 필요합니다. UI나 디자인 시스템에 관한 피드백은 누구에게 어떻게 전달해야 하는가, UI 컴포넌트 변경이나 리뷰를 어떻게 수행하는가, 새로운 멤버의 온보딩은 누가 언제 수행하는가 등 여러 프로세스를 간결하게 시각화 합시다.

큰 변경의 경우 구현을 시작하기 전에 상담이나 디자인 리뷰가 필요하며, 리뷰 프로세스를 반복하기도 합니다. 작은 개선이나 버그 수정의 경우는 단계를 생략하기도 할 것입니다. 변경의 크기를 판단할 수 없을 때의 문의 대상도 결정해 두면 좋습니다. 상황에 따라 유연하게 대응할 필요는 있지만, 이런 프로세스를 팀에서 공유함으로써 쉽게 협업할 수 있는 체제를 정비하는 것이 중요합니다.

디자인 시스템은 작업 효율성, 시각적 일관성, UI 패턴 확장성, 디자인과 코드 유지보수성 등을 추구해야 합니다. 그렇다고 해서 창의성을 억제해서는 안 됩니다. 제품 개발을 잘 진행하기 위한 구조를 이해하고, 그 틀을 벗어나는 창조적인 아이디어나 동기부여를 환영합시다. 그렇기 때문에 디자인 시스템은 끝나지 않는 것입니다.

INDEX

피그마 for 디자인 시스템
디자인 시스템 실무 가이드

초판 1쇄 인쇄 2025년 2월 10일
초판 1쇄 발행 2025년 2월 15일

저자 : 사와다 슌스케 | 번역 : 김모세 | 펴낸이 : 이동섭

책임편집 : 송정환 | 본문 디자인 : 강민철 | 표지 디자인 : 조세연
기획편집 : 이민규, 박소진 | 영업·마케팅 : 조정훈, 김려홍
e-BOOK : 홍인표, 최정수, 서찬웅, 김은혜, 정희철 | 관리 : 이윤미

㈜에이케이커뮤니케이션즈
등록 1996년 7월 9일(제302-1996-00026호)
주소 : 08513 서울특별시 금천구 디지털로 178, 1805호
TEL : 02-702-7963~5 FAX : 0303-3440-2024
홈페이지 : http://www.amusementkorea.co.kr
원고투고 : tugo@amusementkorea.co.kr

ISBN 979-11-274-2728-3 13000

Figma for デザインシステム
(Figma for Design System : 8149-3)
© 2024 SHUNSUKE SAWADA
Original Japanese edition published by SHOEISHA Co.,Ltd.
Korean translation rights arranged with SHOEISHA Co.,Ltd. through Digital Catapult inc.
Korean translation copyright © 2025 by A.K Communications Inc.